Verschollen in Panama

Die wahre Tragödie vom Pianista Trail

Von Christian Hardinghaus
Annette Nenner

Bibliografische Information der Deutschen Nationalbibliothek:
Die Deutsche Nationalbibliothek verzeichnet diese Publikation in
der Deutschen Nationalbibliografie; detaillierte bibliografische Daten sind im Internet über dnb.dnb.de abrufbar.

2., überarbeitete und erweiterte Auflage
 © 2025 Christian Hardinghaus,
 Annette Nenner – alle Rechte vorbehalten.
 Europaring 90, 53757 Sankt Augustin
 www.still-lost-in-panama.com
 Verlag: BoD · Books on Demand GmbH, In de Tarpen 42,
 22848 Norderstedt, bod@bod.de
 Druck: Libri Plureos GmbH, Friedensallee 273,
 22763 Hamburg
 ISBN: 978-3-7583-2194-8

Inhalt

Das Mysterium von Panama: Eine Einleitung

Am 1. April 2014 verschwinden die niederländischen Touristinnen Lisanne Froon und Kris Kremers spurlos in Panama. Ihre Fährte verliert sich in der idyllischen, im Hochland der Provinz Chiriquí gelegenen Stadt Boquete, wo sie voller Vorfreude geplant haben, Freiwilligenarbeit an einer Kita zu absolvieren. Doch aus unerfindlichen Gründen sagt die Einrichtung ihren Einsatz in letzter Minute ab. Damit wird eine schier endlos erscheinende Kette aus falschen Entscheidungen und unerklärlichen Zufällen in Gang gesetzt, die mit dem rätselhaften Tod der Mädchen endet.

Das Unheil nimmt seinen Lauf, als Kris und Lisanne, getrieben von dem Wunsch, ihrer Enttäuschung zu entfliehen und die Zeit sinnvoll zu nutzen, eine verlockende Alternative entdecken: einen malerischen Wanderpfad, der sie vom beschaulichen Boquete hinauf zum majestätischen Cerro Pianista führen soll. Der Weg verspricht Abenteuer und Erholung zugleich, schlängelt sich durch den mystischen Nebelwald und bietet einen Ausblick, der alle Sorgen vergessen lässt. Aber die beiden Freundinnen brechen zum Pianista Trail auf, ohne jemandem von ihrem Abenteuer zu erzählen – ein ungewöhnlicher Schritt, haben sie doch bisher alle Planungen ihrer Reise mit den Angehörigen zu Hause geteilt.

Die zehnwöchige Suche nach Kris und Lisanne avanciert zur größten der panamaischen Geschichte. Während Zivilschutzbehörden und Grenzschutz 1000 Quadratkilometer Urwald durchkämmen, die Luftwaffe das Gebiet mit Helikoptern umkreist, ermitteln Kriminalpolizei und Staatsanwaltschaft wegen eines mutmaßlichen Verbrechens »gegen das Leben und die Unversehrtheit« der Niederländerinnen. Ihre Eltern kommen ins Land und setzen eine Belohnung von 40.000 Dollar aus. Im Urwald gehen Indigene auf Fährtensuche, die erfahrensten Touristenführer streifen durch die Berge,

Prominente rufen im Fernsehen zur Mithilfe auf, der Präsident versucht zu beruhigen. Und obwohl noch nie jemand auf dem Pianista Trail verloren gegangen ist, finden sie alle keine Spur. Dabei sind Experten der Ansicht, dass die beiden aufgrund der dichten Vegetation entlang des geradlinigen Pfades nicht weit hätten kommen können.

Es ist ein Wettlauf gegen die Zeit und gegen die Unbarmherzigkeit der Natur, der die ganze Nation und bald als Medienphänomen die ganze Welt in seinen Bann zieht. Ende Mai 2014 starten zwölf aus Holland eingeflogene Spürhunde einer Rettungshundestaffel mit ihren Führern einen letzten vergeblichen Versuch. Plötzlich nimmt die Situation eine überraschende Wende, als die leitende Oberstaatsanwältin Betzaida Pittí auf eine erfolgversprechende Spur stößt. Mit akribischer Detailgenauigkeit organisiert sie die bevorstehende Durchsuchung eines Grundstücks, das sie einem verdächtigen Entführer zuordnet. Doch ironischerweise erreicht sie am Vorabend der geplanten Aktion ein Anruf aus dem Urwald, der sie dazu veranlasst, die Operation sofort zu stoppen. Ein indigenes Pärchen hat im Flussbett des Río Culebra einen Rucksack gefunden, zwölf Kilometer Luftlinie vom Beginn des Trails entfernt.

Sofort macht sich ein Großaufgebot von Ermittlern und Helfern per Hubschrauber auf den Weg zur Fundstelle. Bereits bei einer ersten Inspektion wird klar: Der Rucksack gehört Kris und Lisanne. Darin befinden sich unter anderem die Handys der Mädchen, eine Digitalkamera, zwei BHs und rund 87 Dollar. Die überforderten Behörden Panamas erstellen auf kürzestem Wege ein Rechtshilfeersuchen und senden die Funde zur forensischen Untersuchung nach Holland.

Doch nur eine Woche später ereilt die Eltern die traurigste Nachricht ihres Lebens: Indigene finden Lisannes Schuh, zwei Kilometer flussabwärts des Rucksackes. Darin steckt ein abgetrennter, skelettierter Fuß. Bis Anfang September mehren sich gruselige Funde an immer unterschiedlichen Stellen des Flusses und teilweise kilometerweit voneinander entfernt. DNA-Tests bestätigen, dass sie den Mädchen gehören. Kris' Beckenknochen wird gefunden, eine Rippe, ihre Jeansshorts und ein Schuh. Von Lisanne ein Unter- und ein Oberschenkel, daneben Hautknäuel. Dann hören die Funde so plötzlich auf, wie sie begonnen haben. Eine zweite Suche der niederländischen Hunde bringt nichts mehr ein, nie wieder wird etwas entdeckt, der Fall somit nicht abschließend geklärt. Bei nur 13,2 Prozent des gefundenen Skelettes von Lisanne und lediglich 0,94 von Kris will und kann das forensische Institut in Panama den Tod der beiden nicht bestätigen. Theoretisch könne man mit einem Bein und einer künstlichen Hüfte weiterleben, heißt es im Abschlussgutachten. So kommen die Eltern nicht zur Ruhe, können nicht abschließen, hoffen weiter.

Dies ist jedoch nur der Beginn eines weit größeren Mysteriums, das der sogenannte NFI-Bericht, der Bericht des Netherlands Forensic Institute, offenbaren wird. Den Technikern gelingt es, sowohl die Fotos der Kamera wiederherzustellen als auch die Nutzungsdaten der Mobiltelefone zu analysieren. Daraus ergibt sich, dass Kris und Lisanne noch elf Tage nach ihrem Verschwinden am Leben gewesen sein könnten.

In dieser Zeit versuchen sie Notrufe abzusetzen, allerdings nur in den ersten drei Tagen und zu bestimmten Tageszeiten. Gefundene Screenshots und App-Nutzungen ergeben für die Experten genauso wenig Sinn wie der Umstand, dass ab dem fünften Tag der PIN-Code in Kris' Handy nicht mehr eingegeben, das Telefon jedoch weiterhin benutzt wird. Auch aus den wiederhergestellten Fotos ergibt sich für die Ermittler kein Reim.

Die Aufnahmen, die die Touristinnen am 1. April machen, zeigen sie noch in ausgelassener Stimmung. Sie lachen in die Kamera, wirken unbeschwert. Umso rätselhafter ist den Ermittlern ein pikantes Detail: Irgendwann ist ein Foto von der Speicherkarte gelöscht worden. Den Zeitpunkt können sie nicht feststellen und alle Versuche, es wiederherzustellen, schlagen fehl – selbst mithilfe von

Spezialsoftware gelingt es den Forensikern nicht. Handelt es sich um einen technischen Defekt? Oder hat jemand die Datei mit Absicht gelöscht? Warum machen Kris und Lisanne danach sieben Tage lang kein einziges Foto, nur um dann am 8. April mitten in der Nacht innerhalb weniger Stunden eine Serie von 99 Bildern mit ominösen Objekten und von einzelnen Körperteilen im dichten Urwald zu schießen? Was geschieht in dieser Nacht mit den beiden jungen Frauen? Was wollen sie porträtieren und warum hört der Strom an Fotos danach ebenso plötzlich auf, wie er begonnen hat? Internetdetektive auf der ganzen Welt sind sich sicher, dass auf den gruseligen Aufnahmen Botschaften zu erkennen sind, anhand derer das Mysterium um den Tod der Mädchen entschlüsselt werden könnte.

Doch alle Ungereimtheiten, die der NFI-Bericht, der selbst über sechs Wochen lang auf mysteriöse Weise unauffindbar bleibt, zutage fördert, werden in Panama überhaupt nicht mehr untersucht. Oberstaatsanwältin Betzaida Pittí lässt die Ermittlungen hingegen für alle überraschend und zum Leidwesen der Angehörigen am 24. September 2014 abrupt einstellen und legt sich darauf fest, dass die Todesursache durch einen Unfall bedingt gewesen sein muss. Ihrer Ansicht nach seien die Niederländerinnen gestorben, weil sie in einen Fluss gefallen seien, der sie dann zu Tode geschleift habe. Beweisen oder auf Untersuchungsergebnisse stützen kann sie ihre These nicht, doch für den panamaischen Tourismus ist diese Schlussfolgerung am wenigsten schädlich, denn selbst Panamas damaliger Präsident Ricardo Martinelli äußert sich seinerzeit bezogen auf den Fall mit den Worten, dass Boquete sich kein Verbrechen leisten könne. Mittlerweile wurde er wegen Geldwäsche zu mehr als zehn Jahren Haft verurteilt. Schon damals ist für einen Großteil der Menschen, die den Fall über die Medien verfolgen, klar, dass hier etwas vertuscht werden soll.

Als Enrique Arrocha, der Anwalt der Familie Kremers, endlich das ersehnte Gutachten erhält, das neben technischen Analysen auch daktyloskopische, biologische und genetische Untersuchungen von Rucksack und Kleidungsstücken umfasst, keimen sofort Zweifel an der Unfalltheorie auf. Er fasst eine Reihe dringlicher, unbeantworteter Fragen zusammen und konfrontiert damit Pittí, die es aber ablehnt, sich mit den Diskrepanzen auseinanderzusetzen. Überzeugt davon, dass Kris und Lisanne einem Verbrechen zum Opfer gefallen sind, bleibt Arrocha keine andere Wahl, als die Oberstaatsanwaltschaft des dritten Gerichtsbezirks von Chiriquí wegen Untätigkeit zu verklagen. Angesichts der dringenden Empfehlung niederländischer Forensiker für weitere Nachforschungen erwägt er sogar, den Internationalen Gerichtshof für Menschenrechte anzurufen. Er findet Unterstützung bei panamaischen Rechtsmedizinern, die an der Autopsie der Überreste beteiligt gewesen sind und ebenfalls neue Untersuchungen fordern.

Arrocha fordert vor allem eine Erklärung für die Bleichung der Knochen von Kris und für das Fehlen jeglicher DNA-, Blut- oder anderer Körperflüssigkeiten auf der Kleidung der Frauen. Ein reißendes Flusssystem hätte eindeutige Spuren an ihnen hinterlassen, wenn es sie wie behauptet zu Tode geschleift hätte. Er fordert eine gründliche Untersuchung der Kameras und Mobiltelefone auf mögliche Manipulationen oder das Löschen von Daten. Zusätzlich verlangt er die Durchführung geografischer Feldstudien, um die von Kris und Lisanne genommene Route zu rekonstruieren. Trotz seines Drängens bleiben seine Bemühungen erfolglos: Die konsultierten Richter unterstützen die Entscheidung der Oberstaatsanwältin, und auch im Berufungsverfahren bleibt der Anwalt der Familie Kremers ohne Erfolg.

Erkenntnisstand und Mythos

Die Eltern der verstorbenen Mädchen haben sich mittlerweile mit der Vorstellung abgefunden, dass ein tragisches Unglück den Tod ihrer Töchter herbeigeführt hat. Doch es gibt manche, die sich mit dieser Erklärung nicht begnügen wollen. Die Zeit des Verschwindens von Kris und Lisanne markiert die Anfänge dessen, was in der Wissenschaft heute als Websleuthing bekannt ist. Darunter versteht man die Tätigkeit von Internetdetektiven, die es sich zur Aufgabe gemacht haben, im Namen der Gerechtigkeit zu kämpfen. Sie vernetzen sich, um kollektives Wissen zu bündeln, das potenziell dazu beitragen kann, ungeklärte Fälle zu lösen, und stellen es den Strafverfolgungsbehörden zur Verfügung. In speziellen Foren wie Reddit, Websleuths oder Allmystery versammeln sich diese Spezialisten, um öffentlich verfügbare Informationen nach möglicherweise übersehenen Spuren zu durchforsten. Dieses als Crowdsolving bekannte Phänomen hat bereits in einigen Fällen zur Festnahme von Tätern geführt und kann, insbesondere bei öffentlichen Fahndungen, eine sinnvolle Ergänzung zur Polizeiarbeit darstellen. Allerdings haben die Aktivitäten nicht professionalisierter Gruppen in anderen Fällen zu ernsthaften Verleumdungen geführt und die Ermittlungsarbeit behindert.

Die Rätselhaftigkeit des Falls Kris und Lisanne zieht nicht nur True-Crime-Fans, sondern im Besonderen auch Internetdetektive stark an. Getrieben von dem Wunsch nach Aufklärung und Gerechtigkeit, beschäftigen sie sich intensiv mit dem Verschwinden der beiden Niederländerinnen, stellen eigene Nachforschungen an und weichen häufig von der anfänglichen These der panamaischen Behörden, es handle sich um ein Gewaltverbrechen, nicht ab. Stattdessen entwickeln sie eigene Theorien und verfolgen diese weiter.

Mit dem Lauf der Jahre, in denen fast alle Fotos, ein Großteil der Telefonprotokolle und weitere bemerkenswerte Details aus den Ermittlungsakten an die Öffentlichkeit gelangen, bleibt das Interesse der Online-Detektive ungebrochen. Das Subreddit r/KremersFroon, das im Oktober 2019 ins Leben gerufen wird und mittlerweile über 12.200 Mitglieder zählt, ist ein Zentrum für tägliche Diskussionen, Analysen und Sammlungen von Informationen zum Fall.

Bereits kurz nach dem Verschwinden von Kris und Lisanne engagieren sich versierte Hobby-Ermittler auf Plattformen wie Websleuths und dem niederländischen FOK-Forum in der Aufklärung des Falles. Dort entstehen Diskussionen und teilweise hitzige Auseinandersetzungen zwischen denjenigen, die von einem Verbrechen ausgehen (Foul-Play-Supporter), und denen, die einen Unfall annehmen (Lost-Theoretiker). Es scheint nämlich, als habe speziell dieser Fall eine neue Form von Online-Detektiven hervorgebracht. Solche, die nicht nach Tätern suchen, sondern, im Gegenteil, diese ausschließen beziehungsweise ein Unfallszenario realistisch erschließen wollen. Beide Versuche gestalten sich so beschwerlich, dass nicht selten die Befürworter der einen oder anderen Theorie die Seite wechseln.

Private Gruppen unternehmen sogar eigene Expeditionen in den Urwald von Bocas del Toro, in der Hoffnung, neue Spuren zu finden. Im Zuge dieser Bemühungen kommen frische Informationen ans Licht, Zeugen tauchen auf, Einheimische steuern Wissen bei, und sogar die Gerichtsmediziner, die an den Obduktionen beteiligt gewesen sind, enthüllen Details.

In den ersten Monaten berichten die niederländischen Medien intensiv über das Verschwinden. Experten, Polizisten und Angehörige der beiden Frauen diskutieren den Fall in Talkshows. Besonders die Reporter Marc Bessems und Eva Wiessing verfolgen den Fall vor Ort in Panama intensiv. Auch die großen panamaischen Medien berichten regelmäßig, wobei die Journalistin Adelita Coriat von *La Estrella Panama* sich stark in den Fall verbeißt, kritische Fragen stellt und die Arbeit der Behörden hinterfragt. International erlangt eine Artikelserie von Jeremy Kryt für die amerikanische *Daily Beast* Bekanntheit. Seine Berichte beginnen mit faktenbasierten Informationen, tendieren jedoch zunehmend zu Falschinformationen und Gerüchten.

Selbst fast ein Jahrzehnt später erscheinen wöchentlich neue Podcasts, Videos und Online-Diskussionen zu dem mysteriösen

Verschwinden. Die Anteilnahme und Faszination für den Fall motivieren Online-Detektive weiterhin, das Internet nach neuen Hinweisen zu durchforsten. Die Geschichte von Kris und Lisanne ist zu einem Cold Case geworden und wird auf True-Crime-Kanälen millionenfach angeklickt und kommentiert.

Seit 2019 gewinnen Online-Nachforschungen durch neue Publikationen an Dynamik. Die Blogger-Gruppe Imperfect Plan führt drei Expeditionen in den Urwald Panamas durch, um das Terrain zu vermessen, zu kartographieren und Untersuchungen anzustellen. Ihnen gelingt es sogar, basierend auf Nachtaufnahmen ein dreidimensionales Modell des Untersuchungsortes zu erstellen. Ab 2020 setzt der französische Journalist Romain Casalta Drohnen ein, um das Gebiet aufzunehmen und den genauen Ort zu ermitteln.

Trotz vieler zielführender Hinweise können sich leider zunehmend Gerüchte und Legenden verbreiten, die von Kannibalismus, Organhandel oder übernatürlichen Erscheinungen berichten. Besonders problematisch wird es, wenn Unschuldige fälschlicherweise in komplexe Mordtheorien verwickelt werden. Der bekannteste Befürworter solcher Foul-Play-Theorien ist der niederländische Youtuber Juan Perea y Monsuwé, der ein Archiv aus Tausenden Fotos und Dokumenten angelegt hat. Er behauptet, über direkte Informationsquellen zu verfügen. Ein Ende 2019 von ihm veröffentlichtes Foto – bekannt als »Das Schwimmfoto«, das angeblich Kris und Lisanne zeigt – wird von vielen als Beweis für eine weit verbreitete Theorie angesehen, nach der eine lokale Jugendbande – bekannt als »Pandilla« – für das Verschwinden der Mädchen verantwortlich sein soll. Die am häufigsten herangezogenen Fürsprecher dieser Theorie sind die lokale Anti-Verbrechens-Organisation Alto al Crimen, der panamaische Privatdetektiv Martin F. und Margarita V. als Mutter eines getöteten Bandenmitgliedes.

Die US-amerikanischen Journalisten Jeremy Kryt und Mariana Atencio gehen in ihrem 2022 veröffentlichten Podcast *Lost in Panama* ähnlichen Thesen nach und entwickeln auf Grundlage eigener Recherchen vor Ort einige Variationen der Pandilla-Theorie. Doch statt investigativer Aufarbeitung kriechen sie dabei durch jedes »Rabbit-Hole« und verwerfen für ihr Entertainment jegliche journalistische Sorgfalt.

Im Kontrast dazu stehen die niederländischen Autoren Marja West und Jürgen Snoeren, die in ihrem Buch *Lost in the Jungle* aus dem Jahr 2021, ohne selbst je in Panama gewesen zu sein, eine Unfalltheorie darlegen. Diese postulieren sie als der Wahrheit letzter Schluss. Bemerkenswert ist die Mitwirkung der panamaischen Staatsanwältin Betzaida Pittí als dritte Autorin, die den beiden die vollständigen Gerichtsakten zum Fall zur Verfügung gestellt hat. Infolgedessen wird ihr Werk von den Anhängern der Lost-Theorie als nahezu unangreifbar betrachtet. Doch es gibt etwas, das sie nicht wissen:

Das Buch *Lost in the Jungle* ist nicht nur durch gravierende Mängel in der Recherche gekennzeichnet, sondern zeichnet sich auch durch eine selektive Heranziehung von Akten aus. Wichtige Beweismittel, die auf ein Verbrechen hindeuten könnten, werden bewusst außer Acht gelassen oder zurechtgebogen. Ähnlich verhält es sich mit den zahlreichen offensichtlichen Nachlässigkeiten oder Versäumnissen in den offiziellen Ermittlungen. Diese Problematik tritt besonders deutlich hervor, wenn West und Snoeren eine Unfalltheorie verteidigen, die sie weder belegen noch überzeugend begründen können. Indem die Autoren konsequent auf Quellenangaben verzichten, erwecken sie fälschlicherweise den Anschein, als seien ihre Spekulationen durch amtliche Dokumente belegt. Sollte dahinter Strategie stecken, scheint diese darauf zu bauen, dass die Autoren glauben, niemand sonst habe Zugang zu den offiziellen Untersuchungsberichten. Wir können das selbstverständlich nur beurteilen, weil wir selbst im Besitz sämtlicher Fallakten sind.

Motivation und Methodik

Unsere Erkenntnisse aus den Akten haben wir teilweise vor Ort überprüfen können, denn die fließend Spanisch sprechende und mit Lateinamerika vertraute Annette hat sich im März 2023 auf den Weg nach Panama gemacht. Dort hat sie drei Monate verbracht, die meiste Zeit davon in Boquete. Im darauffolgenden Jahr, kurz vor der Publikation dieses Buches, ist sie nochmals zwei Monate mit weiterführenden Recherchen am selben Ort beschäftigt gewesen. Um dem Leser ein lebendiges Bild der Schauplätze und Charaktere zu vermitteln, webt Annette persönliche Schilderungen zwischen unsere Analysen und Rekonstruktionen ein, insbesondere bei der Beschreibung unserer Nachforschungen in Boquete.

Wir glauben, dass wir die bisher längste und intensivste Nachforschung an den Orten des Geschehens und anhand aller verfügbarer Primärquellen betreiben konnten. Deswegen sind wir auch überzeugt davon, dass unsere Erkenntnisse entscheidend dazu beitragen werden, die Wahrheit offenzulegen. Wir freuen uns besonders zu diesem Zweck auch darauf, einige neue, aufschlussreiche Aussagen von wichtigen Zeugen, die bislang im Verborgenen geblieben sind, hinzufügen und in die öffentliche Diskussion einbringen zu können.

Während Christian sich akribisch in die Akten gestürzt hat, ist Annette parallel in Boquete den Wegen der Mädchen nachgegangen, hat mit Leuten vor Ort gesprochen und den Wald an den Stellen durchforstet, an denen Kris und Lisanne vermutet worden sind. Sie hat sogar die Nacht allein mit demjenigen im Urwald verbracht, der in der Internet-Community als Hauptverdächtiger des Mordes an Kris und Lisanne gilt: Tourguide Feliciano Gonzalez, den wir – das sei schon jetzt verraten – von allen Vorwürfen freisprechen können.

Besonders intensiv haben wir uns mit den vorherrschenden Hypothesen auseinandergesetzt, die eine lokale Jugendbande bezichtigen, Kris und Lisanne ermordet zu haben. Annette hat sich tief in die inneren Kreise der »Pandilla« begeben, um den Vorwürfen nachzugehen. Dies ermöglicht es uns jetzt auch, das sagenumwobene Schwimmfoto zu enthüllen, das Kris und Lisanne angeblich im Kreise der Pandilla zeigt. Wir haben Gespräche mit den noch lebenden Personen geführt, die auf dem Bild abgebildet sind, kennen die Umstände der Aufnahme des Fotos und dessen tragische Verstrickung mit dem Fall. Ebenso sind uns die Personen bekannt, die es genutzt haben, um falsche Eindrücke zu erwecken.

Ob Aktenstudium oder Recherche in Panama – die Arbeit zwischen den beiden Autoren dieses Buches, die sich als investigative Journalisten verstehen, hat in täglichem Austausch und gegenseitiger Kontrolle aller Schritte und über sämtliche verfügbare Kommunikationsmittel stattgefunden.

Während Websleuth Juan sich in seinen Theorien über einheimische, »photoshoppende« Jugendliche verrannt, dabei aber wohl keine bösen Absichten verfolgt hat, muss man die amerikanischen Journalisten Jeremy Kryt und Mariana Atencio anders bewerten. Die Hosts lügen wider besseres Wissen mit dem Ziel, eine spannende Kriminalgeschichte zu erzählen. Damit richten sie großen Schaden an Menschen in Boquete an, von denen einige spätestens seit Erscheinen des Podcasts regelmäßig Morddrohungen ausgesetzt sind. Obwohl dies nicht die vornehmliche Aufgabe unseres Buches ist, sehen wir uns in der Pflicht, auch die Unwahrheiten anderer Autoren aufzudecken – seien sie aus Unkenntnis oder mit Absicht in die Welt gesetzt worden.

Bis heute sind uns neben den Eltern und Anwälten der Familien nur drei Parteien bekannt, die im Besitz der Gerichtsakten sind: die Autoren West und Snoeren, Jeremy Kryt und Blogger Matt von Imperfect Plan. Wie die beiden Letzteren werden auch wir die Personen, die uns den Zugang dazu ermöglicht haben, nicht offenlegen. Wir versichern jedoch, dass unsere Quelle ausschließlich von dem Anliegen geleitet wird, zur Wahrheitsfindung beizutragen. Wir verfassen unser Buch nicht im Auftrag, sind völlig unabhängig von öffentlichen oder privaten Interessen und fühlen uns nur der Wahrheit und journalistischen Sorgfalt verpflichtet. Um unsere vollständige Unabhängigkeit zu wahren, haben wir uns dazu entschieden, in eigener Verantwortung ohne Verlag zu publizieren.

Im analytischen Teil unseres Werkes unterziehen wir den Fall einer detaillierten Betrachtung, indem wir versuchen, ihn von Beginn bis Ende zu rekonstruieren. Unter Heranziehung der offiziellen Ermittlungsunterlagen, des Berichts des Niederländischen Forensischen Instituts (NFI) und eigener Vor-Ort-Recherchen sollen bestehende Unklarheiten beseitigt, Fehlannahmen korrigiert und neue Einsichten gewonnen werden.

Ein wesentlicher Abschnitt widmet sich den verbreiteten Unfall- und Verbrechenstheorien, die zwar regelmäßig relevante Fragestellungen aufgreifen, aber aufgrund des Mangels an verfügbaren Informationen oft zu inkorrekten Schlussfolgerungen gelangen. Am Ende werden wir deutlich machen, warum wir der Überzeugung sind, dass das Schicksal von Kris und Lisanne nicht ausschließlich auf einen Unfall oder ein Verirren im Urwald zurückzuführen sein kann. Dies untermauern wir mit stichhaltigen, neuen Indizien. Des Weiteren werden wir eine Reihe von Ermittlungspannen beleuchten und alle Diskrepanzen thematisieren, die von der Staatsanwältin Pittí sowie den Schriftstellern West und Snoeren ignoriert werden.

Unser vorrangiges Ziel ist es, der Realität des Geschehenen möglichst nahezukommen, unsere Erkenntnisse in den Diskurs einzuspeisen und im Idealfall die Initiierung notwendiger Investigationen vor Ort zu bewirken.

Die uns zugänglichen Gerichtsdokumente beinhalten die Untersuchungsprotokolle der Strafverfolgungsbehörden, darunter die der Kriminalpolizei und der zuständigen Staatsanwaltschaften. Diese umfassen hauptsächlich Zeugenaussagen, die als eidesstattliche Erklärungen vorliegen, Geheimberichte, Inspektionsberichte verschiedener Orte und Gebäude sowie Fotodokumentationen. Daneben sind in den Akten der forensische Untersuchungsbericht des niederländischen NFI[1], die Suchprotokolle der Zivilschutzbehörde SINAPROC, die kriminaltechnischen Befunde und Autopsieberichte des panamaischen Instituts für Rechtsmedizin und Forensische Wissenschaften IMELCF enthalten. Zudem ist der gesamte Schriftverkehr zwischen der Staatsanwaltschaft, den Familien, deren Rechtsanwälten, Botschaftern und Spezialagenten dokumentiert. Unsere Informationen für die Nachbildung der Ereignisse stammen ausschließlich aus diesen Unterlagen und aus eigenen Recherchen vor Ort sowie aus Gesprächen mit involvierten Personen.

Obwohl die Gerichtsakten der Allgemeinheit nicht zugänglich sind, beabsichtigen wir, in unserem Sachbuch die wesentlichen Dokumente zu benennen und bedeutsame Zeugenaussagen sowie Ermittlungs- und Laborberichte mit entsprechenden Verweisen auf die Akte zu zitieren. Allerdings ist das im Rahmen eines Sachbuches nicht an jeder Stelle möglich. Die 2656 Seiten starken Gerichtsakten sind weder digitalisiert noch verfügen sie über eine traditionelle Gliederung und Edition. Die Seitenzahlen sind lediglich handschriftlich am Rand vermerkt, was darauf hindeutet, dass Abweichungen in der Aktenordnung denkbar sind. Trotz dieser Umstände führen wir die verfügbaren Seitenzahlen an und ergänzen sie um die jeweilige Quellenangabe, inklusive der Kennzeichnung, der behördlichen Herkunft und des Datums. Dieses Vorgehen soll sicherstellen, dass die zitierten Stellen für Personen, die in der Zukunft Einblick in die Akten erhalten, auffindbar und verifizierbar bleiben.

Wir verpflichten uns zur Transparenz unseres Wissens, müssen dabei jedoch den Schutz persönlicher Identitäten gewährleisten und verzichten auf Verdachtsberichterstattung. Die Entscheidung, wann die Nennung des vollen Namens einer Person das öffentliche

Interesse gegenüber dem Persönlichkeitsrecht überwiegt, gestaltet sich insbesondere im Fall des Verschwindens von Kris und Lisanne als äußerst komplex, da hier die Rechtsprechung verschiedener Länder eine Rolle spielt.

Wir haben uns entschieden, dem Zeugenschutz Priorität zu geben, und werden deshalb die Nachnamen von Privatpersonen abkürzen, auch wenn sie bereits in anderen Veröffentlichungen genannt oder in Foren enttarnt worden sind.[2] In Anbetracht der Tatsache, dass Ermittler auf unterer Ebene ebenfalls ungeschützt Bedrohungen ausgesetzt sind, werden jene, die bislang nicht öffentlich in Erscheinung getreten sind, ebenfalls über diesen Kompromiss geschützt. Darüber hinaus werden wir einige wenige Vornamen nicht öffentlicher Personen, deren Nennung in diesem Buch Verdachtsmomente auslösen könnte, oder die uns explizit darum gebeten haben, auch abkürzen. Die lückenlose Rückverfolgbarkeit der Klarnamen aller in den Gerichtsakten auftauchenden Personen ist durch unsere Verweise auf entsprechende Dokumente für die wissenschaftliche Nachforschung vollständig gewährleistet.

Die Akte, die ursprünglich auf Spanisch verfasst ist, haben wir nur für den internen Gebrauch ins Deutsche übersetzen lassen. Sofern wir andere Autoren und Presseberichte zitieren, weisen wir diese selbstverständlich aus, sodass auch hier die generelle Nachvollziehbarkeit gewahrt ist. Insgesamt ist damit ein umfangreiches Quellen- und Kommentarverzeichnis mit 261 Einträgen entstanden.

Im Buch verwenden wir ausschließlich eigene Fotografien oder solche, die öffentlich zugänglich sind. Auf direkte Abbildungen aus den Gerichtsakten verzichten wir, stellen diese jedoch schriftlich dar und beschreiben sie, sofern sie wesentliche Informationen zum Fall beinhalten.

Teil I Die Fallanalyse

Der Vorfall

Es ist Samstag, der 15. März 2014. Um 9 Uhr morgens hebt eine Maschine der United Airlines vom Flughafen Schiphol in Amsterdam ab. An Bord befinden sich Lisanne Froon und Kris Kremers aus dem niederländischen Amersfoort. Ein letzter schmerzlicher Abschied trennt sie nun von der Geborgenheit ihrer Eltern, die sie bis zum Terminal begleitet haben. Doch nun winkt greifbar nah das lang ersehnte Abenteuer am anderen Ende der Welt – Panama.

Die Planungen für den sechswöchigen Trip in das mittelamerikanische Land, das tropisch eingebettet zwischen Pazifik und Karibik liegt, haben bereits vor einem halben Jahr begonnen, als beide gerade ihren Bachelor-Abschluss in der Tasche haben. Die 21-jährige Kris hat an der Hochschule Utrecht die Fächer *Kulturelle und soziale Bildung* und Kunst studiert, die 22-jährige Lisanne Psychologie. Sie lernen sich während eines Studentenjobs in einem Restaurant kennen. Als in Kris und Lisanne der Wunsch reift, vor ihrem Masterstudium eine kleine Auszeit im Ausland zu nehmen, ist es ihnen ein Herzensanliegen, ihren wohlverdienten Urlaub mit sozialem Engagement zu verbinden. Mit *Het Andere Reizen* meinen sie, eine Reiseagentur gefunden zu haben, die diesen Wunsch vereint und bei der sie in guten Händen sind.

Nach einem Zwischenstopp im US-amerikanischen Houston und insgesamt 14 Stunden Flugzeit landen die Freundinnen am 15. März um 20:47 Uhr auf dem Flughafen San José Juan Santamaría. Eine Nacht verbringen sie in einem Hostel in der costa-ricanischen Hauptstadt, am nächsten Tag setzen Kris und Lisanne ihre Reise fort. Der Bus bringt sie zur panamaischen Grenze, wo sie nach der Passkontrolle in ein Taxi nach Almirante steigen. Von diesem Küstenstädtchen geht es per Fähre auf die Isla Colón, die größte Karibikinsel des Bocas-del-Toro-Archipels. Kris und Lisanne beziehen das zur Sprachschule Spanish by the Sea gehörende Hostel und werden die nächsten 14 Tage einen Grundkurs in Spanisch unter Palmen absolvieren. Dieser soll sie fit machen, um die anschließenden vier Wochen in einer Kindertagesstätte in der Stadt Boquete, die in der benachbarten Provinz Chiriquí liegt, Freiwilligenarbeit leisten zu können.

Doch erst mal sind Kris und Lisanne überwältigt von der Schönheit der weißen Sandstrände und dem türkisen, kristallklaren Wasser, das »Bocas« zu bieten hat. Sie genießen das maritime Essen in den umliegenden Fischrestaurants, beobachten von einem Boot aus Delfine in den Wellen und Faultiere in den Mangrovenwäldern, erkunden kleine Inseln, schwimmen mit Seesternen und trinken aus Kokosnüssen. Zwischen den Lerneinheiten, die insgesamt 40 Stunden betragen, finden sie vor allem in Bas L. und Edwin C. perfekte Gesellschaft. Mit den ebenfalls aus den Niederlanden stammenden Männern ihres Alters setzen sie sich abends gerne in die Bar Casa Verde, um bei Wein oder Bier Karten zu spielen. Die Nächte können dabei durchaus lang werden, wenn sie bis in die frühen Morgenstunden im Club La Iguana tanzen.

Die kontaktfreudige und aufgrund ihrer roten Haare auffällige Kris hat schon einen Südamerika-Aufenthalt mit ihrer Familie verlebt, doch bei der Beschreibung Bocas del Toro in ihrem Tagebuch gerät sie regelrecht ins Schwärmen. Die schlanke und braunhaarige, eher introvertierte Lisanne hingegen ist nie weiter als bis in den deutschen Schwarzwald gereist. Sie kommt endlich aus sich raus, scheint Ängste zu überwinden und schreibt in ihr Tagebuch: »Ich könnte für den Rest meines Lebens in Bocas leben.«[3]

Auf der Karibikinsel lernen die Freundinnen Ingrid L. kennen. Die 47-jährige Niederländerin ist Besitzerin der Agentur Spanish at Locations, die jeweils zwei Sprachschulen in Costa Rica und Panama unterhält. Eine davon liegt in Boquete und heißt Spanish by the River. Zwar werden Kris und Lisanne hier keinen Unterricht

mehr nehmen, aber die Schule organisiert ihre Unterkunft, die Freiwilligenarbeit und bietet geführte Touren über die vielen Wanderwege der Bergregion an. Als Kris und Lisanne am Samstag, den 29.
März um 8 Uhr einen von ihrem Hostel gecharterten Minibus be-
steigen, der sie nach der Überfahrt aufs Festland von Almirante ins
etwa 170 Kilometer entfernte Boquete bringt, werden sie begleitet
von Eileen W. Die 25-jährige Deutsche absolviert ein Praktikum als
Hostel Assistent Managerin bei Spanish by the Sea. Nun soll sie für
zwei Wochen wegen Personalmangel in Boquete einspringen.

Um 15:30 Uhr erreicht der Bus den Zielort und setzt die drei
jungen Frauen an der Sprachschule in Alto Boquete ab. Sie liegt im
ruhigen, nur 800 Meter langen und 400 Meter breiten Wohnviertel
Las Brisas. Unbefestigte Wege und grasende Ziegen bilden einen
Kontrast zum lebhaften, vier Kilometer nördlich gelegenen Zentrum von Boquete.

Die 30-jährige Niederländerin Marjolein J., die Spanish by the
River in Vertretung leitet, begrüßt die Neuankömmlinge und zeigt
ihnen die Einrichtung. Da sich Kris und Lisanne gegen die Anschaf-
fung von panamaischen SIM-Karten entscheiden, werden sie in der
Regel das WLAN der Schule nutzen, in das sie sich mit ihren Mobiltelefonen oder mit dem Schulcomputer einloggen können. Außerdem verbinden sie sich an ausgewiesenen Stellen in der Innen-
stadt von Boquete mit dem öffentlichen WiFi. Telefonate mit ihren
Angehörigen führen sie ausschließlich über Skype. Während sich
Lisannes Handy nicht ins panamaische Netz einbucht, könnte Kris
mit ihrem Anbieter theoretisch telefonieren – sie nutzt diese Option
jedoch nicht.

Zu Spanish by the River gehört auch ein eigenes kleines Hostel,
in dem die Liechtensteinerin Petra N. wohnt, die zu dieser Zeit die
einzige Sprachschülerin ist. Kris und Lisanne haben bei ihrer Be-
werbung jedoch angegeben, dass sie sich eine Beherbergung in einer
Gastfamilie wünschen. Ihre Gastmutter Miriam G. holt sie schon
kurz nach ihrer Ankunft gemeinsam mit ihrem 13-jährigen Sohn

Amilcar ab und nimmt sie mit in ihr Haus, das praktischerweise nur 300 Meter von der Sprachschule entfernt im gleichen verschlafenen Viertel von Las Brisas steht. Es ist nicht das erste Mal, dass die 46-jährige Panamaerin trotz der beengten Wohnverhältnisse auf fünf Zimmern ausländische Schüler bei sich aufnimmt, denn dadurch ergibt sich ein guter Nebenverdienst. Mit ihr leben neben Amilcar und ihrem Mann Ricardo auch ihre Töchter mit im Haus – die zehnjährige Astrid und die 21-jährige Yaileth zusammen mit ihren kleinen Kindern. Als Kris und Lisanne ihr Schlafzimmer betreten, in dem zwei Betten, ein winziger Holztisch und ein Wandregal stehen, packt die vorherige Mieterin gerade ihre Sachen für die Abreise zusammen.

Schon nach ein paar Stunden in ihrer neuen Unterkunft beginnt Lisanne, sich unwohl zu fühlen, nicht nur, weil sie an einer starken Erkältung leidet. Am Abend ihrer Ankunft schreibt sie in ihr Tagebuch: »Ich sitze hier mit Tränen in meinen Augen und über meinen Wangen.«[4] In ihrer Gastfamilie fühlt sich Lisanne »wie ein Eindringling«, die Umstellung von der sonnigen Partyinsel Bocas ins geruhsame und kühlere Boquete bringt sie auf triste Gedanken. Zwei Wochen habe sie nichts gestört und plötzlich werde sie komplett verrückt, schreibt sie weiter. Sie habe nie hier hergewollt, und ihre Hoffnung, dass sie es irgendwie schaffen könne, habe sich als Trugschluss erwiesen. »Ich möchte, dass meine Mutter und mein Vater mich in den Arm nehmen und mir sagen, dass alles gut wird. Ich fühle mich wie eine Zweijährige.«[5] Lisanne hofft darauf, dass die Arbeit mit den Kindern sie auf bessere Gedanken bringt.

Am nächsten Tag organisieren Marjolein und ihre neue Assistentin Eileen einen kleinen Willkommensvortrag, in dem sie Kris und Lisanne einige der schönsten Wanderrouten der Region vorstellen, die sie über die Sprachschule buchen können. Die beiden schauen sich dazu Informationsmappen an und erfahren, dass Spanish by the River mit dem Touristenführer Feliciano Gonzalez zusammenarbeitet. Marjolein erwähnt zwar auch den Pianista Trail, doch Kris und Lisanne interessieren sich mehr für die Lost Waterfalls, die Caldera Hotsprings und den Vulkan Barú. Das Wichtigste für beide ist aber sowieso, sich erst mal an der neuen Arbeitsstelle einzugewöhnen. Marjolein erklärt ihnen den Weg zur Guardería Aura und stellt den Mädchen zwei mögliche Arbeitsschichten zur Auswahl. Kris und Lisanne entscheiden sich für die Spätschicht, worauf ihnen die Managerin zu verstehen gibt, dass mit der Kita alles geklärt sei und sie sich am kommenden Tag um 13 Uhr dort einfinden könnten.

Mit einer Karte von Boquete und Umgebung ausgestattet, verbringen die Freundinnen den restlichen Sonntag damit, sich die Stadt anzusehen. Ihr Weg führt sie zum Mittagessen ins Bistro Boquete, danach zur Blumenmesse Feria de las Flores y del Café und an das Ufer des Rio Caldera. Gegen 16 Uhr finden sie sich wieder in ihrer Unterkunft ein. Während sich Kris in ihr Zimmer zurückzieht und Miriam das Abendessen zubereitet, setzt sich Lisanne zu den Kindern der Gastmutter ins Wohnzimmer, schaut mit ihnen fern und versucht, ihnen etwas Niederländisch beizubringen. Um 17:30 Uhr beobachtet Nachbarin Verónica S., wie die neuen Gäste das Haus verlassen. Wohin sie gehen, bleibt unklar, mit Sicherheit aber werden sie im Supermarkt einkaufen, um sich mit Getränken und Snacks einzudecken. Lisanne besorgt sich wegen ihrer Erkältung außerdem Arzneimittel und Halsbonbons.

Am nächsten Morgen treffen die Freundinnen beim Frühstück auf Yaileth, die gerade zur Arbeit aufbrechen will. Sie ahnt nicht, dass dies bereits die letzte Begegnung mit den Mädchen bleiben soll. Schon jetzt verschwimmen die Spuren jenes Tages, später werden sich widersprüchliche Zeugenaussagen häufen. Der Rekonstruktion des »vorletzten Tages« haben wir deswegen ein eigenes Kapitel gewidmet. Was Kris und Lisanne an diesem Vormittag genau tun, bleibt ungeklärt.

Um 13 Uhr erscheinen sie wie verabredet in der Kindertagesstätte Aura. Doch die Begrüßung durch Leiterin Maria G. verläuft anders als erhofft. Schroff teilt sie mit, dass sie keine Praktikantinnen brauche. Was ist hier los? Kris und Lisanne fühlen sich augenblicklich wie im falschen Film. Schließlich haben sie schon vor Wochen von ihrer Agentur die Zusage für diesen Einsatz erhalten. Sie haben kleine Geschenke für die Kinder vorbereitet und spanische Lieder eingeübt, die sie mit ihnen singen wollen. Doch Maria bleibt hart. Später wird sie Ermittlern offenbaren, sie habe weder Spanish by the River noch Schulleiterin Ingrid gekannt.

Was die Freundinnen nach der Abfuhr tun, ist nicht eindeutig belegt – es existieren mehrere Theorien. Klar ist: Am späten Nachmittag kehren sie auf der Suche nach Antworten in die Sprachschule zurück. Doch Hostel-Assistentin Eileen spricht kein Spanisch und kennt sich nicht aus. Ratlos hinterlassen Kris und Lisanne Marjolein eine Nachricht, sie möge sich dringend bei ihnen melden. Gegen 17 Uhr informieren sie ihre Eltern in Holland über die Misere und lassen sich danach bei Masseurin Sigrid V. behandeln. Erst um etwa 18:30 Uhr meldet sich Marjolein, entschuldigt sich damit, dass sie selbst keine Erklärung finde für das, was an der Aura passiert ist. Sie habe Eileen jedoch angewiesen, am nächsten Morgen bei der benachbarten Kita Esperanza anzurufen, um in Erfahrung zu bringen, ob Kris und Lisanne alternativ dort arbeiten können. Sie empfiehlt ihnen, am nächsten Morgen um 9 Uhr an die Schule zu kommen, um diesbezüglich Nachricht zu erhalten. Sie selbst werde nicht da sein, da sie schon um 7 Uhr morgens nach Costa Rica aufbrechen wolle. Dort werde sie in der Sprachschule in Turrialba erwartet.

Am Abend sitzen Kris und Lisanne mit Miriam und ihrer Tochter Astrid im Wohnzimmer. Es wird nicht viel geredet. Lisanne klagt über Atemprobleme aufgrund ihrer Erkältung und sieht fern, Kris liest ein Buch. Am Tag ihres Verschwindens bemerkt Miriam die Mädchen beim Frühstück, als sie selbst um 6:45 Uhr das Haus verlässt. Gegen 7:45 Uhr fährt Yaileth zur Arbeit – da sind Kris und Lisanne nicht mehr am Tisch. Sie hört jedoch ein Rumpeln aus ihrem Zimmer und geht daher davon aus, dass sie zu

Hause sind. Wann genau die beiden an diesem Morgen zur Sprach-schule aufbrechen, ist nicht klar, vor allem aber nicht der Zeitpunkt, an dem sie sie verlassen werden. Die unterschiedlichen Angaben dafür und Resultate daraus sind so komplex und widersprüchlich, dass wir auch den Ereignissen des »letzten Vormittages« ein eigenes Kapitel gewidmet haben. Hier springen wir zum Zeitpunkt, an dem das Fehlen der Frauen auffällt.

Die Suche am Pianista

Es ist Mittwochmorgen, der 2. April, 8 Uhr. Die noch schlummernden Seitenstraßen von Alto Boquete sind in friedliche Stille gehüllt, nur ein Hauch des geschäftigen Treibens auf der nahen Hauptstraße weht hinüber zur Sprachschule. Felicianos grüner Geländewagen biegt um die Ecke und hält mit einem Ruck am Holzzaun der Sprachschule. Der pünktliche 58-Jährige will heute Morgen drei junge Frauen zu einem gebuchten Ausflug zur Erdbeerfarm Finca las Princesas abholen. Während Eileen pünktlich da ist, lassen Kris und Lisanne auf sich warten. Verwundert blickt der Guide auf die Uhr – 15 Minuten Verspätung. Wo bleiben die Mädchen nur? Besorgnis durchfährt ihn, als weitere Minuten ohne Anzeichen seiner Kundinnen ins Land ziehen. Kurz entschlossen brechen Feliciano und Eileen auf, hasten die Schotterstraße hinab bis zu Miriams Haus, um nachzusehen, ob die beiden vielleicht verschlafen haben.

In unzähligen wirren Nacherzählungen, die in dem Touristenführer den Mörder von Kris und Lisanne sehen, werden die folgenden Ereignisse so geschildert: Feliciano verschafft sich unerlaubt Zutritt zum Zimmer der Mädchen und bleibt dort mindestens eine halbe Stunde, um in Ruhe Indizien zu beseitigen, die verraten könnten, dass er sie am Tag zuvor hinter den Mirador geführt und ermordet hat. Danach läuft er alleine den Pianista Trail ab, um hier ebenfalls Spuren zu verwischen.

In Wahrheit jedoch ist der Fremdenführer niemals ohne Begleitung im Zimmer von Kris und Lisanne. Nachdem er minutenlang vergeblich geklingelt hat, läuft er mit der Praktikantin zurück zur Schule, telefoniert dort ein wenig herum, wie Eileen uns sagt, bis er über Bekannte die Nummer von Miriam erfährt.

Feliciano – der Miriam nur flüchtig aus der Nachbarschaft der Schule kennt und nicht mit ihr befreundet ist, wie es fälschlicherweise in einigen Podcasts skizziert wird, wo man ihr Mittäterschaft unterstellt – spürt ihre Besorgnis am Telefon. Sie hat ihre Mieterinnen in der Nacht, bis sie um 23 Uhr schlafen gegangen ist, nicht nach Hause kommen gehört, hat sich aber nichts dabei gedacht, da sie es gewohnt ist, dass Gäste lange zum Feiern wegbleiben. Mit Vertrauen in seine Verantwortung weist Miriam Feliciano den Weg zu einem versteckten Ersatzschlüssel in ihrem Garten. In Begleitung von Eileen kann er wenig später das rosafarbene Gebäude und das Zimmer der Mädchen betreten. Sie finden es leer vor und werden beim Anblick der gemachten Betten sofort von einem mulmigen Gefühl erfasst. Feliciano benachrichtigt die Hausbesitzerin und teilt ihr mit, dass es nicht so aussehe, als hätten Kris und Lisanne die letzte Nacht in ihrem Zimmer verbracht. Der Touristenführer kennt das Vorgehen der panamaischen Polizei, die erst tätig wird, wenn eine Person 24 Stunden lang vermisst wird.

Laut Feliciano habe Eileen ihm zunächst beiläufig berichtet, dass sie sich vorstellen könne, dass Kris und Lisanne den Pianista Trail gelaufen sind.[6] Da sie eine Weile lang in den Niederlanden gelebt und dort Tourismus studiert habe, könne sie Niederländisch verstehen. So habe sie am vergangenen Vormittag gehört, dass sich die Mädchen über den Wanderweg unterhalten und auch im Schulcomputer nach Informationen darüber gesucht hätten.

Weil den beiden zunächst nichts weiter bleibt, als abzuwarten, beschließen Feliciano und Eileen, die Tour zur Erdbeerfarm zu zweit zu machen. Vor Ort erkundigen sie sich, ob Kris und Lisanne möglicherweise auf eigene Faust dort hingegangen sein könnten, doch weder der Farmbesitzer noch Parkwächter haben etwas gesehen oder gehört.[7] Während Feliciano später anderen Terminen nachgeht, wartet Eileen allein in der Schule. Gegen 17 Uhr entschließt sie sich, Lisannes Eltern anzurufen. In den Unterlagen der Mädchen findet sie die niederländischen Nummern. Um 0:15 Uhr mitteleuropäischer Zeit erreicht sie Mutter Dinie und informiert sie darüber, dass ihre Tochter samt Freundin in der Nacht nicht nach Hause gekommen ist.

Alarmiert setzen die Froons umgehend eine Kettenreaktion in Gang: Sie alarmieren die Kremers, Kris' Freund Stephan M. und das Reisebüro *Het Andere Reizen*. Dessen Inhaberin Judith S. benachrichtigt die panamaische Botschaft und Ingrid, die sich wie Marjolein in Costa Rica aufhält. Noch in der Nacht geben die verzweifelten Eltern bei der Polizei in Holland eine Vermisstenanzeige auf. Diese wird umgehend an Interpol weitergeleitet.

Als Feliciano am frühen Abend des 2. April von der jetzt ebenfalls nervösen Eileen erfährt, dass sie immer noch keine Nachricht von Kris und Lisanne hat, holt er sie kurzentschlossen ab und fährt mit ihr zur 4,7 Kilometer entfernten kleinen Polizeiwache in Bajo Boquete. Doch dort müssen sie eine herbe Enttäuschung einstecken. Der diensthabende Beamte ist mit seiner Arbeit überlastet und bittet Feliciano, eigenständig zu handeln. Er solle in Miriams Haus nach den Reisepässen der Mädchen suchen und sie ihm dann vorbeibringen. Erst dann könne er zumindest eine Vermisstenanzeige aufnehmen.

Gegen 19 Uhr betritt Feliciano in Anwesenheit von Eileen und der von der Arbeit zurückgekehrten Gastmutter Miriam also ein zweites Mal das Zimmer der Mädchen, wo sie in Taschen und Rucksäcken nach Reisedokumenten suchen. Mit Kris' Pass und Lisannes Daten kehrt Feliciano voller Hoffnung zur Polizeistation zurück. Um 20:30 Uhr wird die offizielle Vermisstenanzeige aufgenommen. Am nächsten Morgen, 7 Uhr, erstattet der Guide zusätzlich Meldung bei der Katastrophenschutzbehörde SINAPROC. Deren Beamte inspizieren die Unterkunft und die Schule, vernehmen Miriam und Eileen. In Internetforen kursieren seit Jahren Gerüchte, nach denen Eileen gar nicht von der Polizei zum Vorfall befragt worden und überstürzt nach Deutschland zurückgekehrt sei. Das ist nicht richtig. Tatsächlich ist sie nach ihrer Befragung– wie von vornherein geplant – zurück zu Spanish by the Sea nach Bocas del Toro gegangen, um ihr Praktikum noch bis Juni fortzuführen.

Nach den Zeugenbefragungen an der Schule stellt SINAPROC einen Suchtrupp von zehn Männern zusammen, die unter Felicianos Leitung als Ortskundiger den Pianista Trail absuchen sollen.[8] Der vier Kilometer lange Wanderweg durch den Nebelwald beginnt im Norden von Boquete im Sektor Arco Iris und führt hinauf bis zum Mirador – einem Aussichtspunkt auf dem Gipfel auf rund 2000 Metern Höhe. Den Beginn des Trails markiert ein kleines Restaurant namens Il Pianista, das dem italienischen Einwanderer Giovanni S. und seiner Frau Doris D. gehört. Etwa 100 Meter weiter aufwärts laufen sie an dem linksseitig gelegenen bunten Häuschen des Ehepaares Oliva und Dario K. vorbei. Kurz darauf überqueren sie einen schmalen Steg, der über den sanft plätschernden Rio Pianista zum Grundstück der Indigenen Martina H. führt, deren kleines Holzhaus auf Stelzen steht und von bunten Blumen umgeben ist.

Alle fünf Anwohner, die Feliciano befragt, berichten ihm, sie hätten zwei Tage zuvor zwei Mädchen an ihren Häusern den Trail hochlaufen, aber nicht zurückkehren gesehen. Zu diesem Zeitpunkt ahnt keiner von ihnen, dass sie in den nächsten Wochen noch viele Male zu den jungen Frauen befragt werden. Die Aufmerksamkeit der Beamten gilt an diesem Tag jedoch zunächst dem Auffinden der Vermissten, das momentan noch keiner anzweifelt.

Nach weiteren 350 Metern aufwärts führt vor der Molkerei des Bauernhofes Arco Iris eine kleine Eisenbrücke über den schmalen Fluss. Dahinter bewohnt die indigene Familie M. das letzte Haus am unteren, unbewaldeten Teil des Trails. Da sie hier niemanden antreffen, führt die Gruppe ihren Weg den von ausladenden Pferdekoppeln umsäumten Pfad entlang in Richtung Mirador fort. Nach rund zwei Kilometern Fußmarsch erreichen sie den Waldeingang, wo sich der Weg gabelt. Wenn man sich rechts verirrt, gelangt man auf das Grundstück eines Mannes, dem man in Boquete einen Spitznamen gegeben hat, weil kaum einer seinen richtigen Namen kennt. Wir nennen ihn in unserem Buch »M.« Obwohl auf seinen

500 Metern Land am Hang zwei stabile, mit Brettern vernagelte Hütten stehen, wohnt M. selbst nicht hier oben und erscheint nur zu bestimmten Anlässen.

Unweit dieser Stelle erhält der Leiter der SINAPROC-Expedition unvermittelt einen Anruf. Mit ernster Miene teilt er danach seinen Männern mit, dass die Suchaktion auf höhere Anweisung abgebrochen worden ist. Alle Helfer müssten umgehend nach Boquete zurückkehren, um dort einen Stützpunkt für den Besuch des niederländischen Botschafters am nächsten Morgen einzurichten. Fassungslos mustern sich die Männer gegenseitig. Was bedeutet dieser abrupte Abbruch? Gibt es Hinweise darauf, dass die Vermissten woanders zu suchen wären? Oder will man lediglich diplomatische Korrektheit einhalten?

»Keiner hat das verstanden«, sagt uns Feliciano, der selbst sofort aber den Ernst der Lage erkennt und beschließt, die Suche allein weiterzuführen. Mit seinem Rucksack, den er mit Obst für die Mädchen vollgepackt hat, setzt er seinen Weg zum Gipfel in nordöstliche Richtung fort. Auf der Route passiert er Lazaros Hütte, die rund 50 Meter westlich des Trails liegt. Der 68-Jährige ist ein Bekannter von Feliciano und besitzt das letzte bewohnte Haus auf Boquete-Seite des Pianistas. Es steht zusammen mit zwei anderen schlichten Hütten inmitten des Waldes und ist von zwei Seiten über einen kleinen Trampelpfad erreichbar. Üppige Hortensien säumen den Weg, Gänse schnattern vor sich hin und ein paar kleine Hunde begrüßen jeden, der sich dem kleinen Stück Land nähert. Lazaro berichtet Feliciano, dass er am 1. April zwei Mädchen zum Mirador hochlaufen, aber nicht zurückkehren gesehen hat.

Von seinem Bekannten aus muss Feliciano noch rund einen Kilometer zurücklegen, um den Mirador zu erreichen. Hier oben endet die offizielle Wanderroute, auch wenn kein Schild darauf hinweist. Feliciano geht seinen Weg auf dem Pianista Trail, der jetzt vom Mirador bergabwärts in das geschützte Naturareal La Amistad abfällt, unbeirrt weiter.

Die falsche Feststellung der Autoren West und Snoeren, dass der Pfad auf der anderen Bergseite nicht mehr als Pianista Trail, sondern als Culebra Trail bezeichnet werde, sorgt seit Jahren für Missverständnisse.[9] Tatsächlich beginnt der Culebra Trail, der ein völlig separater Weg in einem anderen Tal ist und überhaupt nicht über den Mirador führt, etwa sieben Kilometer nordwestlich vom Beginn des Pianista Trails im Sektor Bajo Mono. Von dort schlängelt er sich bis zur über 40 Kilometer entfernten Küste von Bocas del Toro.

Eine mögliche Ursache für die fatale Fehleinschätzung in *Lost in the Jungle*, die auch dazu geführt hat, dass die offizielle SINAPROC-Suche falsch gedeutet wird, könnte folgende sein:

Der Pianista Trail führt auf seinem Weg in Richtung Küste über mehrere einfache Brücken, die aus einem Drahtseil für die Füße und zwei Seilen zum Festhalten bestehen. Diese sogenannten Monkey Bridges werden von den Einwohnern des zwölf Kilometer Luftlinie vom Mirador entfernten Dorfes Alto Romero und anderen nördlich gelegenen Gemeinden zum Überqueren der Flussläufe genutzt. Folgt man dem Pianista Trail vom Gipfel in diese Richtung, trifft man nach etwa fünf Kilometern auf die erste Monkey Bridge, die über den Fluss Cabecera de Culebra führt. Dieser hat jedoch nichts mit dem Culebra Trail zu tun, sondern verdankt seinen Namen lediglich ebenfalls seinem gewundenen, schlangenartigen Verlauf – denn Culebra bedeutet auf Spanisch Schlange. Der Name des Berges Pianista soll sich hingegen vom steilen Anstieg ableiten, den man wie auf einer Klaviatur Schritt für Schritt weiter nach oben steigen muss.[10] Mindestens bis zum Fuß der anderen Seite des Berges wird der Pfad, der über den Berg führt, Pianista Trail genannt.

Feliciano geht auf seiner Suche nach Kris und Lisanne am 3. April also den *Pianista Trail* auf der anderen Seite des Berges hinunter, passiert die sogenannte Kontinentalscheide, die die Provinzen Chiriquí und Bocas del Toro geografisch trennt, und überquert zwei Bäche, die Einheimische als Pittí und Guarapo bezeichnen. In der

Diskussion um das Verschwinden von Kris und Lisanne sind sie nach ihrer spanischen Bezeichnung für Bach nur als Quebrada 1 und Quebrada 2 bekannt. Das Wasser der Bäche hinter dem Mirador ist klar und sauber und kann gefahrlos getrunken werden. Guarapo ist auch der Name eines süßen Getränks – der Bach wird in Anlehnung daran so genannt, weil der nächste Bachlauf auf dem Trail mehrere Kilometer weit entfernt liegt.

Der Guide erreicht nach etwa vier Kilometern Abstieg, für den er rund eineinhalb Stunden braucht, den Bereich der sogenannten Paddocks, wo der Wald in eine ausladende grüne Freifläche übergeht. Das hügelige Terrain ist überzogen von umzäunten Weiden, auf die lokale Bauern ihr Vieh führen. Drei große Pferdekoppeln reihen sich hier aneinander. Der im Stich gelassene Bergführer marschiert bis auf die zweite Pferdekoppel. Dort befindet sich eine verlassene Blechhütte, die auf dem Gelände eines ehemaligen Bauernhofes liegt, das die Einheimischen auch heute noch nach ihrem einstigen Besitzer »Alejandro Pittí« benennen.

Bis hierher findet Feliciano keine Fußspuren oder sonstige Anzeichen dafür, dass Pfad, Weiden oder Hütte in den letzten Tagen betreten worden sein könnten. Der Wanderführer bietet damals schon seit 14 Jahren Touren auf dem Pianista Trail an und ist als derjenige bekannt, der den Tourismus überhaupt erst in die Region gebracht hat. Als ausgezeichneter Fährtenleser würden ihm fremde Schuhabdrücke sofort ins Auge fallen. Einheimische und Guides tragen hier nur Gummistiefel mit identischem Sohlenmuster. Touristen hingegen sind eine Seltenheit auf dem Pfad tief im Dschungel. In der Regel laufen aber mehrere Indigene täglich die 25 Kilometer lange Strecke zwischen dem im Naturschutzgebiet La Amistad gelegenen Dorf Alto Romero über den Mirador bis nach Boquete, um Einkäufe zu erledigen oder Verwandte zu besuchen, und kehren anschließend mit voll bepackten Taschen zurück. Auf der Route leben Viehzüchter und Bauern.

Da Feliciano auch in der Hütte auf den Paddocks nichts Auffälliges vorfindet und der Tag sich dem Ende zuneigt, beschließt er, den Rückweg nach Boquete anzutreten. Seine Einschätzung, dass hier vor Kurzem keine Fremden gewesen sind, teilt nach einer Befragung durch den Privatdetektiv Martin F. am 5. April auch Ricardo M., ein indigener Anwohner des auf Boquete-Seite gelegenen Pianista Trails. Er befindet sich am 1. April auf einer Tour zu einem Grundstück seiner Familie im Dorf Norteño, das noch zwölf Kilometer hinter Alto Romero in Richtung Küste von Bocas del Toro liegt.[11]

Am 2. April wandert Ricardo seinen Angaben zufolge den Trail zwischen 9 und 16 Uhr zurück in Richtung Boquete. Er habe nichts Ungewöhnliches gehört oder gesehen, das darauf hingedeutet hätte, dass kürzlich Touristen auf der Strecke unterwegs gewesen sein könnten, er habe keine frischen Fußspuren bemerkt oder Hilferufe vernommen. Mit den Aussagen eines Fremdenführers und eines Indigenen, die sich beide im Terrain perfekt auskennen, erhalten die Behörden zwei triftige Urteile darüber, dass Kris und Lisanne nicht auf der anderen Seite des Miradors gewandert sind.

Es ist richtig, dass Feliciano am 3. April der Einzige gewesen ist, der hinter dem Gipfel nach Kris und Lisanne gesucht hat. Aber seine Intention ist nicht gewesen, Spuren zu verwischen. Doch in Unkenntnis der Zusammenhänge behaupten das all jene, die Feliciano seit zehn Jahren diffamieren und zum ersten Sündenbock eines Internet-Tribunals gemacht haben.

West und Snoeren haben die Gelegenheit verpasst, hier Klarheit zu schaffen. Stattdessen befeuern sie diese Gerüchte noch einmal, indem sie in ihrem Buch die Behauptung aufstellen, Eileen habe ihnen im Sommer 2020[12] verraten, sie habe nichts davon geahnt, dass Kris und Lisanne am Pianista gewesen sind. Sie hätte daher Feliciano gar nicht darüber informieren können. »Das stimmt nicht«, sagt Eileen, als wir sie dazu befragen. »Ich habe selbst gehört, wie sie darüber geredet haben, und habe im Schulcomputer

35

gesehen, dass sie am Tag ihres Verschwindens nach Infos über den Pianista Trail gegoogelt haben. Das habe ich Feliciano gesagt, der ja nur so in der Lage gewesen ist, die Behörden darüber zu informieren.«

Die Autoren hätten die Fakten selbst in den Akten finden können, denn Eileens erste Zeugenaussage vom 3. April widerlegt ihre Behauptungen. Gegenüber SINAPROC gibt sie damals unmissverständlich zu Protokoll, die Infos aus der Browser-Historie zu haben.[13]

Am 4. April um 5 Uhr morgens richtet SINAPROC einen Stützpunkt für die offizielle Suche ein. Im Fokus stehen populäre Wanderpfade rund um Boquete, die nun akribisch abgesucht werden. Zur Unterstützung angeforderte Spürhunde und ein Helikopter der Luftwaffe SENAN[14] sollen vor allem schwer zugängliches Gelände durchkämmen. Indigene Gruppen, die über den Mirador wandern, werden zudem mit Informationen zu den vermissten Niederländerinnen ausgestattet. Eigenen Angaben zufolge durchforsten die Suchtruppen bis zum 11. April 25 Wanderwege des Naturschutzgebietes in Chiriquí und Bocas del Toro.

Nachdem offiziell insgesamt fast 1000 Kilometer Gebiet durchleuchtet worden ist, verkündet SINAPROC-Einsatzleiter Elmer Quintero am 14. April, dass die Suche für ihn unerklärlich erfolglos geblieben sei.[15] In einem Interview spricht er davon, dass Vergleichbares noch nie passiert ist. Wann immer sich Menschen im Wald verlaufen hätten, habe man sie auch wiedergefunden. Jeder Flecken, an dem die Mädchen gewesen sein könnten, sei abgesucht, aber nicht die geringste Spur gefunden worden.[16] Der panamaische Generaldirektor von SINAPROC Arturo Alvarado teilt die Einschätzung seines Kollegen. Speziell über die Möglichkeit, dass sich Kris und Lisanne auf dem Pianista Trail verlaufen haben könnten, gibt er gegenüber der Presse bekannt: »Auf diesem Weg haben wir noch nie einen einzigen Menschen verloren. Wir haben sie immer gefunden.«[17]

Logbuch Annette (8°50'17.7"N 82°25'29.5"W)
Der Mirador empfängt mich stürmisch, als ich am 1. April 2023 das erste Mal den Pianista Trail wandere: Baumkronen schaukeln hin und her, nasse Blätter klatschen aneinander, eine Nebelschwade streift den Boden im Vorüberziehen. In mir tobt der gleiche Sturm. Mein Puls rast von der Anstrengung der letzten Meter, und wenn meine Kehle nicht so zugeschnürt wäre, würde mein Herz wahrscheinlich oben heraushüpfen. Ich bin da. Hier sind die Fotos entstanden, die zwei ausgelassene Mädchen zeigen. Hier haben sie einen glücklichen, unbeschwerten Moment erlebt – vielleicht den letzten ihres Lebens.

Das Dämmerlicht der dichten Vegetation liegt nun hinter mir. Der Pianista Trail führt durch tiefen Nebelwald, und kilometerlang erstreckt sich dort nichts weiter als ein endloses Meer aus Grün. Wie schön es nun ist, den Himmel zu sehen, wenn auch nur für Sekunden zwischen dicken Wolken. Ich trete aus dem Matsch auf die helle, freie Fläche ganz oben auf dem Berg. Sofort springt mir das hier aufgestellte Kreuz ins Auge, denn der Mirador ist kleiner, als ich ihn mir ausgemalt habe. Abseits der Gedenkstätte erstreckt sich eine karge Fläche, etwa so groß wie ein Volleyballfeld, umsäumt von windschiefen Bäumen und raschelndem Gebüsch. Da ich mittlerweile viel über Lisanne und Kris weiß, sehe ich sie deutlich vor mir. Gleichzeitig habe ich das Gefühl, allein auf der Welt zu sein, abgeschnitten von allem und jedem. Hinter den schaukelnden Bäumen ist nichts, woran sich mein Blick haften könnte. Keine Küste, nur Nebelschwaden. Eine graue, undurchdringliche Masse.

Ich fühle mich einsam so ganz allein mit zwei Namen, die mir in den letzten Wochen immer vertrauter geworden sind. Zu denen ich Gesichter, Geschichten und eine vage Vorstellung ihrer Charaktere habe. Die ich ausgesprochen habe wie die von Freundinnen. Nun schweigen sie von einem Gedenkkreuz auf diese graue Fläche und kommen mir verwirrend fremd vor. Zwei so junge Menschen

haben darauf nichts zu suchen. Was ich mir angelesen und ange-
schaut habe, gilt nicht mehr. Ich weiß nichts, habe keine Ahnung.
Ich höre nur das Rauschen der Bäume, rieche den Duft von feuchter Erde und spüre feinen Regen auf den Lippen.

Ein heftiger Windstoß reißt mir die Kapuze vom Kopf und
mich aus meinen Gedanken. Warum bin ich eigentlich die Einzige
hier oben? Bei all der Medienpopularität, die der Fall in den letzten
Jahren erlebt hat, habe ich mit Menschen gerechnet, Blumen vor
dem Kreuz, vielleicht sogar einem Kamerateam. Stimmt hier irgendwas nicht? Ein Schauer durchläuft mich und es wird mir immer
unheimlicher zumute.

Halt, sammle dich! Ich drehe mich vom Kreuz weg, schweife
mit dem Blick über das Moos an den Baumstämmen, über eine
braune Masse am Boden, die ohne Regen wohl ein Weg sein
könnte. Dahinter klafft er und erinnert mich an ein stummes, lau-
erndes Biest, dem man nicht zu nahe kommen darf, damit es nicht
aufmerkt und zuschnappt. Komm schon, es ist nur ein Wanderweg,
ermahne ich mich, meine Fantasie etwas im Zaum zu halten. Der
Teil des Wanderwegs, der offiziell nicht zum Pianista Trail gehört,
den aber trotzdem manche gehen. Und die meisten sind davon auch
zurückgekommen. Nicht aber Lisanne und Kris. Was hat sie dahinter erwartet, hinter diesem gefährlich dreinschauenden Eintritt in
die andere, die nördliche Seite des Berges?

Vor meinem inneren Auge stapfen zwei sorglose, neugierige
Mädchen von mir weg in Richtung Dunkelheit. Ich sehe ein wenig
Türkis, ein wenig Rot, flatternde Haare, einen vorsichtigen, aber
entschlossenen Gang. Sie drehen sich nicht um, sondern verschwinden hinter den Felsen im Dickicht. Ich kann nichts tun, sie nicht
warnen. Wovor auch? Ich weiß es nicht. Doch ich spüre den festen
Entschluss, diesem Rätsel auf die Spur zu kommen. Er verfolgt
mich, seit Christian mir vor sechs Wochen von der mysteriösen Tragödie erzählt hat, der wir nun gemeinsam auf den Grund gehen
wollen.

Mit einem dicken Kloß im Hals starre ich ins Leere. Es ist, als wäre die Matschfläche vor dem Spalt im Fels eine verbotene Zone. Betreten verboten, Lebensgefahr! Komm schon, ein paar Meter kann ich wohl gehen, was soll passieren? Mein Verstand schimpft mich aus, doch mein Gefühl jagt mir einen Schauer über den Rücken bei dem Gedanken, den riesigen, moosbewachsenen Wänden näher zu kommen. Dahinter lauert die Gefahr, so fühlt es sich für mich an. Als befände ich mich nahe einer Klippe und müsste aufpassen, nicht auszurutschen und in die Tiefe zu stürzen. Das ist kein Abgrund, der mich bei einem Schritt zu weit in die Tiefe reißt, kein Monster, das nach mir greift, und auch kein per se feindlicher Dschungel. Also fasse ich mir ein Herz und trete vor der nächsten heranziehenden Nebelschwade auf den glitschigen Untergrund. Mein Stiefel sinkt zur Hälfte ein. Ich blicke mich um, halte Ausschau nach dem angekündigten Warnschild, das die Grenze für Wanderer markieren soll. Wo ist es? Zugewachsen, im Schlamm versunken, niemals aufgehängt worden?

Ich will gerade meinen Weg fortsetzen, als ich Stimmen hinter mir höre. Ich drehe mich um und gehe zurück, habe keine Lust, mir von anderen Wanderern anzuhören, dass ich alleine lieber nicht hier sein sollte. Schon der Taxifahrer, der mich zum Eingang gebracht hat, hat mich davor gewarnt. Die meisten Touristen seien mindestens zu viert oder mit Guide unterwegs. Ich weiß selbst, dass mein Alleingang leichtsinnig ist. Ich wollte allein mit meinen Gedanken sein und habe darum riskiert, mich zu verlaufen oder zu verletzen.

Schnell schreibe ich eine WhatsApp an Christian, dann verlasse ich den Mirador und gehe den Stimmen entgegen – es gibt nur einen Weg zurück. Da biegt vor mir ein kleiner, grauhaariger Mann um die Kurve. Sein Gesicht kommt mir bekannt vor: Feliciano Gonzalez! Hinter ihm erscheinen vier Wanderer, jeder mit einem Stock ausgerüstet. Ich trete zur Seite, um ihnen Platz zu machen, ganz schön perplex, dem Mann zu begegnen, der Lisanne und Kris ins

Verderben geführt haben soll, was Christian und ich aber nie geglaubt haben. Im Morast finde ich keinen sicheren Stand, ich tau-
mele und rudere mit den Armen – schnell macht Feliciano einen
Satz nach vorn und hält mich fest. »Sola?«, fragt er, allein? Ich nicke,
er erwidert die Geste, dann zieht die Gruppe an mir vorbei und ich
trete den Heimweg an.

Logbuch Ende

Kriminalistische Ermittlungen

Spurensicherung und Zeugenbefragung

Es ist Donnerstag, der 3. April 2014. An diesem Tag beginnt auch die Personería Municipal del Distrito de Boquete[18], strafrechtlich zu ermitteln. Mit der Leitung der »Investigation wegen eines mutmaßlichen Verbrechens gegen das Leben und die Unversehrtheit« der verschwundenen Niederländerinnen wird Lisis C. betraut. Die *personerías municipales* walten als kommunale Behörde des panamaischen Justizministeriums[19] und führen auf Gemeindeebene eigenständig gerichtliche Ermittlungen durch. Die Personería Boquete beauftragt die zuständige Kriminalpolizei SDIJ[20] sowie das Institut für Rechtsmedizin und Forensische Wissenschaften (IMELCF)[21] mit der Aufklärung eines möglichen Verbrechens an Kris und Lisanne.

Nur wenige Stunden nach SINAPROC befragt auch die Kripo Miriam. Sie berichtet den Beamten dasselbe wie zuvor der Suchtruppe: Dass sie sich beim besten Willen nicht vorstellen könne, dass die Mädchen zu einer längeren Wanderung aufgebrochen wären, ohne ihre Jacken und Pässe mitzunehmen. Außerdem habe Lisanne sich in einem miserablen gesundheitlichen Zustand befunden.[22] Während die Ermittler damit beginnen, Miriams Kinder, Nachbarn und Eileen zu befragen, durchkämmen die Spurensicherer des IMELCF am 7. April wie emsige Ameisen Zentimeter für Zentimeter das Haus und das Zimmer der Vermissten. Mit Puder und Tupfern bewaffnet, nehmen sie Fingerabdrücke und DNA-Abstriche, fotografieren und dokumentieren ihre Habseligkeiten.

Für eine reibungslose Spurensicherung hätten die Kriminalisten allerdings die Ersten im Haus sein müssen. Schon früh deckt die panamaische Zeitung *La Prensa* aber einen eklatanten Missstand zwischen den beiden Behörden auf, denn offenbar ist SINAPROC nicht befugt gewesen, das Zimmer der Mädchen zu betreten. Der Leiter der Personería Boquete, Rafael Guerrero, sagt gegenüber der Presse, dass die Zivilschutzbehörde Grenzen überschritten und einen möglichen Tatort verfälscht hat. Obwohl die kriminalistischen Ermittlungen bereits aufgenommen worden seien, habe SINA-PROC in Eigenregie Zeugenbefragungen durchgeführt und das Zimmer der vermissten Mädchen ohne Genehmigung durchsucht. Arturo Alvarado hingegen verteidigt seine Mitarbeiter in der Presse damit, dass sie eine Voruntersuchung hätten einleiten müssen, um eine Suche zu starten. Da das Haus von Miriam noch nicht mit gelben Bändern abgesichert worden sei, hätten seine Leute nichts Falsches getan. Er sagt: »Wir sind nicht mit den Kriminaltechnikern hineingegangen, weil es kein Verbrechen gab.«[23]

Die Personería lässt in allen medizinischen Zentren, in Krankenhäusern, Busbahnhöfen, Reisebüros, Herbergen und Hotels der Stadt vergeblich nach Spuren der verschwundenen Niederländerinnen suchen. Anhand der IMEI-Nummern durchforsten auf Vermittlung der Niederlande zudem alle panamaischen Telekommunikationsanbieter ihre Daten nach Aktivitäten der Handys der Mädchen. Doch auch diese umfangreichen Recherchen bleiben ergebnislos. Am 5. April kommt Schulleiterin Ingrid in Boquete an und beginnt mit Befragungen der Anwohner des Pianista Trails. Einen Tag zuvor haben bereits Eileen und die Masseurin Sigrid Flugblätter mit den Fotos der Mädchen am Wanderweg aufgehängt. Am 6. April berichten erstmals niederländische und panamaische Medien über das Verschwinden der beiden Niederländerinnen. Der öffentliche Druck auf die Behörden SDIJ und SINAPROC steigt schlagartig. Noch am selben Tag treffen Lisannes Bruder Martijn und ihr Onkel Jan, ein niederländischer Polizist, in Boquete ein, um bei der Suche nach den Vermissten zu helfen. Zwei Tage später kommen auch Kris' Eltern, Hans und Roelie, vor Ort an.

Die Familienangehörigen, die bereits eine Facebook-Seite zum Auffinden ihrer Töchter eingerichtet haben, setzen nun zusätzlich eine Belohnung von 2500 Dollar für sachdienliche Hinweise aus. Sie hoffen dadurch, den Ermittlern wichtige Anhaltspunkte für die Suche nach Kris und Lisanne liefern zu können. Panamas Präsident Ricardo Martinelli persönlich versichert auf einer Pressekonferenz am 7. April, dass sein Land alles tun werde, um den Fall aufzuklären. Er verrät der erstaunten Öffentlichkeit, dass Kris und Lisanne am Tag ihres Verschwindens laut Zeugenaussagen eine große Menge Anti-Mückenspray gekauft hätten und man nun sorgfältig prüfe, ob sie dabei von Videokameras aufgezeichnet worden seien.[24]

Über diese zur damaligen Zeit vielversprechende Information wird man öffentlich später nichts weiter hören. Das Fehlen dieser zugesicherten Ergebnisse führt in der Folge zu Spekulationen und Gerüchten. Manche vermuten, auf möglichen Filmaufnahmen könnten Kris und Lisanne mit Personen zu sehen sein, die etwas mit ihrem Verschwinden zu tun haben. Doch die Behörden schweigen dazu.

In den Ermittlungsakten finden wir Berichte der SDIJ, die am 10. April in den Geldinstituten von Boquete nach Überwachungskameras fragt. Während sich in den Aufnahmen einer Bank keine Bilder von Kris und Lisanne befinden, verfügen drei weitere über Kameras nur an Geldautomaten beziehungsweise lediglich in ihren Innenräumen, die nicht untersucht werden. Ein kapitaler Fehler, weil sich später herausstellen wird, dass Kris und Lisanne am Tag ihres Verschwindens eine beachtliche Menge Bargeld mitgeführt haben. Als die Ermittler die fünfte Bank betreten, werden sie vom dortigen Direktor persönlich in Empfang genommen. Dieser untersagt ihnen ausdrücklich, die Videoaufzeichnungen der Innen- und Außenkameras seiner Filiale einzusehen. Für eine solche Maßnahme bedürfe es der Erlaubnis des Generaldirektors der Multibank Panama.

Ob ein entsprechendes Gesuch an die Zentrale gestellt worden ist, geht aus den Gerichtsunterlagen nicht hervor. Somit bleibt auch im Unklaren, ob die Bank etwas zu verbergen hat, wovon Skeptiker ausgehen. Dass es sich dabei nämlich ausgerechnet um die Bank handelt, in deren näheren Umgebung sich zu dieser Zeit gleich drei Apotheken – eine direkt gegenüber in zehn Metern Entfernung – befinden, wirft viele Fragen auf.[25] Sind Kris und Lisanne vielleicht von den Kameras erfasst worden? Und falls ja, was genau haben die Videos aufgezeichnet?

Aufgrund des ausbleibenden Fahndungserfolges gerät eine weitere Aussage des Präsidenten in die öffentliche Kritik. Er äußert vor Pressevertretern, dass man es sich in Panama nicht leisten kann, dass der Fall den Tourismus in der Gegend von Boquete beeinträchtigt.[26]

Das größte Rätsel des Falls aber – damals noch völlig irrelevant für die Ermittler und später nicht mehr interessant – entsteht zweifellos durch die Befragung all jener Zeugen, die Kris und Lisanne am 1. April gesehen haben wollen, die wir im Folgenden zusammenfassen.

Sowohl gegenüber SINAPROC als auch der Personería gibt Eileen an, die Mädchen das letzte Mal um 13 Uhr an der Schule angetroffen zu haben. Ende 2020 scheint dahingehend ein Widerspruch aufgedeckt zu werden, der in Internetforen augenblicklich für hitzige Debatten sorgt. Youtuber Juan veröffentlicht einen Chat zwischen zwei kanadischen Internetdetektiven, die den Fall untersuchen, und Eileen. Diese verrät Francois H. und Pierre-L. L., dass sie Kris und Lisanne nicht am 1. April das letzte Mal gesehen hat, sondern einen Tag zuvor. Nur die Uhrzeit stimme. Die Kanadier haken explizit nach, Eileen schaut in ihre Aufzeichnungen und bestätigt: Ja, es war der Montag, der 31. März um 13 Uhr.

Als 2021 *Lost in the Jungle* erscheint, bekommt Eileens Aussage noch mal eine ganz andere Gewichtung. Die Autoren behaupten darin, dass die deutsche Praktikantin ihnen in einem Interview im Sommer 2020 erzählt hat, dass sie Kris und Lisanne tatsächlich am 31. März zuletzt gesehen habe. Wir haben zunächst gehofft, dass uns die Akten auch hier Aufklärung geben, aber Eileen wird während ihres Verhörs durch die SDIJ am 7. April gar nicht danach gefragt, wann sie die Frauen das letzte Mal gesehen hat.[27] Uns gegenüber stellt sie allerdings heute klar: »Kris und Lisanne waren natürlich am 1. April an der Schule.« Dies bestätigt auch die Liechtensteinerin Petra gegenüber Annette: »Ich habe sie an dem Morgen, wo sie verschwunden sind, in der Schule kennengelernt.«

Wie es zu dem Missverständnis kommt, können wir uns nicht erklären, so wie wir uns letzten Endes nicht sicher sein können, was Eileen anderen gegenüber geäußert hat. Allerdings haben wir keinen Grund, an Eileens Glaubwürdigkeit zu zweifeln. Außerdem sollte man nicht vergessen, dass diese Erfahrung auch für sie damals traumatisch gewesen sein muss, da sie während Ingrids Abwesenheit als erste Ansprechpartnerin in der Schule fungiert hat. Traumatische Erlebnisse verankern sich oft unpräzise und verschwommen im Gedächtnis, was in der Nacherzählung häufig zu Ungenauigkeiten und Verwechslungen führen kann.

Es gibt allerdings eine zweite Unstimmigkeit in der Zeitangabe für den Tag des Verschwindens, die für den Fall weitaus relevanter und brisanter ist. Heute können sich weder Eileen noch Petra daran erinnern, um welche Uhrzeit sie Kris und Lisanne am 1. April gesehen haben – was zehn Jahre später vollkommen verständlich ist. Sowohl gegenüber SINAPROC als auch der SDIJ gibt Eileen aber nur einen Tag nach dem Verschwinden der Mädchen die Uhrzeit klar mit 13 Uhr an. Die unmittelbare zeitliche Nähe zum Ereignis und die Aussage unter Eid sprechen dafür, dass sie sich damals korrekt erinnert. Die Voraussetzung ist natürlich, dass die Kripo dies richtig notiert hat. Eileens Angabe wird außerdem von Ingrid bestätigt und vehement verteidigt.[28] Die Schulleiterin beruft sich auf die Erklärungen zweier Mitarbeiter der Schule, die Kris und Lisanne um die angegebene Zeit gesehen haben wollen.

Insgesamt geben mindestens 14 Personen an, Kris und Lisanne nach 13 Uhr in Boquete oder speziell am unteren Teil des Pianista

Trails beobachtet oder getroffen zu haben. Diese eindeutigen Angaben werden von den Ermittlern damals als gesicherte Fakten gewertet, auf denen sie ihre Untersuchungen aufbauen. Doch nach dem Fund des Rucksacks am 11. Juni ergibt sich daraus eine entscheidende Inkonsistenz. Die Auswertung der Kamera-Fotos legt nahe, dass die Touristinnen ihre Wanderung um 11 Uhr begonnen und gegen 13 Uhr den Gipfel erreicht haben müssen. In diesem Zeitraum sind sie jedoch von keinerlei Zeugen gesehen worden. Diese offensichtliche Diskrepanz in den Angaben wird nach Bekanntwerden enorme Zweifel auf die Verlässlichkeit der Zeugenaussagen einerseits sowie auf die Annahmen der Ermittler andererseits werfen. Noch heute stellt sich die Frage, welcher Seite man trauen kann und ob es jemandem gelungen ist, bewusst eine falsche Fährte zu legen.

Taxifahrer Leonardo Arturo González Mastinu gibt am 11. April im Büro der Personería zu Protokoll, dass er am 1. April auf dem Weg von Alto Boquete nach Bajo Boquete zwischen 13:10 und 13:20 Uhr ganz in der Nähe der Spanischschule von Kris und Lisanne angehalten worden ist.[29] Nachdem ihm das »rothaarige Mädchen« verraten habe, wohin es gehen soll, habe er sie gegen 13:35 Uhr am Restaurant Il Pianista abgesetzt. Am 24. April gesteht Taxifahrer Leonardo der Kriminalpolizei, in seiner eidesstattlichen Erklärung nicht die volle Wahrheit gesagt zu haben. Beim Eintreffen der Mädchen hätten bereits zwei Männer in seinem Wagen gesessen – eine Tatsache, die er zuvor verschwiegen hat.[30] Er habe die Männer im Zentrum Boquetes an der Danka Apotheke am Rande des Domingo-Médica-Parks aussteigen lassen, bevor er mit Kris und Lisanne zum Eingang des Trails gefahren sei. Dort habe er außerdem einen auffälligen, etwa 60 Jahre alten Ausländer mit einer merkwürdigen medizinischen Brille bemerkt.

Uns fällt auf, dass der gesamten Akte nichts darüber zu entnehmen ist, dass die Polizei je nach diesen drei Männern gefahndet hat. Dabei hätten diese allein aufgrund ihrer mutmaßlichen Kenntnis über das Ausflugsziel der Vermissten ins Visier der Ermittler geraten müssen. So bleiben bis heute nachvollziehbare Spekulationen bestehen, dass Leonardo womöglich jemanden gedeckt haben könnte. Wir können allerdings die zähen, unter anderem von Juan gestreuten Gerüchte, Leonardo hätte ein drittes Mal bei der Polizei ausgesagt, um sein Gewissen zu entlasten, nicht verifizieren. Fest steht allerdings, dass der Taxifahrer unter nicht restlos geklärten Umständen am 3. März 2015 in einem Fluss ertrinkt – gerade einmal 34 Jahre alt.[31] Leonardo ist nur einer von mehreren Personen, die unter mysteriösen Umständen verstorben sind und zuvor in Kontakt mit Kris und Lisanne gestanden haben sollen. Wir werden uns intensiv mit diesen Umständen im Kapitel »Verbrechenstheorien« beschäftigen.

Kurz nach dem Taxifahrer endet am 18. Juli 2015 plötzlich auch das Leben des nach Panama ausgewanderten Amerikaners Lee Zeltzer, der bis zu seinem Tod akribisch an der Aufdeckung des Falles gearbeitet hat. Der Blogger ist damals Vorsitzender von Alto al Crimen, einer privaten, von Auswanderern eingerichteten Organisation zur Aufklärung von Verbrechen in Boquete. Zeltzers Berichterstattung über das Verschwinden im Auswanderer-Forum Boquetning prägt bis heute den Fall und liefert den Ermittlern seinerzeit schon entscheidende Hinweise. Alto al Crimen heuert auf eigene Kosten mit Martin F. sogar einen Privatdetektiv an, der einer der Ersten ist, die Zeugen aufspüren und befragen.

Alle folgend aufgelisteten Zeugen haben nacheinander gegenüber der Kripo, Privatdetektiv Martin und unter Eid bei der Personería ausgesagt, Kris und Lisanne gesehen zu haben, nachdem man ihnen Fotos der Vermissten gezeigt hat. Besonders kurios ist, dass die Kleidung der Frauen, die von den Zeugen beobachtet worden sind, sich deutlich von der unterscheidet, die Kris und Lisanne auf den Bildern ihrer Kamera tragen. Es ergibt einfach keinen Sinn, dass diese Beschreibungen so unterschiedlich sind, besonders wenn man bedenkt, dass die beschriebenen Frauen so oft gesehen werden. Vorerst lassen wir aber die Frage der Kleidung beiseite und konzentrieren uns darauf, eine Zeitleiste mit den Aussagen der Zeugen zu erstellen.

Am Dienstag, den 1. April brennt die Mittagssonne heiß vom wolkenlosen Himmel auf Pedro herab, der vor seiner schlichten, mit Holz vertäfelten Herberge steht. Schweißperlen bilden sich auf der Stirn des 27-jährigen Panamaers, während er das Taxi beobachtet, das die Hauptstraße herauf und ihm entgegengefahren kommt. Der Wagen hält quietschend vor der Casa Pedro. Zwei junge Frauen steigen aus, kommen zögernd auf ihn zu und erkundigen sich darüber, ob der schmale Pfad, der sich neben der Herberge den Berg hinaufschlängelt, der Eingang zum Pianista Trail sei.[32] Pedro verneint und erklärt, dass es sich um den Piedra de Lino Trail handele, dieser aber ein viel schönerer und kürzerer Wanderweg sei. Daraufhin beschließen die Mädchen, die Pedro später als Kris und Lisanne erkennt, den Weg hinaufzuwandern.

Laut seiner Aussage bei der Personería seien sie jedoch bereits nach einer halben Stunde zurückgekehrt, hätten sich erschöpft an den Straßenrand vor seinem Hostel gesetzt und ihn nach dem Weg zum Pianista gefragt. Sie wollen auch wissen, ob die Lost Waterfalls sich in der Nähe befinden. Nachdem der Herbergsvater ihnen den Weg erklärt hat, äußern Kris und Lisanne ihm gegenüber, dass sie für die Strecke doch zu müde sind und lieber nach Hause zurückwollen. Pedro empfiehlt ihnen, den Bus zu nehmen, der auf der gegenüberliegenden Straßenseite im halbstündigen Takt abfährt. Gemeinsam mit seiner Frau Marilyn P., die ebenfalls Zeugin des Aufeinandertreffens der Mädchen mit Pedro wird, verlässt er nur wenig später sein Hostel.

Auch sein Nachbar Leonidas C. erkennt laut seinen Angaben bei der Polizei eindeutig Kris und Lisanne vor der Casa Pedro und auf dem Piedra de Lino Trail.

Giovanni ist auf dem Rückweg von der Stadt zu seiner Pizzeria, als er mit dem Auto an der Casa Pedro vorbeifährt. Zwischen 14 und 14:30 Uhr fallen ihm die beiden Frauen auf, die einsam vor der Herberge sitzen. Sie strecken hoffnungsvoll ihre Daumen aus, offenbar auf der Suche nach einer Mitfahrgelegenheit.[33] Doch Giovanni hat keine Zeit, seine Gäste warten.

Die Polizei hat die Busfahrer gefragt und herausgefunden, dass an dem Tag keine Touristinnen, die wie Kris und Lisanne beschrieben werden, auf den infrage kommenden Busstrecken mitgefahren sind. Daher liegt es nahe, dass die beiden vielleicht ihre Pläne geändert haben und zu Fuß zum Pianista Trail aufgebrochen sind.[34] In diese Richtung laufend, wird Kris 270 Meter von der Casa Pedro entfernt zwischen 14:30 und 15 Uhr auch von Frank R. und seiner Frau Ericka S. vor ihrem Lebensmittelladen Nellita bemerkt.

Giovanni erkennt die Mädchen dann kurze Zeit später neben seinem Restaurant wieder, als sie den Trail hinauflaufen. Eine halbe Stunde vergeht, bis der 49-jährige gebürtige Sizilianer sie ein drittes Mal beobachtet. Erschöpft kommen sie den Pfad wieder hinunter und treffen an der Pizzeria die Angestellte Xiomara P., die um die Zeit Feierabend macht.[35] Sie grüßen und lächeln ihr freundlich zu. José M. betreibt in unmittelbarer Nähe des Trails ein Hostel. Er sagt gegenüber der Presse, er habe Kris und Lisanne um 15:30 Uhr am Anfang des Pfades angetroffen: »Sie sahen müde und hungrig aus. Ich habe ihnen geraten, ein Taxi zu nehmen.«[36]

Bis hierhin zeichnet die Timeline einen nachvollziehbaren, zeitlich mit den Zeugen übereinstimmenden Weg, nach dem Kris und Lisanne vermutlich versehentlich von Taxifahrer Leonardo am Eingang des Piedra de Lino Trails abgesetzt worden sind, was aufgrund der geografischen Nähe und des ähnlich klingenden Namens nicht selten vorkommt. Danach könnten sie den Weg zum Pianista Trail gelaufen sein, um ihn ein Stück weit zu gehen, vielleicht um ihn zumindest einmal zu inspizieren, bevor sie dann wieder kehrtgemacht und nach Boquete zurückgefahren sein könnten.

Doch es gibt weitere Sichtungen der Anwohner, die in eine andere Richtung führen, nämlich den Pfad hinauf. Oliva und Dario[37] sehen sie zwischen 15:45 und 16 Uhr bei geöffnetem Fenster an ihrem Haus vorbei den Trail in Richtung Mirador hinauflaufen. Dort gehen sie auch an Martina vorbei, die in ihrem kleinen Garten arbeitet. Vor dem Gipfel bemerkt dann noch Lazaro die später Vermissten, als sie an seiner Hütte vorbeilaufen. Zwar geben Martina und Lazaro in verschiedenen Befragungen unterschiedliche Zeiten an, die zwischen 14 und 17 Uhr liegen, sie gehören aber zu den einzigen Personen, die bezeugen wollen, dass Kris und Lisanne den Pfad weiter hinaufgegangen sind.

Am 11. April berichtet die niederländische Presse darüber, dass mehrere Zeugen am Tag des Verschwindens von Kris und Lisanne am Pianista Trail einen auffälligen roten Pick-up-Truck gesichtet haben. Das erfährt laut eigenen Angaben der niederländische, in Boquete lebende ehemalige Kriminalbeamte Erik Westra von dem ermittelnden Privatdetektiv Martin F. Für Westra, der sich von Beginn an in den Fall stürzt, ist das Fahrzeug von entscheidender Bedeutung zur Aufklärung der vermuteten Entführung von Kris und Lisanne. Wie einige Journalisten schlägt er früh Alarm, fühlt sich aber von den Behörden nicht ernst genommen.[38] Aus den Polizeiakten geht allerdings hervor, dass die Fahnder schon während ihrer Zeugenbefragungen am Trail auf den verdächtigen Truck aufmerksam und auch tätig werden. Allerdings verfolgen sie die Spuren nicht konsequent oder deuten sie falsch.

Obwohl über die Ermittlungen bezüglich des Pick-up-Trucks bis heute kaum etwas bekannt geworden ist, spielt er eine bedeutende Rolle im Fall der vermissten Studentinnen. Er zieht sich nicht wie ein roter Faden, aber eben wie ein rotes Fahrzeug durch die gesamte Geschichte. Für diejenigen, die ein Verbrechen vermuten, wird der Geländewagen zu einem entscheidenden Beweisstück. Er spielt auch in den beiden hauptsächlichen Foulplay-Theorien, die wir untersuchen werden, eine zentrale Rolle. Die Möglichkeit, dass die Bedeutung des Fahrzeugs auch von Internetdetektiven komplett missverstanden worden ist, es aber dennoch auf ein Verbrechen hindeutet und sogar der Schlüssel zur Aufklärung des Falles sein kann, werden wir im Kapitel »Foulplay-Indizien und Ermittlungsfehler« detailliert darlegen.

Wir werden auch eine weitere mögliche Sichtung der Mädchen betrachten, die vielleicht eng damit zusammenhängt. Zudem beschreiben wir die Verhaftung eines Verdächtigen und erklären, was eine abgelegene Hütte damit zu tun haben könnte. All diese wichtigen Spuren sind von den Ermittlern nicht konsequent untersucht worden, da sie Kausalitäten nicht hergestellt haben. Diese Nachlässigkeit können wir auch für die folgenden prägnanten Beispiele aus den Ermittlungsakten feststellen.

Plastiktüte und blondes Haar

Es ist Samstagabend, der 11. April 2014. Elvis G. lädt ein brisantes Video auf der Plattform Youtube hoch[39], das ein freiwilliger Helfer während seiner Suche nach Kris und Lisanne aufgenommen hat. Er filmt und kommentiert aufgeregt seinen Weg durch das dichte Unterholz. Zweige peitschen ihm ins Gesicht, doch er lässt sich nicht beirren. Jeder seiner Schritte könnte ihn den vermissten Touristinnen näher bringen. Plötzlich bleibt er stehen. Da, zwischen Moos und Farn, lugt etwas Buntes hervor. Mit zitternden Händen hebt er das Bündel auf. Es ist eine weiße Plastiktüte mit blauem Aufdruck des Supermarktes Romero. Darin befinden sich Verpackungsreste von Snacks und Getränken, die er einzeln auspackt. Die Spur ist frisch. Sein Blick fällt auf etwas Rotes im Laub. Eine Schuhsohle! Behutsam hebt er sie auf, mustert sie, dreht sie immer wieder um. An einem der Profilrillen entdeckt er ein langes, blondes Haar. Jetzt ist er sich sicher, einen entscheidenden Hinweis entdeckt zu haben.[40]

Nachdem das Video bekannt und tausendfach geteilt worden ist, greifen die Medien den Fall umgehend auf. *RTL Nieuws* kann den Finder recherchieren und ihn einen Tag später interviewen. In seinem Statement bestätigt er, dass er ein blondes Haar auf einer Schuhsohle gefunden hat. Er behauptet, es werde nun im Labor untersucht.[41] Helfer, Medien und Angehörige scheinen nach zehn Tagen des Verschwindens von Kris und Lisanne endlich auf der richtigen Spur zu sein, freuen sich jedoch zu früh.

Am 13. April tritt SINAPROC-Generaldirektor Alvarado vor die Kameras und entgegnet den aufgeregten Journalisten, dass der Fund des Haares ein Gerücht gewesen ist und die Plastiktüte außerdem gar nicht in Verbindung zu den Mädchen steht.[42] Alle wundern sich über die schnelle Untersuchung und Änderung der Geschichte. Es schien doch alles gepasst zu haben. Wenige Tage zuvor hat

Schulleiterin Ingrid einen Facebook-Post abgesetzt, in dem sie angibt, von der Polizei erfahren zu haben, dass Kris und Lisanne am 1. April nach 13 Uhr auf ihrem Weg zum Romero-Supermarkt von einer Überwachungskamera aufgezeichnet worden sein könnten.[43] In den Akten finden wir zu diesem Sachverhalt keine Informationen.

Der Eindruck, dass die Tüte den Mädchen gehört haben könnte, manifestiert sich damals auch dadurch, dass die panamaische Presse Bilder des Zimmers der Mädchen veröffentlicht. Wie auf den später geleakten Kamerafotos sind darauf Snackprodukte jener Sorten zu sehen, die auch in der Plastiktüte aufgetaucht sind. Selbst die entdeckte rote Schuhsohle scheint nahtlos zum Innenfutter von Lisannes Schuhen zu passen. Diese Tüte aber wird seitens der Behörden nie wieder erwähnt, worauf Lisannes Eltern in einem Interview mit der Zeitung *El Siglo* am 16. Mai 2014 kundgeben, sie sei unter »mysteriösen Umständen verschwunden«.[44]

Der Umgang der Behörden mit der aufgefundenen Plastiktüte bleibt im besten Fall fahrlässig und wirft bis heute Fragen auf. Die Autoren West und Snoeren unterstellen in ihrem Buch diesbezüglich eine Medienkampagne gegen die panamaischen Ämter. Sie suggerieren, es habe sich lediglich um ein Missverständnis gehandelt und alles sei in Ordnung gewesen. Dabei verschweigen sie ihren Lesern nicht nur entscheidende Details, sondern geben auch zitierte Personen nicht korrekt wieder. An dieser Stelle möchten wir daher anhand der Polizeiakten aufklären, was tatsächlich geschehen ist — und was die Autoren daraus konstruieren.

Nachdem die Polizei auf das Youtube-Video aufmerksam geworden ist, fahndet sie nach dem Suchhelfer und macht ihn in Carlos V. aus, der am Abend des 12. April zum Verhör auf die Wache der Personería zitiert wird. Die Ermittler wundern sich, dass der Mann offenbar am selben Tag bereits von SINAPROC einbestellt worden ist, um ihnen die Fundstelle der Tüte zu zeigen, die circa 1,5 Kilometer vom Pianista Trail entfernt liegt. Carlos hat sich wie viele andere Einheimische an freiwilligen Suchen beteiligt, weil bekannt geworden ist, dass die zuständige Zivilschutzbehörde die Wanderwege nicht verlässt, um offenes Gelände abzusuchen. Er versichert eidesstattlich, dass er die Plastiktüte am 11. April um 14 Uhr entdeckt hat, während er das Waldgebiet Las Bolsas zwischen dem Cerro Horqueta und dem Pianista Trail abgesucht hat.[45] Sie habe etwa 50 Meter vom Wanderweg entfernt unter einem Mammutbaum gelegen.

Einheimische glauben, im Hintergrund des Videos Anhaltspunkte erkannt zu haben, die darauf hindeuten, dass der Fundort als La Pandura de Los Naranjos identifiziert werden könnte. Dieser Ort scheint mit den von Carlos bereitgestellten geografischen Daten übereinzustimmen. Brisant ist dieser Fundort deshalb, weil er am Ende des Piedra de Lino Trails liegt, also dem Pfad, den Kris und Lisanne Pedro zufolge am Tag ihres Verschwindens gewandert sein sollen.

Auf der entdeckten roten Schuhsohle, so Carlos, habe ein circa 60 Zentimeter langes blondes Haar gelegen. Dies habe ihn sofort vermuten lassen, dass sein Fund mit den vermissten Niederländerinnen in Verbindung steht. West und Snoeren, die ebenfalls aus Carlos' Verhör zitieren, verschweigen an dieser Stelle bereits, dass überhaupt von einem Haarfund die Rede ist. Wie aus dem Verhörprotokoll hervorgeht, hat Carlos nach dem Fund einen Handschuh übergezogen, anschließend die Tüte samt Inhalt sorgfältig in einem Rucksack verstaut und alles noch am selben Nachmittag zu einer SINAPROC-Dienststelle in Alto Boquete gebracht. Am Abend zeigt Carlos seinem Bekannten Elvis G. das Fundvideo. Dieser habe es dann auf Youtube hochgeladen.

Carlos soll wenig später von einem SINAPROC-Mitarbeiter kontaktiert und für den folgenden Morgen in das Büro der Behörde gebeten worden sein. Bei diesem Treffen erhält er die Information, dass man das Haar verlegt oder verloren habe. Die Autoren von *Lost in the Jungle* zitieren einen von Carlos in diesem Zusammenhang getätigten Satz mit »Sie haben mir gesagt, sie können es nicht mehr finden.«[46] Dabei behaupten sie, er beziehe sich auf die Plastiktüte. Das gefundene Haar, um das es in der zitierten Unterhaltung wirklich geht, verschweigen sie weiterhin. Stattdessen soll SINAPROC die Tüte vom Romero-Supermarkt in der Tat »für eine Weile« verloren haben. Das Missverständnis der Medien bestehe darin, dass der Öffentlichkeit nicht bekannt geworden sei, dass die Zivilschutzbehörde die Tüte wiedergefunden und zur Untersuchung an das IMELCF geschickt hat.[47]

In diese Aussagen legen die Autoren so viele Unwahrheiten, dass wir kaum mehr annehmen können, dass es sich lediglich um mangelnde Recherche handelt. Den Beamten der Personería kommt die Sache damals ebenfalls seltsam vor, weshalb sie Carlos bitten, sie zum SINAPROC-Büro zu begleiten, um alles aufzuklären. Laut Akte wird eine Inspektion der Räumlichkeiten von der Personería angeordnet und in deren Verlauf Francisco S., der Leiter des Büros, befragt. Dieser versichert unter Eid, dass seine Behörde auf Anweisungen eines direkten Vorgesetzten die Tüte nicht angerührt, sondern stattdessen in einen leeren Karton einer US-Firma für Militärverpflegung gepackt und versiegelt habe. Daraufhin sei sie am nächsten Tag vom DIIP – dem panamaischen Pendant zum FBI – abgeholt worden.[48]

Tatsächlich finden wir eine Aufzeichnung von Personería-Leiterin C. vom 24. April, die bestätigt, dass die Kiste auf ihrem Schreibtisch gelandet ist, samt der Tüte des Romero-Supermarktes. Die Lokal-Ermittlerin bricht das Siegel auf, nimmt die Sachen aus der Tüte und hält anschließend schriftlich fest, dass sie die darin befindlichen Essensverpackungen ins biomolekulare Labor des IMELCF geschickt hat, um sie auf Körperflüssigkeiten und Fingerabdrücke hin untersuchen zu lassen.[49] Nicht preis geben die Verfasser von *Lost in the Jungle* die entscheidende Information, dass Plastiktüte und Schuhsohle nicht Teil dieser Analyse gewesen sind. Laut Notiz von Lisis C. sind sie zusammen mit der Kiste lediglich fotografiert und sodann vernichtet worden, weil die Funde »als Beweismittel ungeeignet sind und leicht verderben.«[50]

Die Irreführung vervollständigend, listen West und Snoeren die rote Schuhsohle dennoch unter den von ihnen detailreich beschriebenen Essensverpackungen in der Tüte auf. Sie verraten nicht, dass die Experten im forensischen Untersuchungsbericht zu den Verpackungen einen erbosten Vermerk dazu formuliert haben, dass die Beweiskette nicht korrekt protokolliert worden ist und man so nicht wisse, in wessen Händen sich die Tüte bereits befunden habe.

Brauchbare Spuren werden bei der Untersuchung allerdings nicht gefunden.[51] Von dem blonden Haar, das Carlos entdeckt hat, ist in den Akten an keiner Stelle mehr die Rede. Es wird wie von den Autoren schlicht verschwiegen. Immerhin wird die Schuhsohle vor ihrer nicht nachvollziehbaren Entsorgung durch Lisis C. mit der Markenbezeichnung »Jaguar« beschrieben und wir entnehmen den Akten an anderer Stelle, dass Lisannes Schuh von der Marke »Wildbeast« stammt. Dies hätte jedoch nicht als Ausrede dafür dienen dürfen, die Sohle nicht im Labor untersuchen zu lassen.

Matratzen, Wasserfälle und Kidnapper

Durch kritische internationale Presseberichte, die oft Angehörige der Vermissten zitieren, geraten die panamaischen Behörden zunehmend unter Druck. Diese Berichterstattung macht deutlich, dass die Suche trotz des großen Aufwands kaum Fortschritte erzielt.

Auch unsere eigenen Nachforschungen haben eklatante Fehler von SINAPROC und Personería in der entscheidenden Anfangsphase der Ermittlungen offengelegt. Vermutlich haben diese Versäumnisse selbst in Panama Wirkung gezeigt, und möglicherweise ist dies neben politischen Veränderungen ein Grund für den Wechsel der zuständigen Staatsanwaltschaft am 22. April. Die Personería Municipal Boquete wird von dem Fall entbunden, die Oberstaatsanwaltschaft des dritten Gerichtsbezirkes Chiriquí mit Sitz in David übernimmt. Als neue ermittelnde Oberstaatsanwältin zeichnet Betzaida Pittí de Castillo[52] verantwortlich. Sie lässt nun entschlossen ein Verbrechen in Zusammenhang mit Freiheitsentzug und Entführung untersuchen.

Zu Beginn ihrer Ermittlungen prüft Pittí die bereits in der Akte festgehaltenen Hinweise auf kriminelle Machenschaften, die bisher nur oberflächlich untersucht worden sind. Darunter ist die Aussage des deutschen Touristen Marcus M., der am 4. April bei seiner Wanderung auf dem Quetzal Trail in Richtung Cerro Punta weibliche Hilfeschreie hört und danach zwei dunkelhäutige, schlanke Männer sieht, die sich schnell fortbewegen. Es handelt sich bei der Örtlichkeit grob eingeteilt um die Region, in der später die Plastiktüte gefunden wird. Selbst in Panik versetzt, versteckt sich Marcus in einem Gebüsch, als die markerschütternden Hilferufe erneut aus dem Dickicht an ihn herangetragen werden, dieses Mal gefolgt von einem lauten Knall. Jetzt um sein eigenes Leben bangend, rennt Marcus davon und berichtet später dem Parkranger Rolando C. von seinem angsteinflößenden Erlebnis.[53]

Die vom Ranger verständigten Einheiten des nationalen Grenzdienstes SENAFRONT[54] finden während ihrer Untersuchung des Gebietes am selben Tag jedoch nichts Verdächtiges. Pittí lässt die Gegend erneut untersuchen – ohne neue Ergebnisse. Sie bittet die niederländische Polizei, Marcus zu suchen, die ihn über die deutschen Behörden ausfindig macht. Da er sich aber noch auf einer Amerikareise befindet, wird er nur noch einmal per E-Mail zu dem Vorfall befragt. Außer dass Marcus immer noch irritiert ist und sich fragt, warum er in Panama vor 20 Polizisten habe aussagen müssen, ergeben sich auch hier keine neuen Erkenntnisse.[55]

Darauf beschließt die Staatsanwältin am 29. April endlich, die Computer der Sprachschule untersuchen zu lassen und ein digitales Abbild von Festplatten und Server zu erstellen.

Nachdem die Familien am 30. April die Belohnung zum Auffinden ihrer Töchter auf 30.000 Dollar erhöht haben, melden Menschen aus dem ganzen Land täglich neue Hinweise an die Polizeidienststellen. Pittí vermutet auf einschlägige Indizien hin, Kris und Lisanne könnten entführt worden und Opfer eines Menschenhändlerrings oder einer Organmafia geworden sein. Sie zieht sogar in Betracht, dass sie direkt aus Miriams Haus gekidnappt worden sind, weshalb sie das Anwesen mit Spürhunden untersuchen lässt. Außerdem inspizieren Fahnder mehrere Grundstücke am Pianista Trail und lassen die meisten der dort befragten Zeugen ein weiteres Mal vorladen und unter anderen Voraussetzungen verhören. Am 13. Mai wird die Summe der Belohnung noch einmal auf 40.000 Dollar erhöht. Dieser Betrag ist für panamaische Verhältnisse außerordentlich hoch, bedenkt man, dass das jährliche Durchschnittseinkommen der Panamaer im Jahr 2014 bei gerade einmal 10.500 Dollar gelegen hat.

Kurz darauf, am 29. Mai, schwärmen erneut Ermittler zu einem Fund im Unterholz aus, nachdem der Justizsekretär Bolivar E. Staatsanwältin Pittí darüber informiert hat, dass im Sektor Alto Quiel zwei Matratzen am Ufer eines Baches entdeckt worden sind.[56]

Der Fundort wird als »Kreuzung zwischen Cerro Horqueta und Cerro de los Ladrillos« beschrieben. Bei der Überprüfung der infrage kommenden Stelle mittels Online-Karten bemerken wir, dass sie sich, den Angaben von Carlos folgend, erneut in unmittelbarer Nähe zu dem Ort befindet, an dem dieser auch die Plastiktüte gefunden hat. Dieser Zusammenhang wird von den Beamten allerdings nach Aktenlage gar nicht erst hergestellt. Das ist sicherlich darauf zurückzuführen, dass SINAPROC den Fundort der Tüte untersucht, während die Personería dies mit dem der Polster erledigt. Die rosafarbenen und grünbläulichen Matratzen werden weder fotografiert noch kriminalistisch analysiert, dafür nimmt ein lokales TV-Team den Fund auf.

Die Auslassung forensischer Untersuchungen von potenziell kritischen Beweismitteln wie der Plastiktüte, der Schuhsohle mit blondem Haar und den Matratzen zeugt von gravierenden Versäumnissen oder unzureichenden Ermittlungsmethoden. Auf all diesen Funden wäre die Wahrscheinlichkeit, Merkmale von DNA, Körperflüssigkeiten oder Fingerabdrücken zu finden, am größten gewesen. Wenn Kris und Lisanne beschlossen hätten, vom Piedra de Lino Trail aus zu den Lost Waterfalls in Bajo Mono zu laufen, hätten sie genau da vorbeikommen können, wo die Funde gemacht worden sind und nicht weit davon entfernt Marcus die Schreie vernommen hat. Die Mädchen haben sowohl in der Schule als auch gegenüber Pedro bekannt gegeben, dass sie unbedingt die Wasserfälle sehen wollen. Auch Bas und Edwin, ihren Freunden aus Bocas del Toro, teilen sie noch am 31. März mit, dass sie zu den Kaskaden gehen werden. Dem Protokoll der Suchhistorie des Schulcomputers entnehmen wir, dass sie vor ihrem Verschwinden nur zwei Sehenswürdigkeiten gegoogelt haben: den Pianista Trail und den Pipeline Trail, an dessen Ende ein Wasserfall liegt.

Unterdessen wendet sich Hans Kremers mit der Bitte an Pittí, dass niederländische Ermittlerteams bei der Suche unterstützen dürfen. Die Staatsanwältin lässt die Suche der dafür ausgewählten

Hunderettungsstaffel der freiwilligen Hilfsorganisation Reddings-honden RHWW zwischen dem 25. Mai und 4. Juni zu. Die Hunde sind trainiert auf das hochsensible Aufspüren von Toten oder Ver-letzten, die sich in offenem oder geschlossenem Gelände befinden. Nachdem die Einreisebedingungen für 18 Helfer und zwölf Spür-hunde bürokratisch abgearbeitet worden und diese nach erhebli-chem Aufwand endlich im Land sind, fährt Pittí große Geschütze auf. Am 26. Mai lässt sie die niederländische RHWW mit ihren Hunden in Begleitung von Einheiten der nationalen Polizei, SINA-PROC, der Terrorismusbekämpfung UFEC[57], der Drogenbekämp-fung UTOA[58] und Feuerwehrleuten an touristischen Orten rund um Boquete suchen.

Am 29. Mai dürfen die Holländer auch den Pianista absuchen, allerdings nur auf der Seite von Boquete. Der Weg hinter dem Mi-rador bleibt ihnen untersagt, was beim Leiter der Hundestaffel, der in *Lost in the Jungle* interviewt wird, für Irritationen sorgt. Er sei da-von ausgegangen, dass dieser Part selbstverständlich untersucht werde, und wäre auch bereit gewesen, dafür mit Mannschaft und Hunden die Nacht im Wald zu verbringen. Laut *Lost in the Jungle* hätten die panamaischen Behörden allerdings keine Notwendigkeit dafür gesehen, den Pfad hinter dem Mirador zu begehen, da dieser bereits von SINAPROC mit Spürhunden abgesucht worden sei.[59] Das ist eine Behauptung, die wir anhand der Suchprotokolle jeden-falls nicht bestätigen können. Dafür schlagen die niederländischen Suchhunde an einer anderen Stelle »bemerkenswert« an, wie der Leiter der Hundestaffel bekannt gibt: auf dem Gipfel des Piedra de Lino Trails, und zwar in die Richtung, in der die Tüte gefunden worden ist, was die RHWW allerdings nicht erfährt.

Für Pittí, die zu diesem Zeitpunkt nicht an einen Unfall glaubt, scheint sich der Fall an anderer Stelle enger zuzuschnüren. Nach-dem bereits Mitte April das Anwesen eines amerikanischen Ehepaa-res im Sektor Caldera durchsucht worden ist, mehren sich Hinweise darauf, nach denen in Panama lebende Ausländer am Verschwinden von Kris und Lisanne beteiligt sein könnten. Am 22. Mai werden in Boquete das Privathaus und das Restaurant eines Kanadiers gestürmt. Am 29. Mai besuchen die Ermittler ein Hostel im Distrikt Gualaca, das für exzessiven Drogenkonsum und morbide Horrorpartys bekannt ist und ebenfalls mit versteckten Wasserfällen lockt. Hinweise aus der Bevölkerung deuten darauf hin, dass die Mädchen sich dort aufgehalten haben könnten.

Als Annette sich dort für drei Nächte einmietet, erzählt ihr der ebenfalls kanadische Besitzer Andrew, er erinnere sich an die Durchsuchung, als habe sie gestern stattgefunden. Vier Stunden hätte die Polizei ihn verhört und das Grundstück durchsucht – vergebens. Ihm zufolge habe ein Nachbar, mit dem es Probleme gegeben habe, diesen falschen Hinweis an die Behörden herangetragen.

Am 2. Juni wird das Haus eines angeblich militanten Holländers untersucht, über dessen unsaubere Wohnung Pittí in ihrem Buch klagt. Am 11. Juni durchsuchen Ermittler das Umfeld eines Kolumbianers, der Kris und Lisanne auf sein im Distrikt San Lorenzo liegendes Anwesen verschleppt haben soll.

Überall verlaufen sich die Spuren, doch am meisten verspricht sich die Oberstaatsanwältin nach eigener Aussage in *Lost in the Jungle* schließlich von einem Tipp, nach dem ein Verdächtiger die Mädchen gekidnappt haben und in seinem Haus im Distrikt Renacimiento gefangen halten soll. Über ausgerechnet diesen Einsatz lesen wir in den Akten jedoch nichts, was uns aber an dieser Stelle längst nicht mehr wundert. Pittí bereitet alles für eine Großrazzia vor, sagt diese jedoch sofort ab, als sie einen Tag später, am 12. Juni, per Telefon darüber benachrichtigt wird, dass in der Nähe des Dorfes Alto Romero im Wald hinter dem Mirador der Rucksack von Kris und Lisanne gefunden worden ist. Damit soll der gesamte Fall komplett auf den Kopf gestellt werden und mit Kuriositäten aufwarten, die das Bisherige in allen Belangen noch einmal übertreffen.

Die Funde am Culebra

Der Rucksack

Es ist Mittwoch, der 11. Juni, 17:30 Uhr. Die untergehende Sonne taucht das Reisfeld, auf dem Irma A. in der Nähe ihres Dorfes Alto Romero gearbeitet hat, in ein warmes Licht. Bevor die Indígena ihren Heimweg antritt, läuft sie erschöpft von der harten Arbeit zum Fluss Culebra, um sich zu erfrischen. Das Plätschern des Wassers überlagert hier das Rauschen der Bäume und die Schreie der Vögel. Da bleibt ihr Blick an etwas Buntem hängen, das zwischen Steinen und Ästen feststeckt. Neugierig nähert sie sich dem Objekt, zieht es heraus – es ist ein durchnässter Rucksack in Schwarz mit hellblauem Muster! Verwundert dreht sie das Gepäckstück in ihren Händen. Stirnrunzelnd blickt sie sich um. Weit und breit ist keine Menschenseele zu erkennen. Ein seltsames Gefühl beschleicht Irma, die den Rucksack fest an sich drückt und mit zu ihrem Mann Luis nimmt, der am Reisfeld auf sie wartet. Er erkennt bei einem vorsichtigen Blick hinein schnell, dass etwas Ungewöhnliches geschehen sein muss. Das Pärchen nimmt den Rucksack mit nach Hause und Luis informiert am nächsten Morgen sofort seinen Arbeitgeber José Domingo G. über das rätselhafte Fundstück. Dieser alarmiert am 12. Juni um 8:35 Uhr telefonisch die Polizei in Boquete.

Der Anruf des Bruders von Feliciano, der ein Stück Land in der Nähe Alto Romeros besitzt, das er von Indigenen bewirtschaften lässt, wird eine Lawine ins Rollen bringen. Zunächst eilt der SDIJ-Leiter der Provinz Chiriquí, Mayor Luis M., der Josés Meldung aufgenommen hat, damit in das Büro seiner Chefin Pittí, die zunächst telefonischen Kontakt mit Luis herstellen lässt und dann beschließt, Untersuchungen vor Ort aufzunehmen.[60]

Am Vormittag des 13. Juni begibt sich die Generalstaatsanwältin zusammen mit ihrem Justizsekretär Bolivar E., der in die Position eines Spezialagenten[61] berufen wird, per Helikopter von SE-NAN nach Alto Romero und trifft eigenen Angaben nach gegen 10 Uhr morgens dort ein. Bereits seit 9 Uhr befinden sich ob des brisanten Fundes vorausgeeilte Einheiten von SENAFRONT, SDIJ und der Nationalpolizei in Alto Romero und haben einen Stützpunkt errichtet. Den ersten Beamten, die sich in Luis' Haus den Rucksack anschauen, wird schmerzlich klar, wem er gehört, als sie Lisannes Krankenversichertenkarte herausziehen.

Nach offiziellem Sichtungsbericht vom 13. Juni protokolliert die Staatsanwaltschaft die Gegenstände, die im Inneren des Rucksackes gefunden werden, wie folgt:

- zwei Sonnenbrillen
- zwei BHs
- eine schwarze Canon-Kamera
- eine Kameratasche samt Akku und 16-GB-Speicherkarte
- Lisannes Versichertenkarte
- ein Schlüssel
- ein Vorhängeschloss
- ein Samsung-Mobiltelefon mit Akku und Abdeckung
- ein schwarzes iPhone mit grauer Umrandung
- zwei persönliche Gegenstände
- eine Muschel
- ein Schneckengehäuse
- 87 Dollar und 55 Cent (3 x 20-Dollar-Scheine, 2 x 10-Dollar-Scheine, 1 x 5-Dollar-Schein, 2 x 1-Dollar-Scheine, 5 x 25-Cent-Münzen, 1 x 5-Cent-Münze)[62]

Der Rucksack und sein Inhalt werden zwar fotografiert, doch eine schriftliche Dokumentation über den Zustand der Funde wird nicht erstellt. Auch Luis und Irma geben in ihrer vor Ort aufgenommenen Aussage keine Auskünfte darüber an. Eines der von der Polizei im Haus des Paares geschossenen Fotos wird am 17. Juni vom panamaischen TV-Sender *TVN*[63] veröffentlicht. Es zeigt sowohl Rucksack als auch Inhalte in einem nahezu tadellosen Zustand.

Rucksack im Haus von Luis am 13. Juni 2014

Unveröffentlichte Fotos, die uns vorliegen, bestätigen diesen Eindruck. Die ausgepackten Gegenstände und auch die Kleidung scheinen trocken und nicht schmutzig zu sein. Auch ausgebreitete Geldscheine, die auf anderen Bildern zu sehen sind, sehen trocken aus. Sand, Schlamm oder Feuchtigkeit sind auf den Bildern nicht zu erkennen. Wäre der Rucksack längere Zeit im Wasser getrieben oder gelegen, wäre dies anders zu erwarten gewesen. Annette gegenüber erzählt Irma, die den Rucksack selbst nicht geöffnet hat, dass er vom äußeren Eindruck her zwar leicht beschädigt, feucht und sandig gewesen sei, sich aber in einem passablen Zustand befunden habe.

Die Sensationsberichterstattung einiger Journalisten wird jedoch Missverständnisse über den Fund festigen. So behauptet etwa Jeremy Kryt von der US-amerikanischen *Daily Beast*, dass Irma tags zuvor bereits an gleicher Stelle gewesen ist und den Rucksack nicht gesehen hat, was diese bei einem Gespräch mit Annette widerruft. Laut Kryt sei sie selbst vom Fundort bis zur Polizeistation in Boquete gewandert und habe dort den Fund persönlich abgegeben.[64] Auch das ist falsch.

Auf dem im Fernsehbeitrag ausgestrahlten Foto des Rucksackes, der in Luis' Haus ausgepackt worden ist, erkennt man eine Wasserflasche aus Plastik mit weißem Verschluss. Sie sieht exakt so aus wie eine der Flaschen, die Kris und Lisanne auf der Wanderung am Tag ihres Verschwindens dabeihaben, was dank der Fotos klar erkennbar ist. Da diese Plastikflasche seitens der Behörden nie thematisiert wird und auch nicht im bekannt gewordenen Sichtungsprotokoll aufgeführt ist, entstehen über soziale Netzwerke schnell Gerüchte, dass sie unterschlagen worden sein könnte.

Luis bestätigt uns, dass die Flasche im Rucksack gewesen ist, weshalb wir uns in den Akten auf die Suche machen. Tatsächlich finden wir das Trinkgefäß in keinem der aufgeführten Inhaltsprotokolle des Tornisters. Dort verzeichnet sind nur mehr »zwei persönliche Gegenstände, die unter Beachtung der Beweiskette verpackt wurden«. Da die Flasche und ein Stück Bonbonpapier die einzigen Utensilien auf den Fundfotos sind, die nicht namentlich inventarisiert werden, könnten diese mit der Verklausulierung gemeint sein. In diesem Fall wäre eine bewusste Unterschlagung von Beweismaterial mit besonders wichtiger Aussagekraft wahrscheinlich. Wir finden in der gesamten Akte nur eine einzige schriftliche Erwähnung der Flasche, in der bestätigt wird, dass sie im Rucksack der Mädchen gefunden worden ist und somit höchstwahrscheinlich Kris und Lisanne gehört hat.

Pittí weist in einem entsprechenden Schreiben das IMELCF an, die Plastikflasche auf DNA-Spuren hin zu untersuchen und – falls sie zu finden seien – sie mit den von den Eltern der Mädchen zur Verfügung gestellten Proben zu vergleichen, um festzustellen, ob DNA von Kris und Lisanne vorhanden ist.[65] Ein Ergebnis oder eine Antwort finden wir in den Akten nicht, und auch keine weitere Erwähnung der Wasserflasche. Warum nicht die Anweisung erfolgt ist, die Flasche auf Fingerabdrücke oder auf die Wasserrückstände im Inneren zu analysieren, ist unerklärlich und deutet ebenfalls in Richtung einer Verheimlichung. Eine biomolekulare Analyse hätte zutage gebracht, ob darin enthaltene Reste aus einem natürlichen Gewässer der Gegend stammen. Hätte es sich dagegen um industriell abgefülltes Wasser gehandelt, hätten die Ermittler schlussfolgern können, dass der Rucksack den Mädchen in unmittelbar zeitlicher Nähe zu ihrem Verschwinden abhandengekommen sein muss. Eine Erkenntnis darüber wäre außerordentlich wichtig gewesen, um Foulplay bestätigen oder negieren zu können.

Auch weitere Inhalte des Rucksackes werden nicht näher untersucht. So gibt es keine erneute Erwähnung der gefundenen Muschel oder des Schneckengehäuses. Da Letzteres dem Foto nach zu urteilen dem einer Seeschnecke ähnelt, können wir uns vorstellen, dass beides noch von einem Strandaufenthalt in Bocas stammt. Dass Kris und Lisanne eine für panamaische Verhältnisse beträchtliche Summe Bargeld auf ihre Wanderung mitgenommen haben, wird ebenfalls nicht weiter erörtert. Das gefundene Wechselgeld hätte immerhin ein Indiz dafür sein können, dass die Mädchen vor ihrer Tour etwas gekauft haben, möglicherweise Snacks in einer Plastiktüte. Niemand jedoch hat sie bei einem Kauf oder beim Abheben von Geld beobachtet. Banken haben Videomaterial, das Aufschluss geben könnte, verweigert und der Romero-Supermarkt nach Ingrids Aussage Aufnahmen »versehentlich gelöscht«.

Und es können mehr Fragen aufgeworfen werden: Wenn die Mädchen elf Tage im Wald unterwegs gewesen sind, wie später anhand der ausgewerteten Handydaten nachgewiesen wird, warum haben sie das Geld weiter mit sich herumgetragen? Hätten sie nicht das wertlos gewordene Papier für etwas anderes gebrauchen können? Hätten sie damit Wegmarkierungen setzen und Suchtrupps auf sich aufmerksam machen können?

Dass sich die Geldscheine im Rucksack befunden haben, ist für Lost-Theoretiker ein unerlässlicher Beweis dafür, dass kein Verbrechen stattgefunden haben kann. Auch Pittí, die nach dem Rucksackfund ihre vorherige Entführungsthese komplett fallen lässt, antwortet auf die Frage einer Journalistin, ob sie eine Gewalttat für denkbar halte, mit Verweis darauf. Ihre Antwort: »Nein, denn das Geld war ja noch im Rucksack. Ein Verbrecher hätte es mitgenommen.«[66] Das Argument erachten wir als zu schwach, um sich damit abzufinden. Man kann dagegen anführen, dass Verbrecher mit anderen Motiven wie Mordabsichten oder sexueller Gewalt sich gar nicht für Wertgegenstände interessiert hätten. Sollte es einem Täter andererseits darum gegangen sein, seine Tat zu verschleiern und Findern zu suggerieren, dass Kris und Lisanne einen Unfall gehabt oder sich verlaufen hätten, dann hätte er Geld und Habseligkeiten wohl eher unangetastet gelassen.

Alle Dinge im Rucksack scheinen zumindest auf den Bildern der Polizeiakte in gutem Zustand zu sein, nicht gebraucht, fast ordentlich. Wenn man über eine so lange Zeit im Wald ist, würde man dann aber nicht die wenigen Gebrauchsgegenstände, die zur Verfügung stehen, versuchen, nützlich einzusetzen? Würde man andererseits vielleicht innerhalb von elf Tagen Dinge aus der Umgebung sammeln und im Rucksack verwahren? Hätten Schlüssel, Schloss und Sonnenbrillen als Werkzeuge, etwa bei der Nahrungssuche dienen können? Hätten die sauber und ordentlich wirkenden BHs eine Aufgabe erfüllen können? Als Signalgeber oder, geht man davon aus, dass sich eines der Mädchen verletzt hätte, als Verband oder

Schiene? Die Frage, warum Kris und Lisanne sie überhaupt ausgezogen haben, wird von Anfang an in Internetforen heftig diskutiert. Sind es Bequemlichkeitsgründe gewesen oder hätte man die Unterwäsche gerade zum Schutz vor Kälte, Insektenstichen und anderen Umweltfaktoren eher angelassen? Sind die Mädchen kurz vor ihrem Verschwinden noch schwimmen gewesen? Hat ein möglicher Entführer sie aus sexuellen Motiven genötigt, sich ihrer Unterwäsche zu entledigen?

Aus der Akte geht weiter hervor, dass die gefundenen Gegenstände von den Beamten verpackt, nach David mitgenommen und der Abteilung für Forensische Informatik des IMELCF übergeben worden sind. Über die Untersuchung dort erfahren wir laut Inspektionsprotokoll vom 17. Juni, dass der Experte Luis R. Telefone und Digitalkamera analysiert.

Über den Zustand der Geräte erfahren wir nur, dass Wasser in das Akkufach der Kamera eingedrungen ist und dass der Akku des iPhones aufgebläht gewesen ist. Letzteres ist kein konkretes Indiz für einen Wasserschaden. In der Regel entsteht ein aufgeblähter Akku durch starke Hitzeeinwirkung. Spekulationen über einen möglichen Wasserschaden der Telefone können wir nicht bestätigen. Davon ist keine Rede. Ein solcher wäre einem Forensiker schnell aufgefallen, denn beide Telefone besitzen zwei beziehungsweise drei im Inneren angebrachte Teststreifen mit Flüssigkeitssensoren, die einen Wasserschaden anzeigen würden. Da diese jedoch nicht mal Erwähnung in der Untersuchung finden, gehen wir davon aus, dass die Handys keinen Wasserschaden erlitten haben. Auch Gerüchte über aufwendige Trocknungsverfahren, die notwendig gewesen sein sollen, um die Telefone zu untersuchen, können wir nicht verifizieren. Den Fotos nach zu urteilen befinden sich beide Telefone in einem guten Zustand, ohne äußere Beschädigungen.

Gleiches gilt für die Kamera. Von der SD-Karte der Kamera extrahiert Experte R. die bekannten Bilder. Es ist ihm dagegen nicht möglich, aus Kris' iPhone Informationen zu entnehmen, da es sich laut Protokoll nicht einschalten ließ. Zum Samsung-Telefon von Lisanne habe R. wiederum keinen Zugang bekommen, weil es durch ein Passwort geschützt gewesen sei. Der SIM-Karte hingegen entnimmt er Kontakte, Mobilfunkverbindungen und Textnachrichten.[67] Diese finden wir in der Akte und stellen fest, dass sie allesamt auf Zeitpunkte vor dem Verschwinden der Mädchen datieren.

Nicht ganz zu dieser Darstellung passt die Aussage von Mayor M., der die Inhalte des Rucksackes noch vor Eintreffen Pittís um 9:20 Uhr begutachtet.[68] In seinen Aufzeichnungen notiert er, dass das von ihm untersuchte Samsung-Telefon weder über eine SIM- noch eine Speicherkarte verfügt hat.[69] Ob dieser sicherlich nicht unwesentlichen Diskrepanz seitens der Behörden nachgegangen worden ist, bleibt unklar. Auch über etwaige weitere Untersuchungen der im Rucksack aufgefundenen Utensilien ist den Akten kaum etwas zu entnehmen. Die von den panamaischen Strafverfolgern um Amtshilfe gebetenen niederländischen Forensiker nehmen dagegen eine ausführlichere Analyse der Asservate vor. Allerdings erfolgt diese viel zu spät, um noch von Nutzen zu sein. Auf die Begutachtung der einzelnen Objekte durch das NFI werden wir im Kapitel »Der NFI-Bericht« detailliert eingehen.

Die Knochen

Die Aufmerksamkeit der panamaischen Ermittler richtet sich indes wieder auf den Wald von Bocas del Toro, wo Indigene weiter nach Spuren der Mädchen suchen. Über Feliciano ist bekannt, dass dies auf Initiative des Holländers Jerónimo geschehen ist. Dieser nicht näher beschriebene Mann sei auf ihn zugekommen und habe ihm gegenüber erwähnt, dass er im Auftrag der Eltern von Kris und Lisanne nach Einheimischen suche, die sich im Gebiet gut auskennen würden. Feliciano findet auf die eindringliche Bitte hin einige Freiwillige, die von Jerónimo und seinem Bruder José mit Lebensmitteln versorgt werden.

Bereits am 18. Juni erhalten die panamaischen Behörden Informationen darüber, dass der Suchtrupp Knochenfunde gemacht hat. Im Schnellverfahren wird eine Kommission unter Leitung von Mayor M. gebildet, bestehend aus sechs Mitarbeitern von SENAFRONT, vier von SINAPROC, drei der Drogenbekämpfungsbehörde UTOA, zwei der Unterdirektion für gerichtliche Ermittlungen und einem Vertreter des Roten Kreuzes.[70] Die Kommission wird von einem Hubschrauber und einem Kamerateam von *TVN* begleitet. Vorsteher ist die Oberstaatsanwaltschaft in Person von Pittí und ihr Spezialagent E. Hauptquartier und Kontrollpunkt werden im Dorf Alto Romero eingerichtet. Nach ihrem Eintreffen am 18. Juni werden der Kommission von den Einheimischen Luis A., Angel P., Luciano V. und Lorenzo M., zwei Knochenfragmente und zwei Schuhe präsentiert, die sie in den vergangenen Tagen an den Ufern des Culebra gefunden haben.

Laut Bericht handelt es sich um »einen schwarzen Turnschuh mit rosafarbenen Rändern, einen dunklen Schuh mit grüner Sohle, einen Knochen mit ähnlichen Merkmalen wie die Hüfte (Becken) und einen Knochen mit ähnlichen Merkmalen wie der, der sich im Knie befindet.«[71] Mayor M. vermerkt in seinem Protokoll weiter, dass die Beweisstücke von Justizsekretär E. fotografisch festgehalten, verpackt und dann umgehend im Beisein von Pittí ins IMELCF in David gebracht worden sind.[72] Ein untersuchter Schuh wird als linker schwarzer Turnschuh der Marke »Wildbeast« mit rosafarbenen Rändern und schwarz-weißen Schnürsenkeln in Größe 39 in die Akten des Instituts aufgenommen. In einer schwarzen Socke, die darin steckt, finden Gerichtsmediziner einen menschlichen Fuß in fortgeschrittenem Verwesungszustand. Nach DNA-Untersuchung im IMELCF kann Experte T. die enthaltenen Fußknochen Lisanne zuordnen. Im Untersuchungsbericht schreibt er:

Der menschliche Fuß weist mit Haut bedeckte Bereiche auf, er hat fünf vollständige Zehen, von denen die erste einen Nagel trägt, die anderen Nägel sind abgetrennt und befinden sich im Inneren der Socke. Die Nagelreste haben einen rosafarbenen Schmelz, auf der Vorderseite des Fußes befinden sich Reste von Haut, Muskeln und öligem Material auf der Fußsohle und der Ferse; die Fersenknochen Talus und Calcaneus sind vollständig und ohne Brüche oder Traumata. Die Dissektion und Freilegung der Fußwurzel-, Mittelfuß- und Zehenknochen erfolgt ohne Feststellung eines Knochentraumas.[73]

Silvia B., Direktorin des IMELCF, zählt in ihrer Autopsie am 18. September insgesamt 28 Knochenteile (sieben Fußwurzelknochen, fünf Mittelfußknochen und 14 Zehenknochen) des linken Fußes von Lisanne. Sie diagnostiziert eine Knochenhautentzündung[74] und moniert, dass auf der Verpackung keine Angaben über den Fundort des Untersuchungsgegenstandes gemacht worden sind, wie es sonst üblich sei. Dies erschwere ihr die Diagnose. Nach der DNA-Analyse des Fußes wird der Turnschuh mittels optischer Fotoabgleiche Lisanne zugeordnet, wobei man auf weitere genetische Untersuchungen verzichtet.

Der zweite Schuh wird im chemischen Labor als »linker schwarzer Stiefel« der Marke »Colorado« in Größe 39 beschrieben.

In den Fasern beider Schuhe werden Bodensegmente und Pflanzenmaterial gefunden, die nicht näher untersucht werden. Ebenso wird in beiden Stearinsäure nachgewiesen. Die zuständige Wissenschaftlerin erklärt dies in folgender Weise:

Stearinsäure ist eine gesättigte Fettsäure, die bei Raumtemperatur fest ist, eine weiße Farbe hat und geruchlos ist; sie wird auf der Haut verwendet, da sie weichmachende und schützende Eigenschaften besitzt und leicht absorbiert wird, was sie zu einem ausgezeichneten hochwertigen Feuchtigkeitsspender und Feuchthaltemittel in kosmetischen Cremes und Körperpudern macht.[75]

Wahrscheinlicher, als dass die Säure von einer Fußcreme stammt, ist allerdings, dass es sich um Rückstände von Leichenflüssigkeit handelt, die einen hohen Anteil von Stearin enthält. Doch das wird im Bericht nicht erwähnt. Da diesem nach auch keine DNA-Proben vom Trekkingschuh entnommen worden sind, ist bis heute nicht bekannt oder kommuniziert, ob es sich um Kris' Schuh gehandelt hat. Jedoch gleicht dieser auf den Fundbildern jenen, die sie auf den vorhandenen Fotos ihrer Wanderung trägt. Es scheint sich um die gleiche Größe und das gleiche Modell zu handeln, selbst ein speziell geknüpfter Knoten sieht identisch aus. Einzig die Farbe weicht ab. Während Kris' Wanderschuh braun gewesen ist, erscheint der gefundene Schuh als blau und seine Sohle deutlich heller. Sollte dies nicht auf die Qualität der Fotos zurückzuführen sein, hätten die Wissenschaftler der Frage nachgehen können und müssen, welche Umwelteinflüsse oder Substanzen eine mögliche Verfärbung ausgelöst haben könnten.

Dass Pittí die merkwürdige Färbung selbst aufgefallen sein muss, was ebenfalls öffentlich nicht thematisiert worden ist, zeigt eine Anweisung, die sie am 29. August ans IMELCF stellt. Darin heißt es, die Schuhe der Mädchen sollten zur Untersuchung ins Labor, »damit dort das Vorhandensein oder Nichtvorhandensein von chemischen Stoffen, die den Verwesungsprozess des menschlichen Körpers verlangsamen oder beschleunigen, analysiert werden kann.«[76] Doch auch hier findet sich in den Akten weder Ergebnis noch Antwort.

Die panamaische Journalistin Adelita Coriat könnte den Grund dafür herausgefunden haben. Sie schreibt über den Umgang mit dem Schuh: »*La Estrella de Panamá* bestätigte, dass das IMELCF, das einzige Labor im Land, in dem biomolekulare Analysen der erforderlichen Art durchgeführt werden, den betreffenden Schuh nicht erhalten hat, um ihn zum Testen einzureichen.«[77]

Zum neueren Fund der Indigenen gehört auch ein linker Beckenknochen. Im IMELCF stellen die Forensiker Wilfredo P. und Mair S. daran Hautgewebe im Verwesungszustand fest. Frakturen, Anzeichen auf Krankheiten, besondere Belastung oder ein Verbrechen können die Mediziner nicht diagnostizieren. Nach DNA-Analyse ist allerdings klar: Das halbe Becken gehört Kris. Es werden lediglich zwei Auffälligkeiten protokolliert: »Im Bereich des Schambeins und des Sitzbeins, in der Nähe der großen Ischiaskerbe, fanden sich Spuren von Raubtieren und Nagetieren.«[78] Die zweite Besonderheit ist die Beschreibung einer weißen, den Knochen kennzeichnenden Farbe. Sie deutet laut den Pathologen darauf hin, dass das Becken lange Zeit der Sonne ausgesetzt gewesen ist oder daher rührt, dass sich das Knochenfragment in einem Gebiet mit stark basischen chemischen Elementen befunden hat.[79]

Unterdessen verbleibt die Kommission unter Leitung von Mayor M. weiter im Wald der Provinz von Bocas del Toro und sucht angeführt von indigenen Führern das Gebiet rund um die bisherigen Funde weiträumig ab. Die Expedition beginnt am 19. Juni 2014 um 11 Uhr morgens. Nach Überquerung des Baches Velorio, der Berge und von einigen Viehfarmen erreicht das Team um 18 Uhr das Grundstück des Farmers Lauriano G., wo ein Nachtlager aufgeschlagen wird.[80] Am 20. Juni laufen die Mannschaften ab 8 Uhr

in Richtung des tosenden Culebra-Flusses, an dessen Ufern Treib-
gut und Baumstämme liegen. Angel P. zeigt Mayor M. die Stelle, an
der er Lisannes Schuh gefunden hat.

Weiter den Fluss abwärts laufend findet die Kommission gegen
Mittag ein Stück dunkles Tuch, das auf Steinen am Rand des
Culebra liegt und laut Mayor M. einer dünnen Frauenbluse ähnelt.
Zu diesem Stoff findet sich keine Textiluntersuchung in den Akten,
dennoch wird er später in verschiedenen Presseartikeln als Lisannes
Hose oder Unterwäsche oder Teile davon aufgeführt.

Die Männer gehen weiter am Flussufer entlang und finden um
16:02 Uhr in der Nähe eines Wasserfalls auf einem trockenen
Baumstamm liegend eine hellblaue Damenjeanshose in Größe 38.
Diese wird später anhand von Fotovergleichen als Kris' Jeansshorts
der Marke »Divided« von H&M identifiziert. Dass die Hose, wie
von Jeremy Kryt behauptet, ordentlich zusammengefaltet gewesen
sei, lesen wir im Protokoll nicht.[81] Allerdings ist der Zustand der
Shorts relativ gut. Neben einigen kleineren Löchern zeigen Fotos,
dass die einzig deutlich sichtbare Beschädigung des Jeansstoffes ein
Riss auf der Rückseite zu sein scheint. Zu wenig, meinen Foulplay-
Theoretiker, wenn sie wochenlang durch den Fluss getrieben wäre
oder Kris damit, wie Lost-Theoretiker annehmen, eine Schlucht
heruntergerutscht wäre. Der Fundort der Jeans, über deren Zustand
selbst nichts schriftlich festgehalten wird, befindet sich in der Nähe
der zweiten Monkey Bridge. Bei der späteren Untersuchung im
IMELCF werden auf beiden gefundenen Kleidungsstücken keine
Körperflüssigkeiten festgestellt, sodass keine DNA-Analyse
erfolgen kann.

Angesichts des starken Regens am Oberlauf des Stroms und
des unwegsamen Geländes bricht die Kommission auf Anraten der
indigenen Führer die Suche an dieser Stelle ab und kehrt zum
Hauptquartier in Alto Romero zurück. Darüber ist laut Bericht Pittí
informiert worden, die darauf Befehl erteilt, die weitere Suchmis-

sion aus Sicherheitsgründen einzustellen und die Kommission aufzulösen. Etwas mehr als vier Wochen später lässt die Staatsanwältin aber wie aus heiterem Himmel ein Großaufgebot zusammenstellen, obwohl es keine neuen Hinweise gibt.

Zwischen dem 29. und 31. Juli sollen Einheiten von SINAPROC, SENAFRONT und der Nationalen Polizei den Pianista Trail von Boquete bis zur zweiten Monkey Bridge durchkämmen. Geführt werden die Suchmannschaften von drei Indigenen, darunter auch Rucksackfinder Luis. Die Beamten kehren am 31. Juli ohne Ergebnisse von ihrer Suchaktion zurück. Doch nur zwei Tage später, am 2. August, werden erneut wie aus dem Nichts sechs neue Knochenfragmente von Bewohnern Alto Romeros aufgefunden. Luis bringt die Überreste über den Mirador bis zum Eingang des Pianista Trails und übergibt sie dort Mitarbeitern der Staatsanwaltschaft. Laut ihm sind die Knochen entlang jenes Teils des Río Culebra gefunden worden, der bei den Einheimischen als Finca de Quiróz bekannt ist. Diese Stelle liegt flussaufwärts des Abschnitts, wo zuvor der Rucksack entdeckt worden ist. Die wiederholt zufälligen Funde in rascher Abfolge nach Koordination durch die Staatsanwaltschaft wirken rätselhaft.[82]

Das IMELCF identifiziert im neuen Fund neben vier Säugetierknochen, einem menschlichen Schädel und Wadenbein, die niemandem zugeordnet werden können, einen Rippenknochen von Kris.[83] Laut Gutachten ist dieser »trocken, gewebe- und fettlos.«[84] Auffällig findet Forensikerin B., dass nicht nur der Knochen selbst, sondern auch der Knocheninnenraum Schäden aufweist. Zudem sei die Rippe von einer weißen Färbung gekennzeichnet, woraus die Gerichtsmedizinerin schließt, dass sie entweder lange Zeit der Sonne ausgesetzt gewesen ist oder der Bestattungsort in einem Gebiet mit sehr basischen chemischen Elementen gelegen hat. Das beeinträchtige die Phosphate und Kalziumkarbonate der einzelnen Knochenelemente und könnte die weißliche Färbung verursacht haben.[85] Unabhängige Experten werden später stark in Zweifel ziehen, dass es die Sonneneinstrahlung in einem dichten Regenwald in nur vier Monaten vollbracht hätte, einen Knochen derart auszubleichen und auch das Knocheninnere zu zersetzen.

Einen letzten Fund schließlich übergibt Luis am 29. August dem Spezialagenten Bolivar E. und dem leitenden Ermittler Christien E., die dafür nach Punta Rovaló, Sektor Norteño geflogen sind. Es handelt sich um drei Knochen, die der Indigene Basilio A. am Tag zuvor beim Fischen im Fluss Culebra durch das Wahrnehmen eines »fauligen Geruches« aufgespürt haben soll. Außerdem überreicht er »eine Gewebemasse, die sich in einem offensichtlichen Verwesungszustand befindet.«[86] Ein kleineres und ein großes Stück Haut sollen noch an den Knochen befestigt gewesen sein.[87] Die Beamten machen Fotos der Überreste, die der Akte beigelegt werden. Pitti lässt die Funde am 1. September zur DNA-Extraktion ins biomolekulare Labor des IMELCF übersenden. Die Ergebnisse erhält sie am 5. September. Das Labor bestätigt, dass es sich um das linke Schienbein und den linken Oberschenkelknochen von Lisanne Froon handelt. Das dritte Knochenfragment ist im Bericht mit aufgeführt, doch anscheinend nicht untersucht worden. Die gefundene Haut findet keine Erwähnung im Laborbericht.[88] Am 12. September werden die Knochen zur weiteren Untersuchung ans Gerichtsmedizinische Institut des IMELCF überstellt. Am 17. September teilt Pittí den Eltern von Kris und Lisanne die Ergebnisse der DNA-Untersuchung mit.

Am 18. September soll die weitere Untersuchung der Knochen erfolgen. Bolivar E. begibt sich an diesem Tag in die Gerichtsmedizin des IMELCF, um sich nach dem Stand der Untersuchung der Knochenfunde zu informieren. Die Anwesenden, Gerichtsmediziner Wilfredo P. und der forensische Anthropologe Mair S. vom IMELCF, bestätigen, dass es sich bei den Knochen um menschliche Exemplare handelt. Sie weisen Anzeichen einer Knochenhautentzündung auf, die sie auf umwelt-

und arbeitsmedizinische Einflüsse zurückführen. Die Knochen zeigten natürlich bedingte Wurzelabdrücke, aber keine Spuren von Raubtieren oder kulturellen Einflüssen. Sie kündigen eine detaillierte Untersuchung von Lisannes Schienbein und Oberschenkel an.[89]

Ob es sich bei der Gewebemasse um Lisannes Haut handelt, wird eines der großen kontroversen Rätsel der Knochenfunde bleiben, denn in der Akte findet sich die angekündigte weitere Untersuchung nicht, das heißt konkret, der Akte liegt kein Autopsiebericht von Lisannes Oberschenkel und Schienbein und auch nicht der gefundenen Haut bei. Das ist äußerst ungewöhnlich, denn zu allen anderen Funden ist ein entsprechender Autopsiebericht erstellt und in die Akte aufgenommen worden. Eine Erklärung dafür existiert nicht.

Stattdessen erstellt das IMELCF am 19. September einen allgemeinen medizinischen und anthropologischen Gesamtbericht aller gefundenen Knochen von Kris und Lisanne.[90] Darin enthalten sind keine neuen Informationen zu Lisannes Schienbein und Oberschenkel als die, die Bolivar E. zuvor erhalten hat. Die Haut und der dritte Knochen, die am 29. August gefunden worden sind, sind in diesem allgemeinen Bericht nicht mehr aufgeführt. Juristen oder Journalisten, die Einblicke in die Akten erhalten haben oder verlangen, wird somit die Möglichkeit verwehrt, entscheidende Fragen zum letzten Knochenfund zu klären.

Die Information darüber, dass die Autopsie dieser Knochen überhaupt stattgefunden hat, verdankt die Öffentlichkeit der Journalistin Coriat. Sie lässt in einem am 20. Oktober 2014 erschienenen Artikel für die *La Estrella* denjenigen Pathologen anonym zu Wort kommen, der die Autopsie in der ersten Septemberwoche 2014 im Labor für biomolekulare Analyse des IMELCF durchgeführt haben will.[91] Wir wissen, um wen es sich handelt, respektieren aber natürlich ebenfalls seinen Wunsch, unerkannt zu bleiben.

Der Gerichtsmediziner kritisiert zunächst, dass die obligatorische und für die Autopsie notwendige Dokumentation der Überwachungskette dem Fund nicht beigelegt worden ist. Dennoch habe er sie sachgemäß durchgeführt und dabei festgestellt, dass der Verwesungszustand von Lisannes Überresten in einem völlig anderen Zustand gewesen ist als Kris' gebleichte Knochen. Lisannes Gebeine hätten sich in einem guten, trockenen Erhaltungszustand befunden und keine Anzeichen von Fäulnis gezeigt.

Damit ist schwer zu erklären, dass die Knochen tagelang oder überhaupt in einem Fluss getrieben sind, doch nur so können sie überhaupt dorthin gelangt sein. Keinen logischen Zusammenhang ergibt auch der Umstand, dass Kris' Knochen nahezu vollständig zerstört und ausgebleicht worden sind, während die von Lisanne, die zur gleichen Zeit, am gleichen Ort unter den gleichen Umständen gestorben sein soll, sich aber in »einem guten Zustand« befinden. An der Haut, die der zuständige Pathologe Lisannes gefundenem Oberschenkel zuordnet, habe er Insektenstiche und Larven festgestellt, die seinen Ausführungen zufolge fünf Monate nach Lisannes Tod nicht mehr hätten zu finden sein dürfen. Alles deute darauf hin, dass die Leiche an einem feuchten Ort, im Schatten und bei niedrigen Temperaturen aufbewahrt worden ist.[92]

Coriat moniert, dass die Erkenntnisse des Pathologen nicht mit der offiziellen Geschichte übereinstimmen könnten, wonach Lisanne im April durch einen Sturz ums Leben gekommen ist und ihre Überreste danach monatelang den Elementen eines offenen Dschungels ausgesetzt gewesen seien.

Pittí hingegen behauptet in *Lost in the Jungle* Jahre später, dass es sich bei der gefundenen Haut um die eines Säugetiers, wahrscheinlich einer Kuh, gehandelt habe[93], ohne sich dabei auf irgendein Gutachten zu berufen oder diese Feststellung näher zu erläutern. Damit widerspricht sie ihrem eigenen Institut – dessen Leiter der Abteilung Biomolekularanalyse, Diomedes Trejos, noch im November 2014 vergeblich fordert, Bodenproben an dem Ort vorzunehmen, an dem Lisannes Gewebe gefunden worden sei, um die Larven, die sich darin befunden hätten, näher bestimmen zu können.[94]

Ohne den im Journalismus üblichen Hinweis auf eine Überarbeitung wird 2022 nach Erscheinen des Buches *Lost in the Jungle* ein einzelner, zusammenhanglos wirkender Satz eingefügt: »Nach einer gerichtsmedizinischen Untersuchung stellte der Gerichtsmediziner fest, dass es sich bei der fraglichen Haut um Gewebe tierischen Ursprungs handelte.«[95] Wer für die Änderung verantwortlich ist und auf welche Quelle sich die aktualisierte Information bezieht, geht aus dem Artikel, der auch das ursprüngliche Datum beibehält, nicht hervor. In der internationalen englischen Fassung, die weitaus häufiger zitiert und gelesen wird, ist dieser Satz nicht ergänzt. Dort ist weiterhin von Lisannes Haut die Rede.

Ein Untersuchungsbericht der Haut ist in den Akten nicht vorhanden. Die Behauptung Pittís, dass es sich wahrscheinlich um Kuhhaut gehandelt habe, kann somit nicht belegt werden, und die heimliche Überarbeitung einer Version des Artikels hinterlässt einen faden Beigeschmack. Zudem trauen wir dem erfahrenen Pathologen zu, dass er in der Lage gewesen ist, menschliche von tierischer Haut zu unterscheiden.

Der NFI-Bericht

Das Rechtshilfeersuchen

Es ist Freitag, der 20. Juni 2014. Neun Tage nach dem Rucksackfund erreicht ein versiegeltes Paket das Büro des niederländischen Justizministers Ivo Willem Opstelten. Absender ist die Generalstaatsanwaltschaft der Republik Panama. Enthalten sind Lisannes Handy, ihre Digitalkamera und ihr Rucksack, außerdem Kris' Mobiltelefon und die BHs der beiden Frauen. Anbei liegt ein Rechtshilfeersuchen der panamaischen Regierung zur »Voruntersuchung einer mutmaßlichen Straftat der Freiheitsberaubung zum Nachteil von Lisanne Froon und Kris Kremers«, das auf Grundlage eines UN-Übereinkommens zur Aufklärung von grenzüberschreitender organisierter Kriminalität erstellt worden ist.

Bereits kurz nach dem Verschwinden der Mädchen haben die niederländischen Behörden Panama ihre Hilfe angeboten, die jetzt offiziell ermöglicht wird. Die panamaische Regierung sendet dazu einen knappen Abriss der bekannten Fakten und bisherigen Ermittlungen auf fünf Seiten. Sie bittet konkret um technische Unterstützung zur Auslesung des Inhaltes der elektronischen Geräte und um die Sicherung von DNA-Profilen oder Blutspuren auf der Unterwäsche und auf dem Rucksack. Sobald die Ergebnisse vorlägen, sollten sie postalisch und per Mail an Generalstaatsanwältin Betzaida Pittí und Diomedes Trejos ans IMELCF übersandt werden.

Dass das Institut zumindest die Daten der elektronischen Geräte bereits untersucht hat, wird den niederländischen Kollegen nicht mitgeteilt. Diese stellen aber fest, dass einige der auf der SD-Karte vorhandenen Fotos am 17. Juni 2014 bearbeitet worden sind. Die Originale stehen somit für die Untersuchung des NFI nicht zur Verfügung. Über die bereits erfolgte Sicherung von Textnachrichten und Kontakten aus Lisannes Telefon erhalten die NFI-Ermittler ebenfalls keine Kenntnis. Auch die Behörden Panamas werden sich nicht wieder zu diesen von R. protokollierten Daten äußern.

Nach positivem Bescheid der niederländischen Staatsanwaltschaft auf das Rechtshilfeersuchen erhält das Cold-Case-Team der Nationalen Polizei der Zentralniederlande den Auftrag zur Erstellung eines Gutachtens. Dieses wird unter der offiziellen Berichtsnummer RHV02 unter dem Dokumentencode 09PANAMA angelegt. Der Leiter der Ermittlungen beauftragt das NFI in Den Haag mit der ersten Analyse. In den versiegelten Umschlägen finden die niederländischen Forensiker folgende Untersuchungsgegenstände vor.

von Kris Kremers:

- schwarzes iPhone 4 (Akku und SIM-Karte mit Klebeband auf dem Gerät fixiert)
- grüne Schutzhülle des Mobiltelefons
- schwarzer, markenloser BH

von Lisanne Froon:

- weißes Samsung Galaxy SIII mini (Akku und SIM-Karte[96] mit Klebeband auf dem Gerät fixiert)
- ein zusätzlicher, von panamaischen Behörden verwendeter und beigelegter neuer Akku
- orangefarbene Schutzhülle des Mobiltelefons
- BH mit buntem Blumenmuster der Marke H&M
- schwarzer Rucksack der Marke Burton mit Rautenmuster in Blau/Grau und türkisfarbener Innenausstattung[97]
- schwarze Digitalkamera, Modell Canon SX270 HS (Akku und Speicherkarte SanDisk 16 GB mit Klebeband auf dem Gerät fixiert)

Rucksack und BHs

Der Rucksack wird am NFI auf nichtmenschliche, biologische Spuren hin untersucht. An den Riemen finden die Forensiker gelblichbraunen Ton, von dem sie den Ursprung nicht feststellen können. Er könne vom Fundort selbst stammen, vom Transport zum oder vom Fundort oder könne beim Auspacken des Rucksackes angebracht worden sein. Im Inneren analysieren die zuständigen Experten Pflanzen- und Blattfragmente und losen Sand[98], die nicht weiter bestimmt werden können. Um überhaupt feststellen zu können, ob diese Spuren aus einem Fluss stammen, empfiehlt das NFI den panamaischen Kollegen, Referenzproben an den Fundorten der Überreste zu entnehmen. Zudem entdecken die Biologen eine weiße Muschel und Plastikteilchen. Laut Textiluntersuchung ist der Rucksack in einem guten Gesamtzustand, jedoch verschmutzt. Die Befestigung eines Trageriemens ist durch eine lockere Naht teilweise gelöst, was die Forensiker auf einen »normalen Gebrauch« zurückführen. Die Kunststoffverschlüsse weisen tiefe Kratzer auf und der Stoff an mehreren Stellen weiße Verfärbungen – laut Bericht ebenfalls physikalische Abnutzungsspuren.

Es gibt lediglich zwei Auffälligkeiten am Material. Auf der Oberfläche fehlt ein rechteckiges, etwa 30 x 15 Millimeter großes Stück Stoff. Die übrig gebliebenen Drahtenden sind ausgefranst. Dies deutet auf eine Beschädigung durch Reißen hin, auf einen Schnitt oder Stich mit anschließendem Abrieb. Neben dem Schaden klafft ein etwa zehn Millimeter langer Schnitt im Material, womöglich ebenfalls Folge eines Stiches. Der zuständige Forensiker legt nahe, dass beide Zerstörungen durch einen scharfkantigen Gegenstand entstanden sind. Zwar gibt der Bericht dazu keine Spekulationen ab, doch den Beschreibungen nach könnte es sich um einen Stich mit einem Messer oder einer kleinen Machete gehandelt haben, da die Beschädigungen gradlinig sind. Das spricht gegen einen natürlichen Gegenstand, der den Schaden verursacht haben könnte.

Dagegen spricht auch der mittels Infrarot-Mikrospektrometrie erbrachte Nachweis von Polyester-Urethan an der Einstichstelle. Unseren Recherchen nach wird dieser spezifische Weichkunststoff für Ummantelungen hergestellt, unter anderem auch zur Beschichtung von Scheiden für taktische und militärische Messer. Es ist denkbar, dass ein Schaden durch eine solche Waffe verursacht worden ist, die sowohl von Führern als auch von Wanderern im Gebiet häufig getragen wird. Dies sagt natürlich nichts über einen vorsätzlichen Angriff oder den Zeitpunkt der Beschädigung aus.

An beiden BHs weist die biologische Untersuchung ebenfalls Pflanzenfragmente und Sand nach, an Kris' BH zudem durchsichtige Plastikteile unbekannter Herkunft. Die Metallteile der Unterwäsche sind laut Bericht leicht verrostet. Weder am Rucksack noch an den BHs finden die Forensiker Blutspuren. Aus den sechs von den BHs entnommenen Proben lässt sich keine DNA feststellen.[99] Aus den 13 vom Rucksack gewonnenen Proben hingegen kann diese extrahiert, mittels Vergleichsproben aber weder Kris noch Lisanne zugeordnet werden. Zwei vollständig erhaltene DNA-Profile gehören unterschiedlichen unbekannten weiblichen Personen, die nach Abgleich nicht in der niederländischen DNA-Datenbank für Strafsachen registriert sind.

Außerdem können Teile des Erbgutes von mindestens drei (weiteren) unbekannten Personen gewonnen werden, wovon wenigstens eine männlich ist. Es liegt nahe, zu vermuten, dass zwei DNA-Profile von Luis und Irma stammen, doch trotz Empfehlung des NFI werden von den Findern des Rucksackes oder anderen Personen, die möglicherweise in Kontakt mit dem Untersuchungsgegenstand gekommen sind, keine DNA-Proben entnommen, um diese zu bestätigen oder auszuschließen.

Die Fotos

Forensische Analyse

Erst die auf den Handys und der Kamera gesicherten Daten ermöglichen den Versuch, die Ereignisse nach dem Verschwinden von Kris und Lisanne nachzuvollziehen. Weder panamaische noch niederländische Behörden haben dies adäquat unternommen. Die gewonnenen Informationen bergen derart viele Ungereimtheiten, dass eine schlüssige Rekonstruktion bis heute unmöglich scheint. Da Teile der Daten von der Presse geleakt wurden, kursieren zudem wilde Spekulationen.

Auf der Kamera sichern die NFI-Forensiker keine DNA-Spuren. Die daktyloskopische Untersuchung identifiziert drei Fingerabdrücke, aus denen sich ein vollständiges Profil erstellen lässt. Dieses befindet sich jedoch nicht in niederländischen Datenbanken. Ob panamaische Behörden versucht haben, die Person zu ermitteln, ist unbekannt. Die Analyse der SD-Karte führt ein hochqualifizierter Digitalforensiker durch. Sein Auftrag ist, alle möglichen Foto- und Video-Dateien wiederherzustellen und auszuwerten.

Insgesamt findet der Forensiker 470 Fotodateien im JPG-Format und sieben Videoaufnahmen im PMB4-Format auf der Speicherkarte. Mangels GPS-Funktion der Kamera lassen sich keine Geokoordinaten ermitteln. Die wenigen gelöschten Dateien erweisen sich bei näherer Untersuchung lediglich als Miniaturansichten existierender Fotos und Videos. Möglicherweise haben panamaische Ermittler diese im Zuge eigener Untersuchungen entfernt. Bei einigen der der Akte beiliegenden Originalbilder können wir anhand ihrer Dokumentation erkennen: Sie sind zuvor am PC bearbeitet und in veränderter Form wieder auf der SD-Karte gespeichert worden.

Warum die Behörden die manipulierten Versionen auf der Original-Speicherkarte und nicht auf einem Rechner abgelegt haben, wirft Fragen auf, denn so handelt es sich nicht mehr um die Originaldateien. Der Forensiker des NFI erwähnt diesen ominösen Umstand nicht explizit, merkt aber in einem Kommentar immerhin zu drei Aufnahmen an, dass diese wahrscheinlich gedreht worden sind. Ob es sich letztendlich tatsächlich nur um ein Drehen der Bilder gehandelt hat oder ob auch anderes editiert worden ist, lässt sich anhand der EXIF-Daten nicht feststellen. Ebenso kann nicht nachvollzogen werden, ob bereits Manipulationen an den Bildern vorgenommen worden sein könnten, bevor sie im panamaischen Labor analysiert worden sind.

Im NFI werden nur diejenigen Bilddateien untersucht, die nach dem 31. März 2014, also nach dem Verschwinden der Mädchen, entstanden sind. Die Datumsangabe der gespeicherten Bilder ist laut Bericht in den EXIF-Daten mit der Jahresangabe 2013 versehen. Für seine Analyse stellt der Experte das Datum entsprechend den Erkenntnissen über Kris' und Lisannes Panama-Aufenthalt auf das Jahr 2014 um. Mithilfe des Abgleichs eines Fotos, das die Mädchen am Flughafen in Amsterdam zeigt, und einem weiteren, das nach ihrer Ankunft in Panama entsteht und eine Armbanduhr abbildet, legt der Forensiker fest, dass die eingestellte Kamerazeit der niederländischen Winterzeit entspricht.[100]

Zur Bestimmung der korrekten Uhrzeiten zieht der Forensiker mehrere Faktoren heran: die Zeitstempel der Samsung-Fotos, die an gleichen Orten aufgenommen worden sind, Licht- und Schattenverhältnisse sowie Wolkenformationen. Daraus schließt er, dass die Kamera noch auf die heimische Zeit eingestellt gewesen ist. Um die panamaische Ortszeit zu ermitteln, subtrahiert er konsequent sechs Stunden von den angezeigten Uhrzeiten. Die niederländischen Forensiker beziehen in ihrer Analyse den Inhalt der Bilder nicht mit ein – ein Versäumnis, ermöglicht das, was auf den Fotos zu sehen ist, doch Rückschlüsse auf den Verbleib der Vermissten. Die Niederländer gehen auf Anweisung der panamaischen Behörden von der Annahme aus, die Aufnahmen seien am Pianista Trail entstanden. Zweifelsfrei lässt sich dies jedoch nur für Fotos auf der Boquete-Seite des Berges bestätigen.

Insgesamt 133 Fotos mit Erstellungsdatum nach dem 31. März 2014 finden sich auf der Speicherkarte – nummeriert von IMG_0476.JPG bis IMG_0609.JPG. Grob lassen sich zwei Kategorien unterscheiden: Tagfotos vom 1. April und Nachtaufnahmen vom 8. April, die nach einer siebentägigen Pause entstanden sind, die bis heute ein hitziger Streitpunkt in Internetforen ist.

Keines der heute bekannten Fotos ist jemals über offizielle Stellen an die Öffentlichkeit gelangt, sondern sie sind allesamt von verschiedenen Personenkreisen geleakt worden. Im Folgenden zeigen wir die prägnantesten Bilder im Original und gehen auf gängige Deutungen und Kontroversen ein. Dabei lassen wir auch eigene Interpretationen mit einfließen. Aus den Polizeiakten kennen wir zusätzliche, bisher unveröffentlichte Fotos. Diese enthalten nach unserer Einschätzung jedoch keine neuen Erkenntnisse zum Verschwinden der Mädchen – meist handelt es sich um Perspektiv-Variationen bereits bekannter Motive oder misslungene Aufnahmen.

Tagfotos

Von den insgesamt 33 Fotos, die Kris und Lisanne am 1. April während ihrer Wanderung aufnehmen, sind 22 öffentlich bekannt. Das erste Bild trägt die Nummer 476 und wird – immer vorausgesetzt, die Kamera und nicht die Zeugen zeigt die Wahrheit – um 11:18 Uhr am unteren Teil des Pianista Trails auf Boquete-Seite geschossen. Das Bild im Hochkantformat zeigt Kris auf der zweiten Brücke, die hinter dem Bauernhof Arco Iris über den Rio Pianista führt. Die Brücke ist heute immer noch die gleiche, sie quietscht beim

Drüberlaufen und gibt einen guten Vorgeschmack auf den restlichen Weg, der nach den Weiden, die auf die Brücke folgen, immer schwieriger wird. Der Steg ist nicht aus einem Guss gefertigt, besteht stattdessen aus einzelnen eisernen Streben, die sich heben und senken, wenn man darauftritt. Durch ihre Löcher geben sie den Blick nach unten aufs Wasser frei.

Auf Bild 480 (11:25 Uhr) ist zum ersten Mal Lisanne zu sehen. Sie steht auf dem Trail und schaut in die Ferne. Hinter ihr ragen grün bewachsene Hügel auf und kündigen an, dass ein paar hundert Meter weiter der Urwald beginnt.

Die Kleidung der Mädchen auf den Fotos gehört zu den großen Rätseln des Falls. Denn die Augenzeugen, die Kris und Lisanne mehrere Stunden später gesehen haben wollen, beschreiben sie in völlig anderen Outfits. Die allgemeinen Angaben wie Alter, Größe, Haut- und Haarfarbe stimmen ziemlich genau überein. Aber kein Zeuge hat die Mädchen jemals in den Klamotten vom 1. April gesehen – dem rot-weiß gestreiften Shirt und der knappen hellblauen Jeans sowie dem türkisen Shirt und der dunklen Shorts. Stattdessen ist von weißen und dunklen Oberteilen, cremefarbenen Shorts und einer schwarzen, hautengen Dreiviertelhose die Rede. Besonders Letztere scheint vor Ort ungewöhnlich gewesen zu sein und wird von mehreren Zeugen detailliert geschildert.

Dies entnehmen wir nicht nur den Aussagen in den Akten. Miriams Nachbarin Verónica ist eine der wenigen Personen, die Kris und Lisanne am Tag ihres Verschwindens gesehen haben. Sie sagt uns, dass sie sich sicher sei, dass die Mädchen, als sie sie am 1. April gegen 9 Uhr Miriams Haus verlassen sehen hat, nicht die gleiche Kleidung wie auf den Fotos getragen haben. Auch sie spricht von Lisannes auffälliger Dreiviertelhose und Kris' weißem Oberteil. »Allerdings waren die beiden so auffällig«, sagt sie uns. »Die müssen vielen Menschen aufgefallen sein.« Verónica, die sich schon in den Tagen zuvor mit Kris und Lisanne unterhalten hat, glaubt nicht, dass sie vorgehabt hätten, den Pianista Trail zu wandern. »Bei unserer letzten Begegnung habe ich sie zu meiner Feier eingeladen und sie wollten am Nachmittag auch vorbeikommen. Ich erinnere mich an all das ziemlich genau, weil an diesem 1. April mein Geburtstag war.«

Dass Kris und Lisanne auch über solche Klamottengarnituren verfügt haben, die die Zeugen beschreiben, lässt sich anhand anderer bekannter Fotos eindeutig ablesen. Zudem beschreibt Miriams Sohn Amilcar in seiner polizeilichen Aussage, dass beide Mädchen oft »Jircas« getragen hätten, womit er ebensolche enganliegenden Dreiviertelhosen meint.[101]

Laut Zeugen haben die beobachteten Ausländerinnen müde, erschöpft und orientierungslos gewirkt – davon ist auf den Fotos nichts zu sehen. Genauso wenig Lisannes von Miriam beschriebener schlechter Gesundheitszustand oder Kris' Sonnenbrand, den Eileen am Tag ihres Verschwindens bemerkt haben will. Natürlich kann das äußere Erscheinungsbild täuschen. Aber allein Kris' rote Haare machen es sehr unwahrscheinlich, dass am 1. April ein anderes Touristinnen-Pärchen mit gleichen Merkmalen den Pianista Trail gewandert ist – nur drei Stunden später und anders gekleidet. Hätte es solche Doppelgängerinnen zur gleichen Zeit in Boquete gegeben, wären sie angesichts der intensiven Suche sicher gefunden worden.

Die Ermittler befragen damals alle Herbergen und Hotels der Region nach jungen Frauen mit passender Beschreibung – ohne Ergebnis. Keine Unterkunft beherbergt zum Zeitpunkt des Verschwindens Gäste, die Kris und Lisanne ähnlich gesehen haben. Bei einem »Doppelgängerpärchen« wäre zudem kaum glaubhaft, dass sich diese Frauen trotz der Zeugenaufrufe 2014 nicht bei der Polizei gemeldet hätten. Oder dass sie in Zeiten von Social Media nie auf einen der prominentesten Vermisstenfälle aufmerksam gemacht worden wären.

Im Internet kursieren zahlreiche Theorien darüber, dass die Tagfotos mittels Cropping manipuliert, also Kris und Lisanne aus anderen Bildern ausgeschnitten und in die Szenerie des Pianistas eingefügt worden seien. Dies wäre zumindest eine schlüssige Erklärung für die erheblichen Diskrepanzen bezogen auf die Zeit der Wanderung und die Kleidung der Mädchen. Die theoretische Möglichkeit dafür besteht, und auch uns fällt auf, dass bestimmte Bereiche merkwürdig verzerrt und verschwommen erscheinen, was für die verwendete Kamera eher untypisch ist. Diese Unschärfe tritt auf den Fotos der Mädchen, die vor ihrer Wanderung zum Pianista Trail entstanden sind, nicht auf. Im Gegenteil, die Aufnahmen wirken immer scharf und klar. Bisher jedoch hat niemand beweisen können, dass per »Cropping« manipuliert worden ist. Auf der anderen Seite hat aber auch keiner das Gegenteil herausgestellt.

Wir haben einige Experten mit der Frage konfrontiert, ob die Fotos Hinweise auf Cropping zulassen, und darauf keine befriedigende Antwort erhalten. Es ist höchst unwahrscheinlich, hören wir unisono, aber man könne es nicht ausschließen, da die Qualität der Bilder insgesamt zu schlecht sei. Jedoch müsse derjenige, dem eine solche Manipulation gelungen sei, meisterlich gearbeitet haben. Die einhellige Meinung also: entweder nein oder perfekt.

Der bekannteste über den Fall bloggende Youtuber Juan ist felsenfest davon überzeugt, dass alle Fotos vom Mirador »geshoppt« sind. Seine Beweisführung dafür erscheint uns allerdings als nicht plausibel. Während Bildmanipulationen also zumindest äußerst schwer zu realisieren gewesen wären, hätte hingegen die Manipulation der eingestellten Kamerazeit ein Kinderspiel dargestellt und wäre von den Forensikern wohl nicht aufgedeckt worden. Ein Manipulator hätte Zeit- und Datumseinstellungen nach Belieben verändern können.

Foto 486 (11:25 Uhr): Auf den Weiden von Arco Iris

Kris und Lisanne posieren bis Foto 489 (11:42 Uhr) abwechselnd an den Weiden am unteren Teil des Pianistas. Heute sieht dieser Ort fast gleich aus. Auf den Weideflächen rechts und links des Weges grasen Kühe, Felsen liegen hier und da herum, verknöcherte Bäume sehen aus wie von einem Gemälde. Kurz danach beginnt der Wald, ab hier geht es fast nur noch steil bergauf. Das Blau des

Himmels verschwindet, das tiefe Grün der Bäume prägt das Sichtfeld.

Auf etwa halber Höhe zum Gipfel entsteht um 12:03 Uhr Bild 491. Kris überkreuzt die Beine, ihre Schuhe sind hinter einem Farn versteckt. In einer Hand hält sie zwei verschlossene Plastik-Wasserflaschen. Bei einem weiteren Stopp auf dem Weg zum Gipfel fotografieren Kris und Lisanne einen der Tunnel, für die der Pianista-Weg in Boquete bekannt ist. Dabei handelt es sich um eine Art Schlucht mit meterhohen Wänden aus Gestein und Erde. Diese Tunnel bilden bis zu 50 Meter lange Gänge, die so schmal sind, dass keine zwei Personen nebeneinander gehen können. An ihren höchsten Stellen sind sie etwa drei Meter hoch.

Das Selfie 495 von Kris wird um 13 Uhr bereits auf dem Mirador aufgenommen. Dass die Mädchen zu diesem Zeitpunkt schon den Gipfel erreicht haben, bedeutet einen schnellen Aufstieg – vor allem für Ortsunkundige ohne Guide, die wie Kris und Lisanne zwischendurch Fotostopps einlegen. Der rund vier Kilometer lange Pfad nach oben gabelt sich an zwei Stellen, eine Markierung fehlt. So kommen Wanderer häufig vom Weg ab und müssen sich neu orientieren. Zudem soll Lisanne unter Atemproblemen gelitten haben, auch ihre Füße bereiteten wohl Probleme.

Sollten die Mädchen Opfer eines Deliktes geworden sein, könnte der zügige Aufstieg darauf hindeuten, dass sie bereits in Begleitung einer unbekannten, ortskundigen Person gewesen sind. Theoretisch möglich bis zum Waldeingang ist auch die Mitfahrt in einem Fahrzeug.

Auf Bild 498 strecken die Freundinnen lachend ihre Daumen nach oben – ihr letztes gemeinsames Foto. Es ist der 1. April 2014, 13:01 Uhr.

Foto 498 (13:01 Uhr): Auf dem Mirador

Es folgen vier Bilder, auf denen Kris und Lisanne – nun mit offenen Haaren – abwechselnd auf der Süd- und Nordseite des windigen Miradors posieren. (499-502) Ihre Körper werfen lange Schatten in der Mittagssonne, während sie triumphierend ihre Daumen recken. Doch aufmerksame Betrachter runzeln die Stirn. Wo bleiben die Spuren des beschwerlichen Aufstiegs? Weder Schweißperlen noch Erschöpfung zeigen sich in den Gesichtern der Wanderinnen. Stattdessen wirken ihre Wangen glatt und rosig, die Haare frisch und glänzend. Immerhin liegt der Mirador in einer luftigen Höhe von rund 2000 Metern, und der Pfad hinauf ist selbst für geübte Wanderer nicht durchgehend einfach zu gehen. Umso erstaunlicher wirkt die Leichtigkeit, mit der Kris und Lisanne sich vor der Kulisse zeigen.

Ihre Bewegungen scheinen einstudiert, die gen Himmel gereckten Daumen wie auf Kommando. Eine Geste, die man vergeblich in ihrem bisherigen Urlaubsfundus sucht. Ihre Pose ist so untypisch, dass sie auch Lisannes Eltern verwirrt. Vielleicht liegt des

Rätsels Lösung in einer mysteriösen Person, die zum Zeitpunkt der Aufnahmen bei den Mädchen gewesen ist. Dass Internetdetektive hier einen einschlägigen Verdächtigen ausgemacht haben wollen, zeigen wir im Kapitel »Verbrechenstheorien«.

Vom Mirador genießen Wanderer an klaren Tagen eine traumhafte Aussicht und können sowohl den Pazifischen Ozean in 70 Kilometern Entfernung wie auch das Karibische Meer, das etwa 30 Kilometer entfernt liegt, erkennen. Kris und Lisanne hetzen hier allerdings eher rüber. Aus unerfindlichem Grund lassen sie sich kaum Zeit und knipsen in knapp 100 Sekunden acht Fotos, während sie von einem Ende des Gipfels zum anderen springen und zwischendurch immer die Kamera wechseln.

Nach dem Fotostopp auf dem Gipfel geschieht das Unfassbare – Kris und Lisanne wenden sich vom offiziellen, hier endenden Pianista Trail ab und laufen die andere Seite des Miradors hinunter, hinein ins Ungewisse. Diese fatale Entscheidung soll ihr Schicksal besiegeln. Das Bild 505, aufgenommen um 13:20 Uhr, lässt viele Betrachter erschaudern, die darin die Ahnung des kommenden Unheils erkennen.

Zu sehen ist Kris unter dem dichten Blätterdach in einem Bergtunnel. Gebückt, mit geschlossenen Augen und verzerrtem Gesicht scheint sie die Hände auf dem Rücken verschränkt zu halten, als sei sie gefesselt. Wenn man das etwas bizarr anmutende Foto vergrößert, erkennt man jedoch, dass Kris sich die rechte Hand flach auf die Stirn legt, um sich möglicherweise vor der Sonne zu schützen, die zwischen den Blättern hindurchscheint. Ihre Füße sind hinter einem auf dem Trail liegenden Stein verborgen, in der Seitentasche ihrer Jeans steckt eine der Plastikwasserflaschen.

Foto 505 (13:20 Uhr): Hinter dem Mirador

Nach einem weiteren Foto von den Felswänden entstehen 34 Minuten lang keine weiteren Aufnahmen. Die letzten beiden Tagfotos werden am Bach Pittí (Quebrada 1) aufgenommen.

Foto 507 (13:54 Uhr): Am Bach Pitti (Quebrada 1)

Bild 507 (13:54 Uhr) zeigt Kris von hinten auf einem Stein vor dem Bachlauf, den sie dem Anschein nach gerade über die im Wasser liegenden Felsen überqueren will. Auffällig ist, dass ihre Unterschenkel und ihre Hose jetzt verschmutzt sind, was darauf schließen lassen könnte, dass sie in der Zwischenzeit eine der Tunnelwände gestreift hat, da diese mitunter so eng sind, dass man ohne Berührung kaum gehen kann. Vielleicht ist sie auch ausgerutscht und gestürzt. Außerdem weist ihre Jeanshose ein kleines Loch auf, das sich ebenfalls auf den Fundfotos ihrer Hose wiederkennen lässt.

Foto 508 (13:54 Uhr): Das letzte Bild am Quebrada 1

Nur acht Sekunden später dreht sich Kris um, blickt für Bild 508 direkt in die Kameralinse. Fahl und blass liegen ihre Züge, die Augen ohne Glanz. Ist es nur das Spiel der Schatten oder steckt mehr dahinter? Eine große Anzahl Internetdetektive glaubt, in diesem Gesichtsausdruck eine deutliche Stimmungsänderung erkennen zu können – als wäre in der Zwischenzeit etwas geschehen, das Kris verunsichert hat. Zwar umspielt ihre Lippen ein leichtes Lächeln, doch es wirkt aufgesetzt und erreicht nicht die Fröhlichkeit, die Momente zuvor noch vorherrschend gewesen sein muss.

Auf dieses letzte bekannte Tagfoto folgt vielleicht der größte Streitpunkt des gesamten Falles: das gelöschte Foto 509. An dieser Stelle lassen wir den verdutzten Experten des NFI mit all seiner Expertise einfach mal selbst zu Wort kommen:

Mir ist aufgefallen, dass in der oben genannten Fotoserie eine Datei fehlte: "IMG_0509.JPG". Ich sah, dass dies eine auffällige Tatsache war, denn das vorherige Foto "IMG_0508.JPG" (…) war auf den 1. April 2014 um 13:54 Uhr datiert und das nachfolgende Foto "IMG_0510.JPG" wies das Datum 8. April 2014 und Uhrzeit 01:29 Uhr auf. Außerdem fiel mir auf, dass auf "IMG_0510.JPG" eine Serie von 100 Fotodateien mit dunklen, nächtlichen Aufnahmen folgte, die schwer zu lokalisieren waren. Ich wurde vom Untersuchungsteam gebeten, weiter zu untersuchen, ob sich Spuren dieser fehlenden Datei auf dem Datenträger befinden.

Mit dem Programm Encase durchsuchte ich die Evidence-Files des Datenträgers sehr umfangreich nach Spuren der fehlenden Datei. Dabei ging ich davon aus, dass die Datei wahrscheinlich zu einem unbekannten Zeitpunkt nach dem 1. April 2014 13:54 manuell gelöscht worden war. Im FAT32-Dateisystem des Datenträgers konnte ich jedoch keine Spur dieser fehlenden Datei finden. Daraufhin habe ich mit dem Datenrettungsprogramm Photorec, Version 6.14, der Firma CGSecurity den freien Speicherplatz (nicht zugewiesene Cluster) des Datenträgers nach Resten von Fotodateien durchsucht, die aus diesem Speicherplatz noch gerettet werden könnten. Dieses Programm erzielt in der Regel sehr gute Ergebnisse. [...] Die Ergebnisse des Programms Photorec lieferten keine Spur des fehlenden Bildes "IMG_0509.JPG".[102]

Der Forensiker erstellt eine Reihe weiterer Analysen und erkennt, dass die Dateisektoren von 508 nahtlos zum folgenden Foto 510 passen. Wäre 509 aufgenommen und dann manuell gelöscht worden, hätte man dies normalerweise anhand einer Lücke im Dateisystem bemerken müssen. Keines der zuvor auf der Kamera gelöschten Fotos, die mittels forensischer Software wiederhergestellt werden konnten, hat einen solchen Fehler im Dateisystem verursacht. Am Ende ist der Experte mit seinem forensischen Latein am Ende und zieht ein trockenes Fazit: »Es war mir nicht möglich, den genauen Zeitpunkt des Löschens der Datei oder die Umstände des Löschens näher zu bestimmen.«[103]

Zwischen Tag- und Nachtaufnahmen klafft eine Lücke. Ausgerechnet das potenziell entscheidende Foto – entweder das letzte vor oder das erste nach dem Zwischenfall – fehlt. Sein Verschwinden nährt den Verdacht auf eine gezielte Löschung. Dabei könnte es erhellen, was den Mädchen zugestoßen ist. Spekulationen kreisen um die Abbildung eines Täters oder Beweises, der ein Verirren im Wald ausschließt. Der Schuldige selbst oder jemand, der ein Verbrechen vertuschen will, könnte das Bild entfernt haben.

Inzwischen haben mehrere Experten und Journalisten versucht, die Umstände des Verschwindens von Foto 509 nachzustellen. Mithilfe identischer Kameramodelle haben sie Tests durchgeführt – bislang ohne schlüssige Erklärung.

Matt von Imperfect Plan fasst basierend auf elf Experimenten fünf mögliche Ursachen zusammen. Eine Fehlfunktion der Kamera schließt er praktisch aus, was die Einschätzung der Firma Canon bestätigt. Auch eine versehentliche Löschung durch die Mädchen hält er für quasi ausgeschlossen, eine absichtliche für sehr unwahrscheinlich.[104]

Die Macher der TV-Serie *Lost in the Wild* haben die Situation ebenfalls nachgestellt und festgehalten, dass der Fotograf das Foto 509 nicht gelöscht haben kann, bevor er das nächste geknipst hätte. Denn auf diese Weise hätte das darauffolgende nicht, wie geschehen, die Nummer 510 erhalten, sondern die frei gewordene 509.[105]

Auch die Autoren von *Lost in the Jungle* führen Tests mit der Kamera durch und entdecken die haarsträubende Möglichkeit, dass die Mädchen nach dem Aufnehmen von Bild 508 die Speicherkarte entfernt und eine neue eingelegt hätten, sodass das nächste Foto auf dieser als 509 gespeichert worden sei. Danach hätten sie die SD-Karten wieder gewechselt und das folgende Foto auf der gefundenen Speicherkarte die Nummer 510 erhalten. Unabhängig davon, dass es keinen Grund für eine solch merkwürdige Aktion gegeben hätte, ist nicht bekannt, dass Kris und Lisanne eine zweite SD-Karte mitgeführt haben.

Doch genau das behaupten die Autoren, indem sie die Geschichte eines panamaischen Ermittlers erfinden, der ihnen verraten haben will, dass im Rucksack zwei Speicherkarten gefunden worden seien.[106] Da davon an keiner Stelle in den Akten zu lesen ist, unterstellen wir hier eine bloße Erfindung dieser Episode. Die Autoren haben wohl gemeint, sich diese leisten zu können, da sie davon ausgegangen sind, nur sie hätten Einsicht in die Akten. Dass Matt von Imperfect Plan diese auch hat, wissen sie zum Zeitpunkt des Verfassens ihres Buches nicht. Der Imperfect-Plan-Blogger weist sie allerdings nach Erscheinen des Werkes per Mail auf die Unstimmigkeit mit den zwei Speicherkarten hin, was zur Folge hat, dass die Autoren aus der internationalen Version ihres Buches die Passage klammheimlich entfernen und den Wechsel der SD-Karte nur noch als theoretische Möglichkeit darin belassen. Da sie dies für die niederländische Version des Buches nicht tun, kommt es zu heftigen Diskussionen im *r/KremersFroon*-Subreddit, bis Redditoren herausfinden, dass sich die Werke an prägnanten Stellen unterscheiden.[107]

Selbst wenn Lisanne Foto 509 theoretisch nach dem Erstellen gelöscht und die nächste Nummer übersprungen hätte, bleibt die Frage: Warum sollte sie das in einer Notsituation tun? Zuvor hat sie misslungene Aufnahmen immerhin auch nicht entfernt und der Speicherplatz der Karte ist mehr als ausreichend gewesen.[108] So bleibt das Rätsel um das verschwundene Foto 509 untrennbar verwoben mit dem Schicksal der beiden Freundinnen selbst.

Nachtfotos

Zwischen dem letzten Tagfoto 508 und dem ersten Nachtfoto 510 liegen sieben Tage, zwölf Stunden und 25 Minuten. Warum außer dem gelöschten Foto über diese Zeitspanne keine Aufnahmen gemacht worden sind, lässt sich nicht erklären. Die Kamera könnte entweder nicht funktionsfähig oder für die Mädchen nicht erreichbar gewesen sein. Vielleicht sind sie mit Überleben im Wald beschäftigt gewesen und denken nicht an die Kamera. Die Nachtfotoserie besteht aus insgesamt 100 Fotos, die am 8. April zwischen 1:29 und 4:10 Uhr morgens aufgenommen und mit den Nummern 510 bis 609 auf der SD-Karte abgespeichert werden. Weder ist der Ort bekannt, an dem sie entstanden sind, noch ist klar, was sie zeigen oder zeigen sollen. Letztendlich gibt es nicht mal einen Beweis dafür, dass Kris oder Lisanne die Fotografen gewesen sind, und auch nicht, ob sie zum Zeitpunkt des Entstehens der Bilder noch am Leben gewesen sind.

Foto 511 (1:30 Uhr): Nachthimmel, Tropfen, v-förmiger Baum

Foto 542 (1:38 Uhr): Felsen

Es sind größtenteils diese unerklärlichen, mysteriös wirkenden Fotos in der Dunkelheit, die Menschen auf der ganzen Welt verstören und den Fall in seiner Unheimlichkeit maßgeblich prägen. Unter Internetdetektiven gilt als unausgesprochene Devise: Wer den Ort der Nachtfotos findet beziehungsweise ihn bestimmen kann, der kann auch das Rätsel des Verschwindens von Kris und Lisanne aufklären. Deshalb werden immer wieder private Expeditionen in den Urwald von Bocas unternommen. Hier haben sich vor allem die Blogger von Imperfect Plan und Romain Casalta hervorgetan, der versucht, das Gebiet mit Drohnen zu erschließen.

Bei allem Respekt vor ihren Anstrengungen, die Orte zu kartographieren und zu dokumentieren und sie so für andere erfahrbar und erschließbar zu machen, halten wir das Bemühen, auf diese Weise den Ort der Nachtfotos zu finden, für aussichtslos. Annette ist tagelang durch verschiedene Regionen des Waldes gewandert und hat dabei festgestellt, dass sich alles sehr stark ähnelt und ständig verändert. Nach einem Sturm liegt kaum noch ein Stein am selben Platz, Bäume verlieren ihre Blätter oder knicken um. Die Pflanzen wachsen in einem rasanten Tempo und der starke Regen spült alles weg, was nicht niet- und nagelfest ist. Außer der Bewirtschaftung von ein paar Viehweiden gibt es keinen menschlichen Einfluss in der Gegend, sodass der Wald weitgehend unberührt ist. Es ist also wahrscheinlich, dass es bereits wenige Monate oder gar Wochen nach dem 1. April 2014 unmöglich gewesen ist, den Ort der Nachtfotos zu bestimmen. Einzig, wenn sie im Bereich der Paddocks entstanden wären, hätte eine realistische Chance bestanden, denn hier wäre ein Fotospot eventuell anhand von Pfählen, Brücken oder Ähnlichem zu erkennen gewesen.

Besonders auffällig in der Nachtfotoserie erscheint die Frequenz, in der zwischen den einzelnen Fotos durchschnittlich weniger als zwei Minuten liegen. Da die Bilder bei völliger Dunkelheit geknipst worden sind, ist so gut wie sicher, dass bei allen der Blitz zum Einsatz gekommen ist. Zudem scheint ein Großteil der Fotos vor der Lieferung an das NFI bearbeitet worden zu sein, was vor allem Licht- und Kontrastaufhellungen betrifft. Nach Analyse verschiedener privat ermittelnder Experten sind alle Fotos am gleichen Ort aufgenommen worden, möglicherweise sogar aus ein und derselben Position heraus. Imperfect Plan ist es gelungen, die vorhandenen Bilder so zusammenzulegen, dass sie eine Art Rundumsicht ermöglichen.[109] Wahrscheinlich sind demnach die Fotos aus liegender oder sitzender Perspektive heraus gemacht worden, wobei die Kamera nach oben gerichtet gewesen sein muss.

Die Nachtaufnahmen zeichnen ein beklemmendes Bild. Der Himmel ist durchsetzt mit winzigen Lichtpunkten und umrahmt vom dichten Blätterdach des Waldes. Immer wieder taucht ein Baum mit markanter v-förmiger Astgabelung auf. Links ragen die Konturen einer Felswand oder Schlucht empor, überwuchert von Büschen und Ranken. Aus dem Dickicht fällt geisterhaftes Licht, wie ein Schauer herabstürzender Irrlichter. Die Kamera hält eine befremdliche Szenerie fest – keine Spur von Zivilisation, kein Weg hinaus aus dem labyrinthartigen Wald. Die Vermutung, dass es sich bei den vielen Lichtpunkten um Regentropfen handelt, liegt nahe, auch da ein Gutachten der Wetterstation zum angegebenen Zeitpunkt starke Regenfälle verzeichnet.[110] Es könnte sich allerdings alternativ um Gischt eines Wasserfalls oder Kondensat in der Luft handeln.

Auf einigen Bildern erkennen wir weiße und rötliche Objekte. Durch Tests mit dem gleichen Kameramodell und unter vergleichbaren Bedingungen analysiert Imperfect Plan diese als Reflexionen menschlicher Haut.[111] Tatsächlich bemerken wir auf einigen Aufnahmen Teile eines Fingers, wahrscheinlich den des Fotografen, der versehentlich ins Bild gerät. Auf zwei Fotos scheinen sogar Gesichtskonturen und Körperbehaarung sichtbar zu sein. Möglicherweise zeigt Foto 541 (1:37 Uhr) die Konturen eines Kinns und einer Wange sowie Haarsträhnen. In diesem Fall muss sich eine zweite Person vor der Kamera befunden haben, die unabsichtlich von der Seite mit aufgenommen worden ist.

Auf vielen Fotos meinen Online-Ermittler alles Mögliche erkennen zu können – von Raubtieren über Kannibalen und Leichen bis hin zu Geistern oder anderen paranormalen Erscheinungen. Das Phänomen ist aber nicht übernatürlicher Art, sondern nennt sich Pareidolie. Darunter versteht die Psychologie Bilder, die das Gehirn aus Mustern – in diesem Fall aus Felsformationen und Pflanzenbewuchs – erzeugt, um Unerklärliches erklärbar zu machen. Vom logischen Standpunkt aus betrachtet scheinen die meisten der Aufnahmen nichts Tatsächliches festhalten zu wollen, wirken willkürlich und sind nicht fokussiert. Die Vermutung liegt nahe, dass es dem Fotografen vielmehr darum gegangen ist, die Kamera als Lichtquelle zu benutzen, entweder um etwas sichtbar zu machen, das ihn erschreckt hat, oder um es durch den Blitz zu verjagen.

Die wahrscheinlichste Deutung ist aber, dass jemand durch das Blitzlicht auf sich aufmerksam machen will. Möglicherweise hat der Fotograf zuvor ein unheimliches Geräusch in der Umgebung gehört oder in der Ferne eine unbestimmbare Lichtquelle gesehen, die ihm Hoffnung auf Rettung versprochen hat. Gerüchte in Internetforen streuen immer wieder, dass in dieser Nacht Rettungshubschrauber unterwegs gewesen sind. Darüber haben wir keine Informationen in den vorliegenden Suchprotokollen gefunden. Auch nicht über Suchtrupps, die im Wald übernachtet und mit Licht- und Schallsignalen nach Kris und Lisanne gesucht haben.

Wir finden nur eine Meldung von *NOS-News*, die sich auf Marc Bessems beruft. Der niederländische Korrespondent will erfahren haben, dass Urwaldspezialisten, die nachts in der Gegend geblieben seien, laut geschrien und versucht hätten, die Frauen mit Lichtsignalen auf sich aufmerksam zu machen.[112] Möglicherweise meint er damit eine Expedition, die der Fremdenführer Plinio anleitet. Am 15. April teilt dieser über seine Facebook-Seite ein Foto von der tief im Wald von Bocas del Toro liegenden Finca Laureano, in der SENAFRONT-Truppen campieren, nachdem sie hier mit ihrem Hubschrauber gelandet sind.[113]

In der Serie der Nachtaufnahmen ragen drei Fotos mit konkreten Motiven heraus. Sie durchbrechen das scheinbar zufällige Muster und könnten wichtige Hinweise liefern. Diese Aufnahmen wirken gezielt und fokussiert, nicht zufällig – als wolle der Fotograf eine Botschaft senden. Sie haben maßgeblich die Deutungen des Journalisten Jeremy Kryt befeuert und die Diskussion um die Nachtserie angeheizt. Wir stellen sie im Folgenden vor.

Foto 550 (8. April 2014, 1:39 Uhr)

Foto 550 (1:39 Uhr): Marker

Dieses bearbeitete, zumindest gedrehte Bild ist in mehrfacher Hinsicht wertvoll für die Klärung des Falles und wirft einige unbeantwortete Fragen auf. Der Blick des Fotografen scheint nach vorne gerichtet, wir erkennen so das Bodenareal des Ortes. Hinter einem massiven erodierten Felsen sehen wir deutlich eine Wasserbewegung, die darauf schließen lässt, dass das Bild an einem Bachlauf aufgenommen worden ist. Man erkennt auch eine typische hier vorzufindende mit Moosen bewachsene Felswand am gegenüberliegenden Ufer. In der Mitte des Baches hebt sich ein Fels empor. Darauf liegt ein Ast, an dem zwei rote Objekte befestigt sind. Es handelt sich wahrscheinlich um Plastiktüten, wie sie von dieser Art zahlreich in Supermärkten in Boquete ausgehändigt worden sind. Einige Deutungen legen nahe, dass es sich um ein selbstgefertigtes Werkzeug handeln könnte, um Wasser aus dem Bach zu schöpfen, Regen aufzufangen oder Tiere zu vertreiben. Andere weisen darauf hin, die Stelle könne aus triftigem Grund markiert worden sein, zum Beispiel um sie wiederzufinden, wie etwa den Fluss als Wasserquelle oder eine Grabstätte.

Am plausibelsten erscheint uns die Erklärung, dass es sich um eine Konstruktion handelt, mit der ähnlich wie mit dem Blitzlicht bei Nacht Signale am Tag gegeben werden sollten, um damit Suchtrupps, vor allem Hubschrauber, auf sich aufmerksam zu machen. Man kann vermuten, dass Kris und Lisanne tagsüber auch Teile ihrer Kleidung zu diesem Zweck daran befestigt haben.

Doch vielleicht birgt die Konstruktion auch eine ganz andere Botschaft. Was, wenn sie Teil eines perfiden Plans ist? Aufgestellt von jemandem, der die Welt glauben machen will, zwei junge Frauen seien hilflos im Dschungel verloren gegangen? Schließlich bleibt uns verborgen, ob das ominöse Objekt von Kris und Lisanne gefertigt worden ist.

Neben dem Ast erkennen wir ein Stück zerrissenes Papier, das auch bei starker Vergrößerung den aufgebrachten Schriftzug nicht eindeutig erkennen lässt.

Foto 576 (8. April 2014, 1:46 Uhr)

Foto 576 (1:46 Uhr): "SOS"

Das unbearbeitete Foto zeigt einen Felsen, auf dem sich zerrissene Papierstücke, Toilettenpapier und wahrscheinlich der Riemen von Lisannes Kameratasche befinden. Einige Hobby-Ermittler erkennen in diesem Gebilde den Versuch, den Schriftzug SOS zu formen. Auch ein rundes, dazwischen positioniertes, glänzendes Objekt, das oftmals für einen Taschenspiegel gehalten wird, stützt die These, dass hier jemand Hilfesignale aussendet. Wahrscheinlich handelt es sich bei der Scheibe um die abgeschnittene Unterseite einer Pringles-Chipsdose – eine solche ist auch im Zimmer der Mädchen und in der Plastiktüte am Piedra de Lino Trail gefunden worden.

Bis zur Veröffentlichung des Originalfotos halten Internetdetektive das Bild für eine Fälschung des Journalisten Jeremy Kryt. Wir können bestätigen, dass es sich zusammen mit den anderen auf der SD-Karte befunden hat. Inzwischen haben andere Online-Ermittler herausgefunden, dass es sich bei dem Papier auf diesem Bild in Teilen um eine zerrissene Touristenkarte handelt. Diese studiert Lisanne auf einem Foto, das sie am 30. März im Bistro Boquete zeigt, wo die Mädchen zu Mittag essen. Auch wenn wir wissen, dass Kris und Lisanne eine solche Karte von ihrer Spanischschule erhalten haben, könnte sie natürlich ebenso gut von jemand anderem stammen. Alles in allem gibt Foto 576 aber einen eindeutigen Hinweis auf Utensilien, die Kris und Lisanne dabeigehabt haben.

Foto 580 (8. April 2014, 1:49 Uhr)

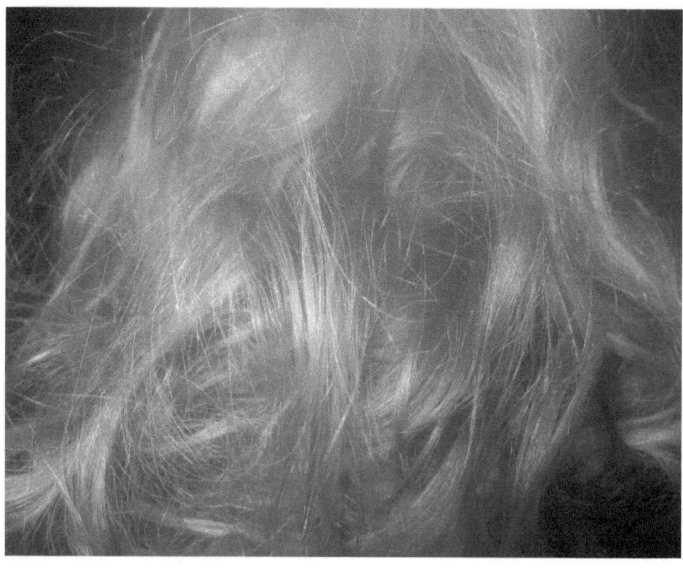

Foto 580 (1:49 Uhr): Hinterkopf

Das Foto 580 ist das beunruhigendste und meistdiskutierte der Serie. Zu sehen ist der Hinterkopf einer Rothaarigen – höchstwahrscheinlich Kris. Doch eine eindeutige Identifizierung ist nicht möglich. Ebenso wenig lässt sich sagen, ob sie zum Zeitpunkt der Aufnahme noch am Leben ist. Was die Betrachter irritiert und verstört: ihre makellos sauberen Haare, als wären sie frisch gewaschen. Dabei müsste Kris nach über einer Woche im Dschungel gezeichnet sein von Schmutz und Entbehrung. Doch in ihren roten Strähnen ist keine Spur davon zu entdecken – keine Erde, keine Pflanzenreste. Stattdessen wirken sie trocken und seidig, ganz im Kontrast zu den Regentropfen in den anderen Aufnahmen. Manche sagen, sie ähnelten einer Perücke.

Erstmals bekannt wird das Foto im Dezember 2014 durch die Veröffentlichung in der niederländischen Fernsehsendung *Een Vandaag*. Als Jeremy Kryt Zugang zu den Original-Aufnahmen erhält, will er eine klaffende Wunde an einer im TV-Beitrag verdeckten Stelle erkannt haben. Bis das Foto 2019 geleakt wird, spekuliert die Online-Community über eine mögliche Misshandlung, einen Sturz oder Tierangriff auf Kris. Auch die Theorie manifestiert sich, Lisanne habe Kris' Hinterkopf fotografiert, damit diese die Wunde selbst sehen könne. Noch heute kolportieren unzählige Podcasts und Videos diese längst widerlegte Geschichte.

Obwohl selbst in Kenntnis des Originalfotos noch Betrachter behaupten, eine Verletzung am gezeigten Hinterkopf zu erkennen, können wir dergleichen nicht mal mit Fantasie feststellen und verweisen noch mal auf das Phänomen der Pareidolie. Einige Hobby-Ermittler sind der festen Überzeugung, das Bild zeige nicht Kris' Hinterkopf, sondern ihr Gesicht, das von ihren nach vorne geworfenen Haaren verdeckt wird. Sie machen darin Augen, Nase und Mund fest.

Die einzige Auffälligkeit, die sich unserer Meinung nach hinter den Haarsträhnen erkennen lässt, ist ein Gebilde an der linken Seite ihres Kopfes, das auf den ersten Blick tatsächlich wie eine Zahnreihe wirkt, sich bei näherer Betrachtung jedoch als Perlenohrring herausstellt, den Kris auch auf anderen Fotos trägt. Womit gleichzeitig ein deutlicher Hinweis dafür gegeben ist, dass es sich auf dem Foto tatsächlich um Kris – tot oder lebendig – handelt.

Die Handydaten

Das Telefonprotokoll

Die extrahierten Handydaten sind neben Fotos und Fundstücken zentrale Puzzlesteine, um das Geschehen vom 1. April zu rekonstruieren. Da es nicht ganz einfach ist, hier eine Übersicht zu behalten, haben wir eine vereinfachte Tabelle der relevanten Daten in den Anhang gestellt. Das daraus ersichtliche Telefonverhalten wirft mehr Fragen auf, als es beantwortet. Die mannigfaltigen Interpretationsmöglichkeiten der erhobenen Daten lassen so viel Raum für Spekulationen in verschiedene Richtungen zu, dass es äußerst schwierig ist, der Wahrheit näherzukommen. Die Forensiker des NFI gehen bei ihrer Auswertung auch in dieser Untersuchung nach rein technischen Gesichtspunkten vor und bieten keine Rekonstruktion der Geschehnisse an. Sie analysieren allerdings unter der Annahme, dass Kris und Lisanne hinter dem Mirador verschwunden sind, was sie aufgrund nicht vorhandener Standortdaten auch nicht infrage stellen. Sie wissen nicht, dass es berechtigte Zweifel an Zeit und Ort des Verschwindens von Kris und Lisanne geben wird.

Trotzdem gibt die Untersuchung der Telefone bereits deutliche Hinweise darauf, dass Daten manipuliert worden sind.

Zunächst können wir festhalten, dass auf den Handys keine Spuren von DNA nachgewiesen werden, dafür aber sechs daktyloskopische Spuren[114], die jedoch kein vollständiges Profil ergeben. Je ein Digitalexperte des zuständigen Cold-Case-Teams erstellt pro Handy auf Grundlage einer vom NFI angefertigten forensischen Digitalkopie ein Nutzungsprotokoll, für das auf Daten zwischen dem 1. und 11. April zurückgegriffen werden kann. Die wichtigsten Analysedaten (Logfiles) erhalten die Forensiker anhand der im Mobiltelefon gespeicherten Bootlogs und Powerlogs.

Bootlogs geben Aufschluss über den Zeitpunkt des Hochfahrens eines Telefons oder über die Eingabe einer SIM-PIN. Aus den

Powerlogs können Nutzungsdaten ausgelesen werden, etwa zu Signalstärke, Akkuverbrauch, Kameranutzung oder diversen Apps.

Die Zeiteinstellungen auf Kris' Telefon sind während ihrer Verweildauer in Panama weiterhin auf die niederländische Zeitzone eingestellt, und dies, so bemerkt der zuständige Kriminalist, obwohl das auf dem iPhone laufende Betriebssystem iOS 7.0.6. sich in der Regel automatisch umstelle.

Für seine Analyse rechnet der Forensiker die erhaltenen Daten in lokale Zeit um, indem er sieben Stunden abzieht. Im Gegensatz zum iPhone ist das Samsung-Telefon auf Lokalzeit eingestellt. Obwohl der panamaische Ermittler in seinem Bericht erwähnt, dass er Lisannes Handy aufgrund einer geforderten PIN-Eingabe nicht habe öffnen können, stellt sein niederländischer Kollege fest, dass kein PIN-Code zur Bedienung des Telefons notwendig gewesen ist. Kris' Telefon hingegen habe beim Anschalten zunächst einen Entsperrcode und anschließend ihre persönliche PIN-Nummer für die SIM-Karte angefordert.

Um die Erkenntnisse aus den Log-Dateien nachvollziehen zu können, haben wir mehrere Experten um ihre Einschätzung gebeten. Vor allem der iPhone-Sammler und Spezialist Francisco Antelo Conde konnte dazu beitragen. Mit einem iPhone 4 hat er unter gleichen technischen Bedingungen mehrere Feldversuche durchgeführt, anhand derer wir uns die protokollierten Nutzeraktivitäten veranschaulichen konnten. Kontrolltests dazu hat der zertifizierte Cloud- und Netzwerk-Experte Jan B. durchgeführt, dem wir dafür exklusiv Daten zur Verfügung gestellt haben.[115]

Dienstag, 1. April

Nach Vergleichen mit den Kameradaten und verschiedenen Ermittlungsergebnissen der panamaischen Behörden gehen die niederländischen Spezialisten davon aus, dass Kris und Lisanne ihre Wanderung am 1. April 2014 gegen 11 Uhr auf dem Pianista Trail begonnen haben. Um 13.54 Uhr erreichen sie die Quebrada 1, wo die letzten Fotos des Tages aufgenommen werden. Zu diesem Zeitpunkt haben beide Handys keinen Kontakt mehr zum GSM-Netzwerk, der vorher sporadisch besteht. Ab dem Bach verliert sich jede Spur für die weitere Route, die die Mädchen genommen haben könnten. Um 16:39 Uhr wird zum ersten Mal die niederländische Notrufnummer 112 auf dem iPhone, zwölf Minuten später, also um 16:51 Uhr, auf dem Samsung angewählt. Nach Auskunft der panamaischen Notrufzentrale werden dort keine eingehenden Notrufe registriert.

Es ist klar, dass zwischen dem Aufenthalt am Quebrada 1 und den Notrufversuchen etwas passiert sein muss. Wären die Mädchen in ihrem bisherigen Tempo weitergelaufen, hätten sie die erste Monkey Bridge erreicht, die etwa fünf Kilometer vom Mirador entfernt liegt. Daraus lässt sich schließen, dass sie hier gemerkt haben, dass sie nicht mehr weiterkommen. Allerdings hätten sie sich in dieser Zeit genauso auf den Paddocks, die sie passiert hätten, verlaufen können. Theoretisch könnten sie an einer anderen Stelle den Trail verlassen oder sich auch überhaupt nicht vom Fleck bewegt haben. Es ist für alle Versionen denkbar, dass sie gedacht haben, sie würden auf dem eingeschlagenen Weg zurück nach Boquete kommen, später dann aber gemerkt hätten, dass sie sich auf einem Irrweg befinden, und deswegen versucht haben, telefonisch Hilfe zu bekommen.[116]

Sollten sie zum Zeitpunkt des Notrufs in Begleitung gewesen sein, könnten sie festgestellt haben, dass derjenige, dem sie möglicherweise blind vertraut haben, eine Gefahr für sie darstellt, und daher – vielleicht zunächst heimlich – versucht haben, die Notrufzentrale zu kontaktieren. Es könnte jemand gewesen sein, der sie bewusst hinter den Mirador gelockt hätte, etwa mit dem Versprechen, ihnen versteckte Wasserfälle zu zeigen oder sie auf kürzerem Wege zurück nach Boquete zu führen.

Sie könnten hier unten natürlich ebenso auf jemanden gestoßen sein, der im Dschungel unterwegs gewesen ist und ihnen böse hätte mitspielen wollen. Auch ein Streit mit einer unbekannten Person an dieser Stelle erscheint denkbar, wie auch die Möglichkeit, dass sie auf Gelegenheitstäter mit unterschiedlichen Motiven getroffen sind. Die Beschädigungen am Rucksack könnten von einer Machete oder einem Zaunpfahl herrühren. Eventuell beobachten Kris und Lisanne zufällig ein Drogengeschäft und stellen für die Schmuggler, die ihre Waren über die versteckten Dschungelpfade zwischen der Küste Bocas del Toros und Boquete hin- und herschieben, ein Sicherheitsrisiko dar.

Dagegen spricht, dass sie nur zweimal mit zwölf Minuten Abstand den Notruf wählen. Das deutet nicht auf Panik hin, eine schwere Verletzung scheidet somit eher aus. Sollten sich die Mädchen lediglich verirrt haben, könnten sie sich noch sicher sein, allein zurechtzukommen. Um 17:52 Uhr werden plötzlich beide Telefone gleichzeitig ausgeschaltet. Auch das spricht deutlich gegen eine lebensbedrohliche Verletzung durch etwa einen Sturz.

Die meisten Befürworter eines Lost-Szenarios kommen zu der Ansicht, dass Kris und Lisanne allein aufgrund ihres Wissens um das fehlende Empfangssignal weitere Anrufversuche unterlassen. Doch würden in Panik geratene oder verängstigte Menschen dann wirklich nur ein einziges Mal von einer bestimmten Stelle aus den Notruf wählen? Foulplay-Theorien gehen davon aus, dass ihnen die Handys zum entsprechenden Zeitpunkt abgenommen werden oder sie aufgefordert werden, sie auszustellen. Dass nun folgend beide Handys 13 Stunden ausgeschaltet bleiben, ist mit der Theorie eines Verirrens im Wald schwer vereinbar. Laut Wettergutachten herrscht vom 1. bis 6. April Neumond. Ohne Mond- oder Taschenlampenlicht eine Nacht im undurchdringlichen Dickicht zu verbringen, erscheint uns höchst unrealistisch angesichts der bedrohlichen Geräuschkulisse nachtaktiver Tiere.

Die gängige Erklärung, die Mädchen hätten Akku sparen wollen, überzeugt in diesem Szenario ebenfalls nicht. Zu diesem frühen Zeitpunkt besteht für sie kein Anlass zur Annahme, am nächsten Tag nicht gefunden zu werden oder allein nicht zurückzufinden. Zudem bleibt WLAN auf Lisannes Samsung-Handy konstant eingeschaltet – kaum Zeichen für Bemühungen um Stromsparmaßnahmen.

Mittwoch, 2. April
Erst nach 13 Stunden Stille werden die Handys an diesem Morgen wieder aktiv. Zunächst wählt das Samsung um 6:58 Uhr den Notruf 112, wird aber sofort wieder ausgeschaltet. Um 8:12 Uhr startet das iPhone, jemand stellt den Signalscan auf höhere Frequenzen von »nur 2G« auf »2G und 3G« um. Danach wird umgehend ebenfalls die 112 angewählt. Anschließend wird die Systemsteuerung geöffnet und eine Funktion aktiviert, die es fortan ermöglicht, über ein Bedienfeld durch Wischen auf das Kontrollzentrum und damit auf bestimmte Funktionen und Apps zuzugreifen, ohne dass der Entsperrcode eingegeben werden muss. Das Betriebssystem erstellt von dieser Aktion einen automatischen Screenshot, auf dem die Konfigurationsanzeige des Bedienfeldes zu sehen ist. Um 8:14 Uhr wird das iPhone ausgeschaltet und an diesem Tag nicht wieder hochgefahren.

Die gezielten Handlungen am iPhone erscheinen aufgrund von Kris' technischer Unerfahrenheit fragwürdig. In Panama passt sie nicht einmal die Uhrzeit an. Es ist zweifelhaft, ob sie in einer Minute die zielstrebigen Schritte zur Aktivierung des Bedienfeldes ausführen könnte oder würde.

Die nun aktivierte Bedienfeldfunktion vereinfacht den Zugriff auf das iPhone erheblich. Eine dritte Person könnte sich dies zunutze gemacht haben, wenn sie den Entsperrcode, der nun für die Verwendung des Kontrollzentrums nicht mehr eingegeben werden muss, nicht gekannt hat oder sich nicht merken wollte. Für den vollen Zugriff auf das Telefon ist jedoch weiterhin die Eingabe des Entsperrcodes erforderlich. Insgesamt wirken die Handlungen nicht panisch, sondern geplant und effizient. Sie entsprechen nicht dem zu erwartenden Verhalten zweier verirrter Touristinnen.

Das Samsung wird an diesem Tag um 10:52 Uhr das nächste Mal aktiviert. Um 10:53 Uhr versucht jemand zweimal den Notruf anzuwählen, zunächst die niederländische 112, dann erstmals die panamaische 911. Dieser Wechsel könnte darauf hindeuten, dass Kris und Lisanne gemerkt haben, dass sie aus Gewohnheit die falsche Nummer gewählt haben. Allerdings ist ebenso möglich, dass eine dritte Person ohne Kenntnis der niederländischen Nummer den Notruf angewählt hat. Nachdem das Samsung danach umgehend wieder heruntergefahren ist, wird es um 13:50 Uhr erneut für wenige Sekunden eingeschaltet. Als es jemand das nächste Mal um 16:19 Uhr anschaltet, lässt er es 15 Stunden und 17 Minuten im Dauerbetrieb laufen.

Der Digitalforensiker registriert, dass bis zum Ende des Tages Dateien auf dem Handy »geöffnet, erstellt und geändert werden«. Einen Hinweis auf damit verbundene Anwendungen findet er nicht. Was mit dem Mobiltelefon in dieser Zeit passiert, bleibt genauso unklar wie der Grund, warum es nicht wieder ausgeschaltet wird. Sollte Lisanne an diesem Tag die Kontrolle über ihr Handy haben, dürfte die Theorie des Batteriesparenwollens hinfällig sein, denn der Akku entlädt sich in dieser Zeit bis auf das Minimum.

Donnerstag, 3. April

Um 2:21 Uhr, also am frühen Morgen des 3. April, wird auf dem laufenden Samsung für 13 Sekunden die App Accuweather geöffnet und wieder geschlossen. Der Akkustand beträgt nur noch sechs Prozent. Laut eingeholtem Gutachten der Wetterstationen durch die panamaische Staatsanwaltschaft müssen Kris und Lisanne in dieser Nacht zum ersten Mal Regen bemerkt haben, allerdings mit äußerst geringem Niederschlag. Möglicherweise steht die Nutzung der Apps aber mit dem veränderten Wetter in Verbindung. Bis 2:47 Uhr werden verschiedene Programme benutzt, die der Experte nicht bestimmen kann. Um 7:36 Uhr weist das Telefon einen Akkustand von nur noch einem Prozent auf und wird ausgeschaltet.

Um 9:32 Uhr am 3. April schaltet jemand das iPhone für wenige Sekunden an. Nacheinander werden zwei Notrufversuche an die 911 abgesetzt. Beim manuellen Schließen des Anruferbildschirms wird ein automatischer Screenshot vom Default-Dialer erstellt. Um 11:47 Uhr wird das Telefon erneut eingeschaltet und ohne Aktion umgehend wieder ausgemacht.

Das nächste Anstellen erfolgt um 15:59 Uhr. Ein erzeugtes Bildschirmfoto beim Schließen des Telefonbuches zeigt den Kontakt »Mytiam« an.[117] Danach wird das iPhone um 16:03 Uhr bei einer Akkukapazität von 39 Prozent ausgeschaltet. Anhand der auf den Screenshot angezeigten Telefonnummer können wir feststellen, dass es sich um Miriams Mobilfunknummer handelt, die uns bekannt ist. Der Kontakt ist offensichtlich mit einem Tippfehler eingespeichert worden. Dass er überhaupt geöffnet wird, ist mit einem Lost-Szenario kaum zu erklären. Die Nummer wird nicht angewählt und dem Nutzer wäre zu diesem Zeitpunkt bewusst gewesen, dass dies aufgrund des fehlenden Empfangs auch nicht möglich gewesen wäre.

Sollten die Mädchen nicht alleine gewesen sein, ist es denkbar, dass sie Miriams Nummer jemandem zeigen, der für sie ihre Gastmutter hätte kontaktieren sollen. Nimmt man an, dass sich das Handy nicht mehr im Besitz der Mädchen befunden hat, könnte sich eine dritte Person für die Telefonnummer von Miriam interessiert haben und von einem funktionierenden Telefon aus hätte anwählen wollen. Wir halten es für ausgeschlossen, dass Kris, wenn sie so darauf aus gewesen ist, Akku zu sparen, Miriams Nummer ohne wichtigen Grund aufgerufen hätte.

Die Aktion ist für uns ein starkes Indiz für die Involvierung einer dritten Person. Das Nachschauen der Nummer ist auch deswegen von Relevanz, da wir den Akten entnehmen, dass die Beamten Schwierigkeiten gehabt haben, Miriam zu kontaktieren, weil sie nicht an ihr Telefon gegangen ist. Wir wissen aus einem Brief von Marjolein an Ingrid, dass Miriam ihr einen Tag vor dem Verschwinden der Mädchen eine neue Handynummer mitgeteilt hat.[118] Möglicherweise haben mehrere Personen zu dieser Zeit Probleme, sie zu erreichen. Hat auch ein möglicher Täter, der ihre neue Nummer nicht gehabt hat, aus einem dringenden Grund Kontakt mit der Gastmutter seiner Opfer aufnehmen müssen?

Freitag, 4. April

An diesem Tag wird um 4:50 Uhr das Samsung ein letztes Mal hochgefahren. Es entlädt sich darauf bis 5 Uhr vollständig, bevor das Gerät »wahrscheinlich« automatisch heruntergefahren wird, wie der Forensiker vermutet. Das iPhone wird an diesem Tag zweimal, nämlich um 10:16 Uhr und um 13:42 Uhr, für wenige Sekunden angeschaltet, ohne dass damit eine erkennbare Aktion verbunden ist.

Samstag, 5. April

Am 5. April wird das iPhone um 10:51 Uhr das letzte Mal für wenige Sekunden mit gültiger SIM-PIN angeschaltet. Um 14:35 Uhr wird es ohne Eingabe der PIN-Nummer für ein paar Sekunden in Betrieb genommen. Es liegt nahe zu vermuten, dass in der Zwischenzeit das Handy den Besitzer gewechselt hat, der den PIN nicht kennt. Das kann Lisanne gewesen sein oder eine dritte Person. Vielen Deutungen nach ist Kris an diesem Tag verstorben und Lisanne versucht, das Handy zu bedienen. Das müsste allerdings bedeuten, dass die Mädchen sich nicht über die PIN ausgetauscht hätten, was aufgrund der Notsituation eher unwahrscheinlich erscheint. Infolge eines beeinträchtigten Gesundheitszustandes kann die PIN aber auch von jemandem vergessen worden sein.

In Internetforen kursieren unzählige Gerüchte darüber, dass die PIN ab diesem Zeitpunkt falsch eingegeben worden sei, woraus der Verdacht abgeleitet wird, dass sich jemand Drittes Zugang zum Handy verschafft hat. Im NFI-Bericht ist allerdings ausschließlich vom Nichteingeben der PIN die Rede. Das Gleiche gilt für die häufig in Presseberichten gestreute Behauptung, Kris und Lisanne hätten 77-mal versucht, den Notruf zu wählen. Auch dies ist nicht der Fall gewesen. Von beiden Handys gehen insgesamt acht Versuche aus.

Bis zum 5. April könnte man vermuten, dass das regelmäßige Ein- und Ausschalten des iPhones Signal- oder Uhrzeitchecks dient.

Sonntag, 6. April

Um 10:26 Uhr wird das iPhone wie bei den folgenden Versuchen ohne PIN eingeschaltet. Ein automatisch erstellter Screenshot zeigt die Benutzung der Uhr-App an. Um 13:37 Uhr wird das Gerät erneut hoch- und heruntergefahren und dann bis zum 11. April nicht wieder angestellt. Warum nach dem 6. April das iPhone, das noch über genug Akkukapazität verfügt, nicht wieder benutzt wird, ist schwer zu erklären. Denkbar ist, dass die Mädchen nicht mehr im Besitz ihrer Telefone oder physisch nicht mehr in der Lage sind, sie zu bedienen.

Freitag, 11. April

Nach fünftägiger Pause wird das iPhone am Morgen des 11. April ohne PIN eingeschaltet und bleibt über eine Stunde in Betrieb. Der

NFI-Report registriert keine Powerlogs, das heißt, es gibt keine detaillierten Auskünfte über Zustand und Nutzung des iPhones. Doch der Forensiker findet andere Auffälligkeiten im Dateisystem. Hier kommt wieder sein schwindendes Latein zu Wort:

Ich habe gesehen, dass zwischen 10:51 und 11:56 insgesamt 11 neue Protokolldateien und Systemdateien erstellt wurden. Ich habe auch gesehen, dass das Datum und die Uhrzeit der letzten Änderung (zuletzt geschrieben) von 7 anderen Protokolldateien und Systemdateien geändert wurden. Ich habe in diesen Protokolldateien und Systemdateien weiter nach Aktivitäten zwischen 10:51 und 11:56 Uhr gesucht, die mit Benutzeraktionen, wie dem Öffnen von Anwendungen oder Systemeinstellungen, in Verbindung stehen könnten. Ich habe keine weiteren Spuren davon gefunden.[119]

Um 11:56 Uhr wird das Telefon manuell ausgeschaltet und nicht wieder angestellt. Der NFI-Bericht hält fest, dass dies durch einen bewussten Vorgang geschieht und das Handy sich nicht selbst abgeschaltet hat, da es darüber im System anderweitig einen Crash-Report hätte geben müssen. Dass nach fünf Tagen Pause am 11. April offensichtlich jemand 65 Minuten mit dem Telefon beschäftigt ist, ist höchst verdächtig. Unsere Experten schließen nahezu aus, dass die Dateimanipulationen durch einen automatisierten Prozess entstanden sein können. Jemand muss das Handy also bedient haben. Die PIN der SIM-Karte wird nicht eingegeben. Ob der Entsperrcode eingegeben wird, kann der Forensiker nicht erkennen. Der Notruf allerdings kann immer angewählt werden, doch dies wird seit dem Morgen des 3. Aprils überhaupt nicht mehr versucht.

Ohne Eingabe des Entsperrcodes ist der Zugriff aufs Kontrollzentrum und damit auf Apps wie Taschenlampe, Taschenrechner, Timer und Stoppuhr möglich. Außerdem kann Musik abgespielt werden, sofern diese auf dem Handy gespeichert ist, und auch Fotos können geschossen, gespeichert und wieder gelöscht werden.

Des Weiteren besteht die Möglichkeit, Bluetooth und den Flugmodus ein- und auszuschalten. Für weitere Aktionen hätte der Entsperrcode eingegeben werden müssen.

Es bleibt somit auch nach forensischer Untersuchung ein Rätsel, was am 11. April mit dem iPhone gemacht worden ist. Die Eingabe des Entsperrcodes hätte die Speicherung der Powerlogs zur Folge gehabt. Laut Jan B. existieren zwei Möglichkeiten, wie das Handy an diesem Tag bedient worden sein kann. Er sagt uns: »Entweder ist es mit den beschränkten Möglichkeiten des Kontrollzentrums ausschließlich im gesperrten Zustand betrieben worden, wobei die währenddessen generierten Powerlogs beim Ausschalten systembedingt verworfen werden. Oder das Telefon wurde mittels sogenanntem Jailbreak beziehungsweise via SSH-Ramdisk über den DFU-Modus am PC manipuliert.«

Signale und Messages

Der NFI-Bericht über die Telefondatenauswertung ist zu großen Teilen an die Öffentlichkeit geleakt worden. Viele Internetdetektive haben festgestellt, dass er einige vermeidbare und ärgerliche Flüchtigkeitsfehler enthält, etwa das Vertauschen von Zeitangaben. Schwerer wiegt für uns allerdings, dass er insgesamt unvollständig und selektiv erscheint. Wobei sich hier eigentlich die panamaischen Ermittler, an die er gerichtet gewesen ist, gewundert oder beschwert haben müssten. Doch dort ist er wohl gar nicht erst angekommen. Einige Muster und Besonderheiten hätten unseres Erachtens deutlicher erklärt und hervorgehoben werden müssen. Daher geben wir neben der in Anhang gestellten Übersicht folgend ein paar Hinweise an, die mehr Beachtung verdienen sollten.

Während wir feststellen können, dass die Telefone nie gleichzeitig benutzt werden, fällt auf, dass das Samsung nach dem Notruf am 1. April nur nachts und in den frühen Morgenstunden genutzt wird. Für die Zeiten der iPhone-Nutzung ist ein deutlich erkennbares Muster sichtbar. Es wird nie vor 8:14 Uhr und nie nach 14:35 Uhr eingeschaltet. Die kurzen vermeintlichen Checks erfolgen über alle Tage fast sämtlich im gleichen Zeitrahmen, nämlich zwischen 10 und 11 Uhr vormittags und 13 und 14 Uhr nachmittags. Die einzige Ausnahme mit circa einer Stunde späterer Nutzung bildet der fünfte Tag, ab dem die PIN nicht mehr korrekt eingegeben wird. Auch Notrufe und andere Aktionen lassen sich für beide Handys diesen auffällig übereinstimmenden Zeitfenstern zuordnen, wie letztendlich sogar der Zeitpunkt des Beginns der Wanderung am Pianista, die je nach Deutung entweder um 11 Uhr oder 13 Uhr beginnt. Selbst das letzte Foto am Quebrada 1 um 13:54 Uhr passt noch in dieses kuriose Muster.

Lost-Theoretiker vermuten, dass sich die Handynutzung nach Sonnenauf- und -untergang richtet, und auch wir halten Zusammenhänge theoretisch für möglich, vielleicht weil es kaum etwas anderes gibt, das kein Foulspiel involviert. Sollten sich Kris und Lisanne bewegungsunfähig unter einem Blätterdach befunden haben, könnten die Checks mit den Zeiten übereinstimmen, an denen die Sonne hier ein- oder ausfällt. Denkbar ist, dass sie ihre Handydisplays ähnlich wie die silberne Scheibe der Pringles-Dose benutzen, um Sonnenstrahlen zu reflektieren und Signale in den Himmel zu schicken. Doch dafür wären Checks nicht notwendig, sodass der Zusammenhang vielmehr entweder mit dem Festhalten oder der Orientierung an einer bestimmten Uhrzeit erklärt werden könnte. All das ist jedoch äußerst unwahrscheinlich.

Wir möchten eine neue, plausiblere Theorie anbieten, in der die ominösen Signalchecks einen Sinn ergeben und uns etwas über den möglichen Aufenthaltsort der Mädchen verraten könnten. Dabei gehen wir von der hypothetischen Annahme aus, dass eine dritte Person Kris und Lisanne ab einem gewissen Zeitpunkt die Handys abgenommen hat und diese selbst steuert, um eine falsche Fährte zu legen. Zunächst müssen wir in unserem theorielastigsten Kapitel aber noch ein letztes Mal etwas ausholen.

Ein springender Punkt liegt in der im NFI-Bericht ermittelten Signalstärke. Leider liegen darin nur Werte für das iPhone vor, da sich aus Lisannes Gerät keine Informationen extrahieren lassen haben.

Laut Telemetriedaten des NFI-Berichts weist Kris' iPhone am 1. April um 13:38 Uhr beim Abstieg eine Signalstärke von -94 dBm auf. Zu diesem Zeitpunkt befinden sie sich auf halber Strecke zwischen Mirador und Quebrada 1, ohne Netzwerkkontakt.

Die nächste erfasste Signalstärke des NFI-Berichtes datiert auf 16:39 Uhr, dem Zeitpunkt des ersten Notrufes, und liegt abermals bei -94 dBm.

Die Signalstärke nimmt mit dem weiteren Abstieg ab. Wir wissen, dass Kris und Lisanne weiter abgestiegen sind, da die Kameraaufnahme um 13:54 Uhr am Quebrada 1 gemacht worden ist. Es ist nicht auszuschließen, aber sehr unwahrscheinlich, dass sie zurück zum Mirador wollten und sich zwei Stunden später wieder im Bereich von -94 dBm befunden haben. IT-Experte Jan B. erklärt uns, dass, wenn das Handy keine realen Signale mehr messen könne, weil es sich in einem Funkloch befinde, es einen Freeze-Wert logge, also den zuletzt gemessenen Wert. Wir können somit davon ausgehen, dass -94 dBm als letzter gemessener Wert eingefroren worden ist.

Um 17:52 Uhr werden beide Handys für mehr als 13 Stunden ausgeschaltet. In dieser Zeit könnten die Mädchen ihren Standort gewechselt haben. Am 2. April um 9:13 Uhr beträgt die Signalstärke auf dem iPhone -113 dBm und verändert sich die nächsten 31 Stunden nicht. Am 3. April um 16 Uhr steht sie immer noch auf -113 dBm. Diesen Wert interpretiert der Digitalforensiker des NFI als den zu dieser Zeit tiefstmöglichen technischen Wert, an dem die Messung stehen bleibt. Nach den Testergebnissen von Jan B. wird dieser Wert geloggt, wenn das Mobiltelefon in einem Funkloch neu gestartet wird. Wir können damit zwar nicht sagen, wo sich das iPhone befunden hat, aber wir können mit an Sicherheit grenzender Wahrscheinlichkeit angeben, dass es in einem Funkloch gewesen ist.

Für die wahrscheinliche Standortveränderung heißt das, dass es vier Möglichkeiten gegeben hätte. Die erste bestünde darin, dass Kris und Lisanne nach Notrufen und Ausschalten der Handys weiter bergabwärts in den Wald von Bocas del Toro gelaufen sind. Zweitens hätten sie theoretisch Quebrada 1 in nordwestliche Richtung folgen und so den Trail verlassen können. Sinn ergäbe dies nur, wenn sie dazu gezwungen worden wären oder sich aus irgendeinem Grund dorthin geflüchtet hätten. Die dritte Möglichkeit besteht in einem Sturz vom Mirador, der theoretisch nur an einer bestimmten Stelle möglich ist. Diese liegt aber interessanterweise genau im Bereich zwischen Quebrada 1 und Mirador. Die vierte Option besteht schließlich darin, dass Kris und Lisanne über den Mirador zurück Richtung Boquete gelaufen und beim Abstieg vom Mirador auf der richtigen Seite am oberen Hang des Berges festgehalten worden sind. Denn auch hier existieren Funklochbereiche, in denen demnach der Wert -113 dBm angezeigt würde.

In diese Bereiche fallen damals mit hoher Wahrscheinlichkeit einige einsame Hütten, auf die wir später eingehen werden. Sollten die Mädchen also auf der Rückseite des Miradors auf einen Täter getroffen sein, könnte dieser sie über den Mirador zu einer dieser Verstecke gebracht haben, ohne digitale Spuren zu hinterlassen. Dazu ist es nur nötig, die Handys auszustellen, da direkt auf dem Mirador Kontakt zum GSM-Netzwerk besteht. Und die Telefone der Mädchen sind aus einem unerfindlichen Grund am ersten Tag ihres Verschwindens für lange Zeit ausgestellt worden.

Ab dem 3. April, 11:46 Uhr geben die ermittelten Logdaten für das iPhone keine Signalstärkenanzeige mehr aus, worauf der NFI-Bericht nicht weiter eingeht. Doch genau hier liegt unserer Meinung nach der springende Punkt. Die einzige Erklärung dafür liegt nämlich darin, dass das iPhone nicht lange genug in Betrieb gewesen ist, um ein Signal registrieren zu können.

Dazu muss man wissen, dass der Bootlog des iPhones zwar festhält, wann das Handy gestartet wird, aber keine konkreten Informationen über das Ausschalten bereitstellt. Der Digitalforensiker weiß also immer, wann ein Handy hochgefahren ist, nicht jedoch, wann es faktisch heruntergefahren wird. Den Zeitpunkt schätzt er lediglich anhand nicht mehr registrierter Aktionen und nicht existenter Logfiles des Handys ein. Für die Signalchecks bemerkt er, dass das Telefon nach dem Anschalten umgehend wieder ausgestellt worden ist, standardmäßig notiert er dafür im Protokoll die gleiche oder nächstfolgende Minute.

Im Feldversuch stellt Antelo Conde für uns verschiedene Szenarien nach. Während das Anschalten des iPhone 4 sofort im Logfile registriert wird, dauert der Bootvorgang bis zum vollen Hochfahren 49 Sekunden. Danach braucht das System noch einmal fünf Sekunden, um überhaupt nach einem Signal zu suchen. In den Kontrolltests hat Jan B. mittels umwickelter Alufolie ein Funkloch nachgeahmt. In diesem, so sagt er uns, benötige das iPhone 30 Sekunden, um ein Signal zu suchen, was auf dem Display ersichtlich ist. Innerhalb von wenigen Sekunden kann das eingeschaltete Telefon problemlos wieder ausgeschaltet werden, ohne dass über den Bootvorgang hinaus weitere Informationen im Log-File erfasst werden. Tatsächlich erfolgen bis zum 11. April auf unerklärliche Weise keine Notrufversuche und auch keine anderen registrierten Aktionen.

Es spricht also vieles dafür, dass sich am 3. April nach 16 Uhr etwas Entscheidendes verändert hat. In einem passenden Foulplay-Szenario sind die Mädchen zu diesem Zeitpunkt vom Pianista Trail an einen anderen Ort gebracht worden, an dem ausreichend Signal vorhanden gewesen ist. Genau hier hätte ein Täter, der im Besitz der Handys ist, verhindern müssen, dass diese erfasst werden. Sollte ein Entführer den Plan verfolgt haben, es so aussehen zu lassen, als hätten sich die Mädchen hinter dem Mirador verlaufen und seien noch länger am Leben gewesen, hätten ihm dafür kaum andere Möglichkeiten zur Verfügung gestanden, als über die Handys der Vermissten vermeintliche Lebenszeichen auszusenden. Das funktioniert nur so lange, wie ihn kein Signal verrät. Er greift dieser Theorie folgend also zur Methode des einfachen An- und Ausschaltens, das nie so lange dauert, dass das Handy technisch dazu in der Lage ist, ein Signal zu messen.

In diesem Zusammenhang könnte sich letztendlich auch das gezielte Umstellen von 2G auf 3G am Morgen des 2. Aprils erschließen. Antelo Conde erklärt dies als möglichen Kniff eines Täters, um sich mehr Zeit zu verschaffen. Wenn vor Ort kein 3G-Netz empfangen werden kann, dieser Mobilfunkstandard jedoch voreingestellt ist, sucht das iPhone zunächst nach einem entsprechenden Signal auf dieser Frequenz beziehungsweise zunächst nach den höchstmöglichen Signalen. Bevor es dann selbstständig eine niedrigere Frequenz scannt, vergehen weitere Sekunden, die dem Täter bei der Benutzung ein größeres Zeitfenster ermöglicht hätten, bevor sich das Handy in ein Netzwerk einwählt und er so erkannt worden wäre. Ob das Umstellen von 2G und 3G zu gegebener Zeit an gegebenem Ort selbst Einfluss auf das Nichtzustandekommen der Verbindung für den Notruf gehabt haben könnte, können wir nicht nachvollziehen.

Wir gehen davon aus, dass das iPhone angestellt und umgehend wieder ausgeschaltet worden ist, sodass in der Logdatei nicht mehr als das Hochfahren des Telefons registriert werden konnte. Dementsprechend existieren auch keine Powerlogs im forensischen Bericht, die erst nach einer Gesamtbetriebszeit des Telefones von über 1:40 Minuten erstellt und gespeichert werden. Die Experten Antelo Conde und Jan B. kommen hier zu dem gleichen Schluss: Das Ein- und Ausschalten der Telefone kann Kris und Lisanne – wenn sie die Handys benutzt haben – nicht dazu gedient haben, ein Signal zu empfangen. Dazu hätte die Zeit einfach nicht gereicht.[120]

Dass die Mädchen nach einem Signal gesucht hätten, macht auch durch die Nichteingabe der SIM-PIN ab dem 5. April keinen Sinn mehr, denn klar ersichtlich erscheint dann im Display die Anzeige »SIM gesperrt«.

Doch für Kris und Lisanne gäbe es keinen schlüssigen Grund, ihr Handy mehrfach ein- und wieder auszuschalten. Es sei denn, das Ablesen der Uhrzeit zu ganz bestimmten wiederkehrenden Zeiten wäre für sie aus irgendeinem Grund von großer Bedeutung gewesen.

Mutmaßlich sind einem technisch versierten Täter bei der möglichen Vortäuschung auch Fehler unterlaufen. Dazu passt eine in den Akten enthaltene Nachricht eines panamaischen Mobilfunkanbieters, nach dem die IMEI des iPhones am 18. April im Mobilfunknetz registriert worden ist. Ohne eine Erklärung dafür zu liefern, berichtet ein Spezialagent in Pittís Diensten in einem beigefügten Aktenvermerk, dass dies eine falsche Information gewesen ist.[121]

Ein starkes Indiz gegen die Lost-Theorie ist die Tatsache, dass die Mädchen keine Abschiedsnachrichten hinterlassen haben – weder auf den Handys noch auf der Kamera finden die NFI-Forensiker auch nur ein einziges erklärendes Wort. Hätten Kris und Lisanne, die beide akribische Tagebuchschreiberinnen und eng mit Familien und Freunden verbunden gewesen sind, frei handeln können, wären Textnachrichten, Fotos oder Videos zur Dokumentation ihrer Situation zu erwarten gewesen. Warum keine Zeilen an die Eltern? Kein Versuch, das Erlebte für die Nachwelt aufzuschreiben? Selbst unter Stress wären Mittel und Wege dafür vorhanden gewesen, neben den Handys sogar noch eine funktionstüchtige Digitalkamera.

Ähnliche Fälle zeigen, dass das Hinterlassen von Abschiedsnachrichten ein außerordentlich großes Bedürfnis für Menschen ist, die wissen, aus einer Situation nicht mehr herauszukommen – für ihre Liebsten genauso wie zum Festhalten ihres Schicksals für die

Nachwelt generell. Dagegen wird in Internetforen als Grund fehlender Abschiedsworte häufig eine völlige geistige Verwirrung beider Mädchen durch Dehydrierung oder einen Biss durch ein giftiges Tier postuliert. Eine solche Situation wäre jedoch abermals kaum mit einem bewussten Einsparen von Handyakku, dem Bedienen des Handys zu bestimmten Uhrzeiten oder dem Einfallsreichtum beim Signalisieren an die Suchmannschaften in Einklang zu bringen.

Das Fehlen jeglicher Nachrichten lässt psychologisch gesehen nur wenige Schlüsse zu:

Kris und Lisanne könnten bis zuletzt Hoffnung behalten haben, aus ihrer misslichen Lage zu entkommen. Solange Menschen nicht die endgültige Aussichtslosigkeit ihrer Situation erkennen, fällt ein letzter Abschied sehr schwer. Dies würde bedeuten, dass die Mädchen nicht schwer verletzt, dem Hunger- und Schwächetod nahe oder in einer Schlucht eingeschlossen gewesen sind. Stattdessen wären sie einem plötzlichen Ende erlegen, etwa beim Überqueren eines Flusses oder durch unerwartet über sie hereinbrechende Wassermassen.

Eine schlüssige Erklärung für Foulplay wäre, dass sie ab einem gewissen Zeitpunkt, möglicherweise schon am Tag ihres Verschwindens, nicht mehr im Besitz ihrer Handys gewesen sind. Entführer oder Mörder, die ihre Tat hätten verschleiern und vorgaukeln wollen, dass ihre Opfer einen Unfall gehabt oder sich verirrt hätten, hätten sich durch das Hinterlassen von Nachrichten im Namen ihrer Opfer höchstwahrscheinlich verraten. Ihnen wäre es nicht gelungen, charakteristische Formulierungen, sprachliche Eigenheiten, Kosenamen oder bestimmte Erinnerungen nachzuahmen. Das Risiko wäre zu groß gewesen.

Zuletzt besteht noch die Möglichkeit, dass Kris und Lisanne Nachrichten hinterlassen haben, diese aber nicht gefunden worden sind, weil sie zuvor etwa von einer dritten Person gelöscht worden sind.

Ermittlungsstopp und Klage gegen Panama

Es ist Donnerstag, der 3. Juli 2014. Lange vor der Auswertung durch das NFI erhalten Kris' und Lisannes Eltern die Fotos von Lisannes Kamera. Verwirrt und erschrocken über das Gesehene reisen Hans und Roelie am 26. Juli erneut nach Boquete. Sie wandern den Pianista Trail und suchen diejenigen Stellen auf, an denen die Mädchen nach den ausgewerteten Telefon- und Kameradaten gewesen sein müssen. Ihre Wanderung und ihre erschütterten Reaktionen halten sie in einem Youtube-Video fest.[122] Feliciano und weitere Führer begleiten sie dabei und beantworten Fragen. Die einhellige Meinung beider Elternteile danach ist, dass Kris und Lisanne sich nicht auf dem Weg verirrt hätten. Sie entdecken keine Stelle, an der die Mädchen unfreiwillig vom Pfad abgekommen sein könnten.

Die Kremers gehen fest von einer Entführung aus und geben am 3. August entsprechende Statements auf einer Pressekonferenz in Boquete ab, wo sie auch einen Gedenkgottesdienst organisieren. Über den Fund von Kris' Rippe, der am selben Tag im Wald von Bocas del Toro gemacht wird, werden Hans und Roelie seitens der Staatsanwaltschaft nicht informiert. Bevor sie am 6. August die Rückkehr in die Heimat antreten, beauftragen sie mit Enrique Arrocha einen eigenen, einheimischen Rechtsanwalt. Außerdem treffen sie sich am 5. August 2014 erstmals mit Pittí, die ihnen verspricht, alles zu tun, um den Fall schnellstmöglich aufzuklären.

Am 18. August geben die Kremers auf dem von ihnen eingerichteten Blog *Antwoorden voor Kris* bekannt, dass Arrocha den NFI-Bericht nicht in den Gerichtsunterlagen finden kann. Bereits zuvor haben sie von ihrem niederländischen Anwalt erfahren müssen, dass der Bericht womöglich gar nicht vollständig fertiggestellt worden ist.[123] Pittí erklärt daraufhin, dass der Report aus Holland noch gar nicht geschickt worden sei. Das NFI dementiert dies – man habe wie vereinbart alles an die niederländische Staatsanwaltschaft übergeben. Diese wiederum soll die Unterlagen nicht weitergeleitet haben, streitet das aber ab.

Fakt ist: Irgendjemand spricht hier die Unwahrheit. Die Kremers merken, dass sie hingehalten werden. Ohne Bericht kann ihr Anwalt nicht aktiv werden. Arrocha nutzt die Zeit, um Ende August mit einem Team die Wanderstrecke bis zum letzten bekannten Foto am Bach zu begehen. Nach eigener Ortsbegehung ist er überzeugt, dass Kris und Lisanne nur entführt worden sein können. Etwa zeitgleich stellt Pittí beim Ministerium den Antrag, den Fall zu schließen – ohne neue Erkenntnisse.

Die Ermittlungen scheinen also inoffiziell eingestellt, obwohl angeblich weiterhin niemand Einsicht in den NFI-Bericht hat. Sowohl die panamaische als auch die niederländische Staatsanwaltschaft erklären am 9. September gegenüber Medien, auf die Dokumente zu warten. Jedoch entnehmen wir einem Sekretärsbericht der Akte, dass eine E-Mail mit den Ergebnissen des NFI-Berichtes am 2. September eingegangen und der Akte beigelegt worden ist.[124] Am gleichen Tag wird ein zweiter Bericht in die Akte aufgenommen, nach der Arrocha die Ergebnisse anfordert.[125] Pittí ist zu dieser Zeit mit dem Fund von Lisannes Schienbein und Oberschenkel beschäftigt. Ob und wann sie Notiz von dem eingegangenen NFI-Bericht nimmt und wann Arrocha davon eine Kopie erhalten hat, ist der Akte nicht zu entnehmen.

Am 19. September kritisiert Kriminologe Octavio Calderón öffentlich scharf, dass Panama absichtlich Ergebnisse und Informationen zurückhalte.[126] Fünf Tage danach dann – mit über sechs Wochen Verspätung – erhält Arrocha den NFI-Report, der für ihn allerdings mehr Fragen aufwirft, als er beantwortet, da er unvollständig zu sein scheint. Was in der Zwischenzeit mit dem Gutachten passiert ist, wer es evaluiert hat oder nicht, wer es zurückgehalten hat, ist bis heute nicht aufgeklärt.

Arrocha schließt sich der Empfehlung des NFI an, dass weitere Forschungen notwendig sind, um spezifische Ergebnisse zu erhalten, die über die Todesursache der Mädchen Auskunft geben können. Eine Liste an Forderungen darüber schickt er an Pittí, die sie jedoch ablehnt. Um den Fall abzuschließen, überreicht die Staatsanwältin stattdessen am 24. September Lisannes Eltern öffentlichkeitswirksam die sterblichen Überreste ihrer Tochter – an Lisannes 23. Geburtstag.

Diese geben sie offensichtlich weiter an das NFI. Laut einem Interview mit Lisannes Eltern soll das Institut festgestellt haben, dass Lisannes Fuß drei Metatarsalfrakturen aufweist.[127] Eine weitere Quelle für eine etwaige zweite Untersuchung durch das NFI gibt es nicht. Laut dem einzig existierenden offiziellen Autopsiebericht des IMELCF hat es diese Brüche nicht gegeben. In seinem Report vom 19. Juni 2014 schreibt Wilfredo P. explizit zur Untersuchung von Lisannes Fuß: »Die Tarsal-, Metatarsal- und Phalanxknochen wurden seziert und freigelegt, wobei keine Knochentraumata festgestellt wurden.«[128]

West und Snoeren geben aber an, dass bereits das IMELCF die Frakturen diagnostiziert hat, obwohl sie es besser wissen müssen. Das sollte abermals die drängende Frage aufwerfen, ob Vorgänge wie dieser auf den Wunsch ihrer Co-Autorin Pittí geschehen sind. Die Staatsanwältin braucht nämlich schon 2014 irgendetwas, um ihre Unfallthese zu untermauern. Als sie den Fall öffentlich für beendet erklärt, behauptet sie, dass die Frauen ums Leben gekommen seien, weil das Flusssystem sie »zu Tode geschleift« habe, nachdem sie irgendwie dort hineingestürzt seien.[129] In ihrer Begründung führt sie als Beweis für ihre Annahme ebendiese vom NFI diagnostizierten Metatarsalfrakturen und die Knochenhautentzündung an. Ihrer Erklärung nach hätte nur ein Sturz aus großer Höhe diese Verletzungen verursachen können.

Aus Pittís Aussage wird gefolgert, die Mädchen seien von einer Brücke gestürzt. Doch es bleibt unbeantwortet, warum sie vor dem

Überqueren der gefährlichen Brücke nicht auf Hilfe gewartet hätten oder von Einheimischen gefunden worden wären. Laut niederländischem Forensiker Frank van de Goot muss Lisannes Verletzung nicht zwangsläufig von einem Sturz stammen. Sie könnte auch »auf ein Phänomen hindeuten, das bei unerfahrenen Wanderern auftritt, die plötzlich anfangen, lange zu laufen«.[130] Pittís Beweise für einen Sturz resultieren demnach hauptsächlich aus der Diagnose von Metatarsalfrakturen, die ihr eigenes Institut ironischerweise nicht entdeckt hat, und aus einer Knochenhautentzündung, die ihr eigenes Institut auf umwelt- und arbeitsmedizinische Einflüsse zurückführt.

Wie auch immer die Brüche später im NFI nachgewiesen worden sind – sie sagen nichts darüber aus, ob sie bei einem Sturz entstanden sind, und legen auch keinen Zeitpunkt dafür fest. Metatarsalfrakturen gehören nicht nur zu den häufigsten Frakturen überhaupt, sondern treten oft bei Volleyballern auf, wenn Spieler der gegnerischen Mannschaft bei Angriffen oder Verteidigungen am Netz auf die Füße springen. Im Falle von Lisanne steht außer Frage, dass sie vor ihrem Tod die belastendste Strecke ihres Lebens gewandert ist. Es wäre nicht verwunderlich, hätte ihr dadurch eine alte Sportverletzung erneut Schwierigkeiten bereitet und zumindest die Knochenhautentzündung wieder auftreten lassen – möglicherweise unabhängig von ihrer Wanderung über den Pianista. Auf einem Foto aus Bocas del Toro scheinen ihre Füße angeschwollen zu sein, und auch ein Eintrag in ihrem Tagebuch lässt auf eine Entzündung schließen: »Ich habe so dicke Beine«, schreibt sie. »Es muss an der Hitze liegen, dass meine Knöchel wie Nashornbeine aussehen«.[131]

Kriminalist Calderón kritisiert die Arbeit von Generalstaatsanwältin Pittí im Oktober 2014 immer wieder: »Alle Beweise, die Aufschluss über die Todesursache geben könnten, wurden ignoriert, ein klarer Verstoß gegen das Ermittlungsprotokoll. Wir wissen nicht, ob es aus Unwissenheit oder Absicht war, aber jede Möglichkeit, die Wahrheit herauszufinden, wurde vertan.«[132] In seiner Experten-funktion äußert er zudem Skepsis gegenüber der Wahrscheinlich-keit, dass der Fluss zwei Knochenfragmente der Mädchen zehn Ki-lometer weit von ihrem letzten bekannten Aufenthaltsort zusammen auf eine Sandbank gespült haben könnte. »Das hat es noch nie gegeben.«[133] Calderón zeigt sich davon überzeugt, dass Rucksack und Knochen am Fluss platziert worden sind.

Am 31. Oktober 2014 reicht Arrocha eine Anfechtungsklage (Incidente de controversia) gegen die Entscheidung Pittís ein, die Durchführung weiterer Untersuchungen im Fall Kris Kremers zu verweigern. Inzwischen hat sogar das IMELCF einen Antrag auf weitere Forschung gestellt, wie es die Kollegen vom niederländi-schen NFI empfohlen haben. Trejos, Leiter der Abteilung Biomo-lekulare Analyse, sagt am 8. November 2014: »Wir müssen eine In-spektion des Gebiets durchführen, um weitere Faktoren zu finden, die uns bisher nicht gemeldet wurden.«[134] Arrocha droht mit Klage auch am Internationalen Gerichtshof für Menschenrechte wegen Fahrlässigkeit im Fall Kris Kremers.

Auf spätere Fragen von Journalisten, warum Pittí glaube, dass kein Verbrechen stattgefunden habe, antwortet sie stets wenig über-zeugend. Neben dem Verweis auf das Fehlen von »kulturellen Ak-tivitäten« an den Knochen weist sie darauf hin, dass keine Körper-flüssigkeiten auf den Kleidungsstücken gefunden worden seien. Ein sexuelles Motiv könne auch deshalb ausgeschlossen werden, weil die gefundenen BHs intakt gewesen seien und sie nicht glaube, dass die Mädchen sich diese ohne Gewalt hätten ausziehen lassen.[135]

Es fehlen also Blut, Speichel und sämtliche anderen Flüssigkei-ten – nicht mal Leichenflüssigkeit, die sich normalerweise tief in den Stoff einfrisst, können die Pathologen feststellen. Warum dieses Fehlen jedoch einen Unfall oder ein langes Ausharren im Wald wahrscheinlicher machen sollte, erklärt die Staatsanwältin nicht. In Interviews wirken ihre Schlussfolgerungen teilweise wie an den Haaren herbeigezogen. So wird ihr beispielsweise die Frage gestellt, warum die Mädchen überhaupt hinter den Mirador gegangen seien. Ihre haarsträubende Antwort: Es sei doch bekannt gewesen, dass Kris und Lisanne sich in Bocas del Toro wohler gefühlt hätten als in Boquete, weshalb sie wahrscheinlich dorthin zurück hätten laufen wollen.[136] Darüber hinaus wolle sie plötzlich von Anfang an gewusst haben, dass sich Kris und Lisanne verlaufen hätten. Ihre Behörden hätten alles getan, die Suche sei die größte der Welt gewesen und Boquete eine touristische Region, in der es keine Serienmörder gebe.[137]

Abschließend werden weder die Unfalltheorie noch der Tod von Kris und Lisanne behördlich bestätigt. Die offizielle Begründung nimmt Bezug darauf, dass im Fall der drei gefundenen Knochenfragmente von Lisanne lediglich 13,2 Prozent ihres Skelettes für die Analyse zur Verfügung gestanden haben, mit den zwei Fragmenten von Kris sogar nur 0,94 Prozent. Damit wagt die forensische Abschlussbewertung des IMELCF nicht, den Tod der beiden Mädchen zu attestieren. Deswegen wird auch kein Totenschein ausgestellt. Dafür seien nicht nur zu wenig Knochen analysiert worden, sondern hätten solche gefunden werden müssen, die keinen anderen Schluss darüber zugelassen hätten, dass Kris und Lisanne gestorben sind. Dies hätten etwa Schädel, Kreuzbein oder Wirbel sein müssen. Lisannes Beinknochen sollen nach Aussage des Instituts diesbezüglich nicht aussagekräftig sein. Im Falle der entdeckten Hüftknochen von Kris verweisen die Forensiker des IMELCF darauf, dass es theoretisch medizinisch möglich ist, eine Beckenwand mit Titanimplantaten so zu formen, dass das Leben eines Menschen weiterhin ermöglicht wird.

Es ist nachvollziehbar, dass Pittís Erklärungen für die Hinterbliebenen nicht befriedigend gewesen sein können. Das IMELCF will ein Verbrechen, das zum Tod der Mädchen geführt haben könnte, nicht ausschließen, und verweist nur darauf, dass keinerlei

Anhaltspunkte auf Verletzungen durch scharfe, spitze oder scharfkantige Gegenstände oder auf einen Schusswaffengebrauch gegen die Mädchen gefunden worden sind.[138]

Schwerer zu erklären ist die Feststellung der Rechtsmediziner, dass an sämtlichen analysierten Knochen auch keine Spuren von taphonomischen Prozessen gefunden worden sind. Das heißt, es hätte keine Hinweise auf tödliche Einwirkungen von Raubtieren oder Umwelteinflüssen gegeben.

Ein an der Autopsie beteiligter Pathologe des IMELCF sagt gegenüber der Presse, dass selbst unter mikroskopischer Vergrößerung keinerlei Kratzer auf den Knochen entdeckt worden sind. »Keine Bissspuren von tierischen Reißzähnen. Auch keine Spuren, die darauf hindeuten, dass sie an den Felsen des Flusses zerschmettert worden wären.«[139] Deswegen könne er einfach nicht verstehen, warum so wenig Knochen entdeckt worden seien. Auch andere konsultierte Experten macht das genauso stutzig wie die Frage, warum Kris' Becken in zwei Teile gebrochen ist oder ihre Knochen gebleicht gewesen sind.

Die Leiterin der Abteilung für Rechtsmedizin im benachbarten Costa Rica Georgina Pacheco ist Expertin für die Untersuchung der Auswirkungen von Mikroklimata und Ökosystemen, die bei Vergrabung, Verwesung und Konservierung auf menschliche Knochen einwirken. Sie analysiert den Autopsiebericht von Kris' Knochen und vergleicht ihn mit dem Fall eines amerikanischen Wanderers, der sich in der gleichen Gebirgsregion verlaufen hat und gestorben ist. »Sein Skelett war nach etwa zwei Jahren im Wald zu mehr als neunzig Prozent intakt«, erklärt sie. Auch sei die für sie unerklärliche Knochenbleiche, wie sie bei Kris dokumentiert worden ist, in ihrem untersuchten Fall nicht festgestellt worden.[140] Kris' Knochen scheinen laut Pacheco gleichmäßig und vollständig gebleicht zu sein. Somit kann als Ursache dafür Sonneneinstrahlung, die in einem feuchten Nebelwald ohnehin nicht so intensiv ist, als äußerst unwahrscheinlich gelten. Außerdem hätte so mit feinen Bruchschäden an den Knochen gerechnet werden müssen, die nicht vorhanden gewesen seien.

Doch auf all diese Mahnungen geht die panamaische Staatsanwaltschaft gar nicht erst ein. Sie erklärt stattdessen, dass ein Verbrechen als Todesursache eben nicht bewiesen werden kann. Während des Gerichtsprozesses legt Arrocha zahlreiche unterbliebene Untersuchungen dar. Unter anderem fordert er, Telefone und Kamera noch einmal auf Manipulationen hin untersuchen zu lassen, die Frage zu klären, warum die Kleidungsstücke von Kris und Lisanne keine Körperflüssigkeiten aufweisen, und verlangt eine genaue Vermessung des Gebietes, in dem Kris und Lisanne verschwunden sein können, sowie den Abstand der Funde zum Flussbett zu bestimmen.

Die Staatsanwaltschaft verteidigt ihren Standpunkt vor dem Obersten Gerichtshof Panamas mit Verweis auf die vorgelegten Ermittlungsakten. Diesem schließt sich das Gericht an und entscheidet so zugunsten der Staatsanwaltschaft, ohne eine eigene Untersuchung vorzunehmen. Hierfür reicht der Verweis auf die nach panamaischem Gesetz festgeschriebene Aufgabenteilung nach Artikel 5 der Strafprozessordnung. Demnach sei für die Ermittlungen nur die Staatsanwaltschaft zuständig und das Gericht könne sich nicht einmischen. So lautet das Urteil vom 18. Dezember 2014: Ein Verbrechen könne nicht bewiesen werden. Der Antrag auf Fortführung der Ermittlungen wird abgewiesen.[141] Arrocha geht noch einmal erfolglos in Berufung. Der Oberste Gerichtshof lässt in seinem Urteil zumindest die Option offen, die Ermittlungen bei neuen Beweisen wiederaufzunehmen. Auch in den Niederlanden ruht der Fall als Cold Case.

Diese Möglichkeit zur Fortführung hat sicher Einfluss darauf, dass sich weiterhin tausende True-Crime-Interessierte weltweit intensiv mit dem Fall befassen. Die theoretische Chance, dass sich eines Tages doch noch neue Erkenntnisse ergeben, treibt offenbar viele Internetdetektive an. Sie hoffen weiter, durch eigene Recherchen und Diskussionen auf digitale Spuren zu stoßen, die bisher übersehen worden sind. Es steht fest, dass sowohl der gerichtsmedizinische Bericht als auch die Gerichtsakte mitsamt dem zwischenzeitlich verschwundenen NFI-Report lückenhaft sind. Wesentliche Unklarheiten bleiben bestehen. Dennoch ist gerade der forensische Bericht ausschlaggebend für die Schließung des Falles.

Arrocha hält die Berichte und Gutachten bis heute für unvollständig. Er hat von der Generalstaatsanwältin Pittí vor allem wissen wollen, warum die gefundenen Knochen keine Spuren von Strömung oder Schlägen von Steinen aufweisen, wenn diese doch, wie Pittí behauptet, vom Wasser auseinandergerissen worden seien.[142] Außerdem hat er eine Antwort auf eine Formulierung in Kris' Autopsiebericht verlangt, nach der ihre Überreste einem chemischen Phosphatierungsprozess unterzogen worden sind. Dabei werde nicht angegeben, ob dieser Prozess das Werk der Natur oder die Hand des Menschen sei.[143]

Journalistin Coriat befragt kurz nach Schließung des Falls für ihre Artikelserie über die Tragödie um Kris und Lisanne weitere Experten nach ihrem Urteil zum Befund. Darunter ist auch der Direktor des IMELCF, Humberto Mas, der gerne die Möglichkeit analysiert hätte, ob man die Zerstückelung der Leichen auf die Behandlung mit Kalk zurückführen könnte. Denn, so sagt er, die Wirkung von Kalziumoxid sei korrosiv und löse Gliedmaßen ab. Dies könne erklären, warum Lisannes abgetrennter Fuß keine Schnittspuren aufgewiesen hat. Die Reporterin fasst zusammen:

Kalk. Dieses weiße Pulver beschleunigt die Verwesung des Körpers, insbesondere der weichen Teile wie Gewebe, Sehnen und Muskeln, ohne Spuren zu hinterlassen [...] Dies könnte den Zustand der Skelette erklären: keine Blutspuren, fast unversehrtes Aussehen, weißlich, keine Verletzungen durch scharfe Waffen oder von Menschen verursachte Zerstückelungen.[144]

Arrocha ist noch heute davon überzeugt, dass es im Fall Kris und Lisanne strafrechtliche Untersuchungen hätte geben müssen, und ergänzt: »Wenn der Fluss sie weggespült, nackt ausgezogen und zerstückelt hat, warum gibt es dann keine Spuren von Blut, Körpergewebe oder DNA auf ihrer Kleidung? Hatten sie nie etwas an?«[145] Arrocha und die Journalistin prangern nicht nur die Verweigerungen weiterer notwendiger Untersuchungen an. Sie spekulieren auch offen darüber, dass die Lücken im Bericht darauf zurückzuführen seien, dass man den panamaischen Tourismus habe schützen wollen. Der Tourismus erwirtschaftet jährlich immerhin etwa vier Milliarden Dollar, mehr als 18 Prozent des gesamten BIP des Landes.

Bei einem Gespräch mit Annette betont Arrocha diese Tatsache mit den Worten, dass eine gewisse Anzahl an Menschen dafür sorgen würde, dass Boquete der schimmernde Ort bleibt, für den ihn die meisten halten. Er wisse, dass die Wahrheit nicht ans Licht kommen werde, da von Behördenseite kein Interesse daran bestehe. Darum habe es auch nie transparente Ermittlungen gegeben.

Teil II Theorien und Rekonstruktionen

Der vorletzte Tag: Guardería Aura

Kris und Lisanne entscheiden sich erst dazu, den Pianista Trail zu wandern, nachdem sie die unerwartete Absage der Kita erhalten haben. Diese ist angeblich auch für die zuständige Marjolein vollkommen überraschend gekommen. Das tragische Schlüsselereignis wirft Fragen nach den Verantwortlichen auf, da es die psychische Verfassung der Mädchen negativ beeinflusst und sie über ihren Spontanentschluss hinaus auch zu Sorglosigkeit angetrieben haben könnte. Kita-Leiterin Maria G. sagt in ihrer eidesstattlichen Versicherung bei der Personería am 10. April 2014, dass sie keine Praktikumsstelle angeboten und weder die Sprachschule noch Ingrid überhaupt gekannt hat. Generell habe sie seit drei Jahren keine Freiwilligen mehr beschäftigt.[146]

Offensichtlich gibt es widersprüchliche Aussagen. In den Akten finden wir die gesamte E-Mail-Korrespondenz zwischen Kris und Lisanne und Elles S., der Mitarbeiterin des Reisebüros Het Andere Reizen, die die Reise organisiert. Am 13. Februar erhalten die Mädchen eine Reisebestätigung darüber, dass sie am 31. März ihren Freiwilligendienst in der Kita Aura antreten können.[147] Wer den Arbeitsplatz organisiert hat, geht aus dem Schreiben nicht hervor. Marjolein behauptet in einem Brief an Schulleiterin Ingrid im Mai 2014[148], sie habe den Arbeitseinsatz für Kris und Lisanne am 28. März telefonisch mit der Kita abgesprochen. Zwar behauptet Marjolein, am Montagmorgen, den 31. März, mit Eileen zur Kita gefahren zu sein, um dort letzte Details zu klären, doch Eileen negiert dies uns gegenüber. Auch Kita-Leiterin Maria erwähnt nur eine einzelne Ausländerin, die in ihre Kita gekommen sei.

Marjolein jedoch schreibt an Ingrid, Maria habe ihr aus heiterem Himmel abgesagt. Erstaunt darüber, sei sie darum mit Eileen zur benachbarten Kita Esperanza gegangen, um dort nach einem Platz zu fragen – die Verantwortliche sei aber nicht vor Ort gewesen. Eileen sagt uns, dass sie auch davon nichts weiß.

Um 11 Uhr sieht Marjolein aus dem Bus heraus, wie die beiden Freundinnen nahe der Schule in ein Taxi einsteigen. Nachmittags ruft sie mehrmals bei der Kita Esperanza an, erreicht aber niemanden. Um 18:30 Uhr kommt sie zurück zur Schule und findet eine Nachricht von Kris und Lisanne, die um einen Anruf bitten, da sie sich eine Erklärung wünschen. Marjolein wundert sich darüber, denn ihr zufolge hätte Eileen bis 17 Uhr da sein sollen.

Abends erreicht Marjolein die Mädchen endlich, bittet sie für den nächsten Morgen in die Schule und verspricht, dass Eileen nochmal in der Kita anrufen werde. Wir fragen uns, warum sie diese Aufgabe nach all dem Chaos nicht selbst übernimmt – auch weil Eileen kein Spanisch spricht. Wir können nicht zweifelsfrei aufklären, wer bezogen auf den »vorletzten Tag« aus welchem Grund die Unwahrheit sagt. Gerne hätten wir Marjolein befragt, doch ein Gesprächsangebot von Annette lehnt sie genauso ab wie Ingrid.

Es gibt einen weiteren Zeugen, der Kris und Lisanne an diesem Tag gesehen haben will. Der Kellner Moisés C. sagt am 8. April aus, dass er sie um 12 Uhr im Park Richtung Romero-Supermarkt laufen gesehen hat.[149] Eine von beiden habe ein Handy in der Hand gehabt. Laut NFI-Bericht gibt es in diesem Zeitraum keine Nutzung des Samsung-Telefons. Kris' iPhone ist sogar ausgeschaltet. Moisés erkennt die beiden als die vermissten »*holandesas*«, weil sie am Tag zuvor in seinem Bistro gewesen seien.

Da sie von der Absage nichts wissen, stehen Kris und Lisanne um 13 Uhr vor der Kita. Maria meint, sich kurz zuvor gegenüber Marjolein klar ausgedrückt zu haben, und ist entsprechend verwundert. Nur »die Größere in geblümter Bluse« habe ein wenig Spanisch gesprochen, sagt sie, die andere nicht. Wieder erklärt Maria, dass sie keine Stelle anbieten kann, worauf »das große Mädchen« ihr entgegnet, dass sie gar keine Arbeit mehr annehmen wolle, sondern stattdessen eine Reise nach Bocas del Toro antreten werde.

Sollte Lisanne das geäußert haben, könnte dies auf Resignation zurückzuführen sein. In jenem Moment muss es sich für sie so angefühlt haben, als laufe in Boquete alles schief. Möglicherweise nimmt Staatsanwältin Pittí später genau diese Aussage zum Anlass, zu behaupten, die Mädchen seien über den Mirador zu Fuß nach Bocas gelaufen.

Wo Kris und Lisanne danach hingehen, ist völlig unklar. Die Autoren von *Lost in the Jungle* beteuern, sie seien umgehend zur Schule zurückgegangen, um die Nachricht für Marjolein zu schreiben, auf der ihnen zufolge auch eine Uhrzeit gestanden hat. Allerdings erwähnt Marjolein keine notierte Zeit.

Um 13:06 Uhr loggt sich außerdem nach Angaben des NFI-Berichtes Lisannes Handy in ein öffentliches WLAN-Netzwerk ein und bleibt bis 13:38 Uhr damit verbunden.[150] Kris schaltet ihr Telefon um 13:13 Uhr zum ersten Mal an diesem Tag ein und nutzt bis 14 Uhr unter anderem WhatsApp. Um 13:48 Uhr werden mit dem Samsung-Handy zwei Fotos[151] geschossen. Zwischen 14 und 15:30 Uhr ist die Fotogalerie auf Lisannes Mobiltelefon geöffnet. Kris' Freund Stephan gibt an, am 1. April um 14 Uhr eine Nachricht von seiner Freundin erhalten zu haben, in der sie ihm mitgeteilt habe, dass sie jetzt wandern gingen.[152] Nach Auswertung der Kamera- und Telefondaten kann diese Angabe nicht stimmen, denn zu dieser Zeit ist Kris hinter dem Mirador und hat keinen Empfang. Hätte Stephan sich hier also um einen Tag vertan, würde diese Nachricht zum erstellten Telefonprotokoll passen, nach dem Kris am 31. März um 14 Uhr WhatsApp schließt.

Wir wissen nicht, wo Kris und Lisanne sich bis 14 Uhr ins WLAN eingeloggt haben und nicht, wo sie anschließend hingegangen sind, denn bis 16:42 Uhr wird keine weitere Handyaktivität verzeichnet. Dass sie beschlossen haben zu wandern, ist durchaus möglich. Sie hätten sich jetzt auch zu den Caldera Hotsprings fahren lassen können, wo sie laut Polizeiprotokoll gegen 14 Uhr gesehen werden.[153] Dazu passt allerdings nicht die polizeiliche Aussage von Humberto G. vom Taxiunternehmen Transbusa. Er meldet sich am 8. April bei der Personería und behauptet, dass die Mädchen zwischen 13:15 und 13:45 Uhr in sein Taxi am Bruña-Supermarkt eingestiegen sind,[154] um zum Pianista Trail zu fahren. Doch stimmt dieses Datum? Oder vertut sich der Taxifahrer? Denkbar wäre zumindest, dass Kris und Lisanne bereits am 31. März am Pianista Trail gewesen sind – vielleicht um die Strecke vorab zu erkunden.

Irgendwann an diesem Nachmittag will sich die Verkäuferin Ana O. im Boquete Artisan Village – ein zentraler Marktplatz – mit den Freundinnen unterhalten haben.[155] Sie hätten ihr erzählt, dass sie wandern gehen wollten, aber nicht wohin.

Um 16:42 Uhr loggt sich Kris' Handy und zwei Minuten später Lisannes im WLAN der Spanischschule ein. Wahrscheinlich ist zu diesem Zeitpunkt Eileen da, die sich uns gegenüber erinnert, dass Kris und Lisanne ihr wütend erzählt haben, nicht arbeiten zu können. Lisannes Handy ist bis 17:26 Uhr mit dem Netzwerk verbunden. Um 17:10 Uhr wird Kris das letzte Mal in ihrem Leben online bei WhatsApp gesehen. Sie schreibt ihrer Mutter, dass sie mit Lisanne jetzt zur Massage geht.[156]

Die Behandlung findet in den frühen Abendstunden bei der Masseurin Sigrid statt. Diese verrät in einem Interview mit dem panamaischen Sender *NEXtv*[157], Kris und Lisanne hätten ihr enttäuscht davon berichtet, dass sie nicht wie vereinbart in der Kita Aura arbeiten und auch für die kommende Woche keinen Job antreten könnten.

Wenn Sigrids Aussage stimmt, dann sagt Marjolein die Unwahrheit, denn ihr zufolge sollte Eileen erst am nächsten Tag dort anrufen. Dass Kris und Lisanne Sigrid an diesem Tag erzählt hätten, dass sie den Pianista Trail wandern wollten, geistert als Gerücht seit vielen Jahren durch einschlägige Internetforen und sorgt beim Versuch der Rekonstruktion der Ereignisse massiv für Irritationen. Dabei speist sich die Legende nur aus einer falschen Übersetzung eines Interviews, das die Masseurin 2014 dem panamaischen Sender *NEXtv* gegeben hat. Darin verrät Sigrid, dass Kris und Lisanne nach Boquete gekommen seien, um auch den Pianista Trail zu wandern. Scarlet R., die das Gespräch auf Englisch übersetzt hat, untertitelt diese Aussage falsch mit den Worten, Kris und Lisanne hätten Sigrid von ihren Plänen erzählt, den Pianista Trail zu wandern. Dadurch wird der Anschein erweckt, sie hätten ihr das während ihrer Massage-Behandlung berichtet.[158]

Annette gegenüber stellt Sigrid deutlich klar, dass Kris und Lisanne während ihres Besuchs nie vom Pianista Trail gesprochen haben. Bislang hat sich Sigrid, die die Ereignisse bis heute schwer mitnehmen, nicht erklären können, wie die anderslautenden Gerüchte zustande gekommen sind. Die Niederländerin hat ein feines Gespür für Menschen und glaubt selbst nicht an einen Unfall, sondern dass etwas anderes mit den Mädchen passiert sein muss. Einen etwas faden Beigeschmack hat für uns, dass Sigrid als eine der letzten wichtigen Zeugen, mit denen Kris und Lisanne gesprochen haben, laut Akte nie von der Polizei oder einer anderen Behörde angehört worden ist.

Am frühen Abend nach ihrer Massage erreicht Marjolein Kris und Lisanne telefonisch und macht ihnen wieder Hoffnung auf eine Arbeit an der Esperanza. Lisanne fasst am Abend in ihrem Tagebuch treffend zusammen:

Unser erster Tag war eine Katastrophe. Als wir pünktlich ankommen, werden wir nicht einmal erkannt oder freundlich begrüßt. Das Einzige, was wir hören, ist »no proxima semana« - wir sind erst nächste Woche willkommen. Was?! Enttäuscht kehren wir zur [spanischen] Schule zurück und tatsächlich, die Tagesstätte hat erst nächste Woche Arbeit für uns. Aber darauf geben wir natürlich gar nichts. Vielleicht können wir

ja morgen in der Casa Esperanza anfangen. Daumen drücken! Um un-
sere Enttäuschung zu mildern, sind wir zu Sigrid für eine Ganzkörper-
massage gegangen. Ein Hochgenuss! Morgen ist ein neuer Tag, hasta
manana![159]

Die letzten Personen, die Kris und Lisanne an diesem Abend sehen, sind Gastmutter Miriam und ihre zehnjährige Tochter Astrid. Auch der Gastfamilie gegenüber erwähnen sie nichts von Wanderplänen am kommenden Tag, obwohl sie gefragt werden, was sie vorhätten.

Durch Sigrids Dementi steht fest: Die Mädchen haben niemandem von ihrer Wanderung berichtet. Dies spricht für einen spontanen Entschluss kurz vor Tourbeginn. Wie sie darauf gekommen sind und warum sie trotzdem niemanden, auch Angehörige nicht, darüber informiert haben, bleibt im Verborgenen.

Der letzte Vormittag

Es ist der 1. April 2014. Um 8:10 Uhr öffnet Lisanne für vier Sekunden eine Uhr-App auf ihrem Handy. Dies könnte darauf hindeuten, dass sie einen Alarm ausschaltet, was wiederum nahelegt, dass die Mädchen zu dieser Zeit noch im Bett sind. Allerdings gibt Miriam an, dass sie ihren Mieterinnen Kris und Lisanne am Morgen Brot, Kuchen und kalten Tee zum Frühstück serviert. Als sie um 6:45 Uhr zur Arbeit aufbricht, sieht sie die beiden noch am Tisch sitzen, spricht jedoch nicht mehr mit ihnen.

Feliciano bestätigt, dass er um 7 Uhr an der Schule ist, um Marjolein abzuholen. Sie plant, mit ihm nach David zu fahren und von dort nach Costa Rica weiterzureisen. Zu dieser Zeit sind die Mädchen nicht an der Schule. Marjolein verschiebt vor ihrer Abfahrt eine geplante Tour mit Kris und Lisanne auf den Vulkan Barú vom 2. auf den 5. April. Warum überhaupt jemand einen Ausflug für den Mittwoch buchen würde, bleibt rätselhaft. Schließlich gehen Kris und Lisanne noch davon aus, dass sie an diesem Tag arbeiten müssen.

Am Morgen kümmert sich Eileen allein um die Schule. Wahrscheinlich treffen Kris und Lisanne um 9 Uhr morgens ein, wie mit Marjolein abgesprochen. Sie stellen fest, dass sie nicht die Möglichkeit haben werden, in der Esperanza zu arbeiten. Eileen erinnert sich, dass die beiden daraufhin anfingen zu überlegen, wohin sie wandern könnten. Ihre Beobachtung, dass sie sich über den Pianista-Pfad unterhielten, deckt sich mit Details aus dem NFI-Bericht. Demnach ist Lisannes Handy zwischen 9:09 Uhr und 10:16 Uhr im WLAN-Netz eingeloggt. Dazu sei angemerkt, dass es den Forensikern nicht möglich ist, das Netzwerk anhand einer spezifischen Kennnummer (SSID) zu identifizieren. Aufgrund zugewiesener, identischer IP-Adressen und anderen zeitlichen Vergleichen bestimmen sie aber das WLAN-Netzwerk der Schule und nehmen dessen Nutzung auch in diesem Fall an. Dazu passt, dass das Samsung-Telefon zuletzt um 9:57 Uhr bei Spanish by the River lokalisiert wird.[160] Dies ist auch die letzte Ortung von Lisannes Handy, die die Forensiker durch das Einloggen in Lisannes Gmail-Account feststellen können. Um 9:09 Uhr taucht Lisanne zum letzten Mal in ihrem Leben bei WhatsApp auf. Außerdem durchstöbert sie Nachrichten auf *NOS-News* und checkt ihre Facebook-Seite.

Die Telefondaten offenbaren zudem 17 Google-Suchanfragen, die ebenfalls über Lisannes Konto nachverfolgt werden können. Ein deutliches Muster kristallisiert sich heraus: Nach ersten allgemeinen Informationen zum Wandern in Panama und zu Routen in Boquete konzentriert sich Lisannes Interesse zunehmend auf den Pipeline Trail, erkennbar an fünf gezielten Suchanfragen. Ihr letztes Augenmerk gilt dem Pianista Trail, zu dem sie dreimal recherchiert.

Parallel dazu spiegeln sich die Suchaktivitäten auf dem Computer der Schule wider, wo ähnliche Begriffe eingegeben werden. Dieses Detail, gekoppelt mit einem Vormittagsanruf von Eileen an Feliciano, deutet auf eine Verbindung Eileens zu den Wanderplänen von Kris und Lisanne hin. Die Praktikantin scheint nicht nur informiert, sondern auch mit der Planung beauftragt zu sein, denn sie organisiert – laut Felicianos Aussage – für Kris, Lisanne und sich selbst eine Tour zur Erdbeerfarm in Alto Quiel für den darauffolgenden Tag. Der Touristenführer stimmt dem Plan zu und vereinbart mit Eileen ein Treffen für den nächsten Tag um 8 Uhr an der Schule. Kurz bevor Lisanne sich aus dem Netzwerk ausloggt, aktiviert sie um 10:16 Uhr Google Maps auf ihrem Handy.

Auffällig ist weiterhin, dass Kris und Lisanne ihre Telefone an diesem Tag nicht aufladen. Lisannes Akkustand beträgt beim Verlassen von Spanish by the River 51 Prozent. Als Kris knapp eine Stunde später ihr Handy zum ersten Mal an diesem Tag anmacht, weist zufälligerweise auch ihr Akku einen Stand von 51 Prozent auf.

Aus dem NFI-Bericht geht nicht hervor, dass Kris und Lisanne an diesem Morgen das WLAN-Netzwerk wechseln, wie es in *Lost in the Jungle* behauptet wird. Den Autoren zufolge hätten Kris und Lisanne das Internet der Schule »ein bisschen genutzt«, seien dann zurück zum Haus ihrer Gastmutter gegangen, hätten ihre Rucksäcke gepackt und die Schuhe gewechselt.[161] Die Angaben sind genauso spekulativ wie die weitere Schilderung der Autoren, Kris und Lisanne seien mit einem Taxi zum etwa fünf Kilometer entfernten Restaurant Nelvis gefahren, wo sie ein Frühstück zu sich genommen hätten. Für ihre Behauptung, dass Lisannes Handy am 1. April im Netzwerk des Nelvis eingeloggt ist[162], gibt es in der gesamten Gerichtsakte keinen Hinweis. Wie oben beschrieben, ist es den Ermittlern auch nicht möglich, ein bestimmtes WLAN-Netzwerk zu identifizieren.

Die Annahme, dass Kris und Lisanne am besagten Tag in Begleitung einiger Jungen zum Frühstück in dem Restaurant gewesen sind und dabei Ausflugstouren diskutiert haben, scheint sich aus einem Dokument in der Akte zu speisen. Darin informieren Lisannes Eltern die Polizei über genau diese Begebenheit.[163] Nach diesem Hinweis werden in Boquete am 7. April drei Mitarbeiter des Restaurants polizeilich verhört. Sie geben an, zwei Mädchen hätten zwischen 8:30 Uhr und 9:30 Uhr bei ihnen Kaffee, Bratwürste und Gebäck konsumiert. Die Mitarbeiter beschreiben sie lediglich als »weiß« oder »ähnlich denen auf dem Foto«, ohne konkrete Anzeichen, dass es sich tatsächlich um Kris und Lisanne gehandelt hat. Auch in Begleitung seien die jungen Frauen nicht gewesen.

West und Snoeren behaupten hingegen, Kellner Edwin S. sei sich sicher, die vermissten Mädchen gesehen zu haben, weil Kris mit ihren rötlichen Haaren sehr gut zu erkennen gewesen sei.[164] Diese Aussage ist ihm entweder in den Mund gelegt worden oder es handelt sich um exklusiv an die Autoren herangetragenes Wissen. Tatsächlich gibt dieser bei der Polizei überhaupt keine Beschreibung von äußerlichen Merkmalen der Mädchen an, die er bedient hat.[165]

Eine spätere Pressemitteilung legt offen, dass ein Irrtum bezüglich des Datums vorgelegen hat: Die Eltern von Lisanne haben scheinbar den Tag verwechselt, an dem Kris und Lisanne im Restaurant Nelvis gegessen haben sollen.[166] Auch Lisannes Bruder Martijn bestätigt auf der dafür eingerichteten Facebook-Seite den 31. März als das korrekte Datum ihres Besuchs. Diese Information klärt möglicherweise nebenbei auf, warum die beiden am Morgen nicht über Marjolein und Miriam erreichbar gewesen sind.

Das Ermittlungsversäumnis, das Personal des Nelvis nach Gästen des vorherigen Tages zu befragen, lässt die Chance ungenutzt, mögliche Begleiter von Kris und Lisanne zu identifizieren. In *Lost in the Jungle* wird deren Weg zum Pianista Trail ausgehend vom Nelvis dargestellt. Zwei Taxifahrer behaupten zwar, die Frauen dort hingefahren zu haben, doch keiner von ihnen startet die Fahrt beim Nelvis.

Die Ungereimtheiten bezüglich der Wanderung auf dem Pianista Trail und der Route, die Kris und Lisanne dorthin genommen haben, sind nur einige der unbeantworteten Fragen des 1. April. Auch warum sie weder Angehörigen noch Kontaktpersonen in Boquete, die im Notfall hätten wissen sollen, wo sie sich aufhalten, davon erzählt haben. Ihre scheinbar spontane Entscheidung zu wandern, passt nicht zu ihrem sonstigen Verhalten, insbesondere nicht zu Lisanne, die für ihre detaillierte Planung und Vorbereitung bekannt gewesen ist. Es wirkt untypisch, dass sie zu einer solchen Unternehmung aufgebrochen sind, ohne angemessene Kleidung zu tragen und mit nur halb geladenen Mobiltelefonen. Beides deutet darauf hin, dass sie keine längere Wanderung geplant haben.

Unfalltheorien

Bis zum Mirador

Um die Route, die Kris und Lisanne bis zum Mirador gelaufen sind, detailliert kennenzulernen und insbesondere die Strecke nach dem Gipfel hinsichtlich möglicher Unfallszenarien zu beurteilen, ist es unerlässlich, sie selbst zu erkunden. Neben eigenen Eindrücken ist das Urteil eines versierten Wanderführers und Gebietskenners von großer Bedeutung. Für diese Aufgabe ist Feliciano die ideale Wahl gewesen. Seine Beteiligung hat uns zudem die Gelegenheit geboten, ihn als Person und seine Perspektive auf die Ereignisse vom 1. April 2014 besser zu verstehen. Bevor wir uns mit den einzelnen Unfalltheorien auseinandersetzen, sollen daher Annettes Eindrücke des Weges unter Felicianos Expertise geschildert werden.

Logbuch Annette (8°50'37.1"N 82°25'29.9"W)
Es ist der 20. April 2023. Um halb acht holt mich Feliciano ab. Er ist zu früh, klopft aber nicht, sondern lässt mir die Zeit, die ich brauche. Mit einem Lächeln so natürlich wie die Bananen in seinem Kofferraum reicht er mir die Hand, als ich vor meine Haustür trete. Gestern Abend habe ich ihn zum ersten Mal getroffen. Die Mitarbeiterin der Tour Agency hat den Kontakt hergestellt, nachdem kein anderer Guide bereit gewesen ist, mich hinter den Mirador zu führen. Ist es Zufall oder Schicksal, dass ihr als letzter Verbliebener Feliciano eingefallen ist, nachdem mir vier andere abgesagt hatten? Ich freue mich, habe ich doch ohnehin mit ihm in Kontakt kommen wollen. Schon am Telefon haben wir zwanzig Minuten geplaudert – Feliciano ist ein umgänglicher und offener Mensch, solange ihm sein Gefühl sagt, dass ihm sein Gegenüber wohlgesonnen ist. Beim Chai Tee im Café zur Vorbereitung auf die Tour hat er sichergestellt, dass ich die richtigen Schuhe und geeignete Kleidung für die Wanderung anziehe.

14 Stunden später sitzen wir also im Auto und fahren durch Boquete, über die Brücke auf die andere Seite des Caldera und am Park vorbei. Mein Blick streift kurz die Flamingofiguren, vor denen Lisanne und Kris posiert haben. Die beiden sitzen in meinen Gedanken mit uns im Auto, obwohl wir noch nicht über sie gesprochen haben. Von meiner Arbeit und diesem Buch hat Feliciano keine Ahnung.

Als würde er im exakt gleichen Moment an sie denken, beginnt er zu erzählen: »Bestimmt hast du beim ersten Mal das Kreuz auf dem Mirador gesehen«, sagt er.

»Ja, hab ich, und ich weiß, dass vor einigen Jahren zwei Mädchen verschwunden sind.«

»Das stimmt, man weiß nicht, was genau passiert ist«, sagt Feliciano. »Niemand kennt den Pianista so gut wie ich, darum habe ich zwei Tage danach angefangen, sie dort zu suchen. Aber es gab keine Spur von ihnen.«

Als wir an der Stelle ankommen, an der der Pianista-Weg beginnt, und Feliciano das Auto auf dem Streifen Gras am Rand parkt, vergisst er, den Motor auszumachen, weil er so in das Schicksal der beiden Mädchen vertieft ist. Es ist, als hätte sich ein Deckel gehoben, und nun fließt alles an Wörtern ungefiltert hinaus und direkt in diese gerade sich bildende Bekanntschaft hinein.

Der Pianista ist sein Weg, sein Arbeitsplatz, seine Hosentasche und auch sein Zufluchtsort. Mehrere tausend Male ist er ihn gegangen, allein und mit Menschen aus allen Teilen der Welt. Was auf diesem Weg passiert, betrifft ihn.

Heute zeigt er ihn mir zum ersten von sechs Malen und leiht mir seine erfahrenen Augen. Als uns am Restaurant Il Pianista ein brauner Husky schwanzwedelnd begrüßt, wechseln wir beide dankbar das Thema hin zu unserer gemeinsamen Leidenschaft: Tiere. Lucky kennt Feliciano und leckt ihm die Hand ab, sein Herrchen plaudert fröhlich drauflos. Ich erinnere mich an die Erwähnung einiger Podcasts, dass ein Husky namens Azul[167] Lisanne und Kris damals auf ihrer Wanderung begleitet hat und dann ohne sie zurückgekehrt ist. Darum frage ich Giovanni, den Restaurantbesitzer, danach. Er erklärt: »Mein treuer Freund Azul ist inzwischen verstorben. Er ist früher hin und wieder mit Touristen mitgelaufen, aber ich kann mich nicht erinnern, dass er mit den holandesas desaparecidas gegangen ist.«

Nachdem nun abermals eine Legende widerlegt ist, geht die Tour endlich los, über die kleine Brücke, die erst 2022 auf Felicianos Initiative hin gebaut worden ist. Danach laufen wir vorbei an winzigen Holzhäusern, Hühnern und spielenden Kindern. Frauen in bunten Kleidern grüßen uns freundlich aus ihren Gärten heraus.

Nach einigen hundert Metern lassen mein persönlicher Guide und ich die Häuser hinter uns und schlendern auf den Wald zu, den Berg immer vor uns wie eine grüne Wand, heute viel weniger bedrohlich und außerdem sonniger als am 1. April.

Neben der saftig grünen Wiese vor strahlend blauem Himmel begegnen wir einer Kuh, die es irgendwie auf die falsche Seite des Zaunes geschafft hat. Gelassen blickt sie uns an und präsentiert ein geschwungenes weißes Herz auf ihrer Stirn. Wir passieren ein dreieckiges Schild, dessen Botschaft längst verblasst ist, und überlassen uns dem Grün. Das Blau des Himmels verschwindet.

Es geht stetig bergauf, vorbei an Baumfarnen, Zedern und Ligustern. Obwohl ich schon oft im Urwald gewesen bin, fasziniert mich diese Üppigkeit jedes Mal aufs Neue. Die Äste des einen Baumes gehen in den nächsten über, nichts steht für sich. Alles ist miteinander vernetzt und verbunden, ein riesiges Meer aus Grün, das lebt und atmet und alles verschluckt, was zu lange hier verweilt.

Nach dem aufwühlenden Gespräch am Anfang sind Feliciano und ich nun ruhig. Wir laufen hintereinander her, er vor mir, um jeden Stein auf seine Trittfestigkeit zu prüfen und mich auf herausragende Äste aufmerksam zu machen, damit ich unbeschwert die Natur bewundern kann. Seine Machete kommt nur in der Hülle zum Einsatz, wenn er auf einen Käfer deutet, eine Blüte anhebt oder einen Zweig zur Seite schiebt. Ich bin trotzdem froh, dass er sie dabeihat, denn der Urwald ist immer für Überraschungen gut. Heute ist die Natur uns wohlgesonnen.

Alle paar Meter blickt er sich zu mir um, mit forschendem Blick, mit dem er genau erkennt, ob ich gut mitkomme oder langsamer gehen will. Feliciano passt sich meinem Tempo an, ohne zu fragen, seine 24 Jahre als Guide haben ihn die Wanderer lesen gelehrt.

Ich bleibe bei einem fingerdicken Insekt stehen, frage ihn nach dem spanischen Namen. *Gusano*, Wurm. Behutsam setzen wir ihn neben dem Weg ins Gebüsch. Feliciano erklärt mir Käfer, Ameisen und Vögel in Bäumen, die ich manchmal gar nicht sehe.

Als wir die Weggabelung erreichen, an der ich bei meiner ersten Wanderung falsch abgebogen bin, frage ich ihn nach den Wegweisern, die nicht existieren. Etliche Male habe er dem *Alcalde*, also dem Bürgermeister, vergeblich gesagt, dass sie Hinweisschilder aufstellen sollen.

Ich bin froh über den Wanderstock, den Feliciano mir gegeben hat, und über die Wanderstiefel mit hohem Schaft, die mich so manches Mal vor mehrere Zentimeter hohem Schlamm bewahren. Auch dieses Wort bringt mir Feliciano bei: Vorsicht, *resbaloso*, rutschig.

Schon während des Aufstiegs erzähle ich ihm von meinem Vorhaben. Vorsichtig erst, um zu sehen, wie er reagiert. In keinem Moment fühle ich Abwehr oder Zurückhaltung. Wir haben vom ersten Moment an eine Verbindung – er vertraut mir. Genauso wie ich ihm, auch wenn mein Verstand und Christian aus der Ferne mich noch hin und wieder warnen, nicht blauäugig zu sein. Ich kenne die Geschichten, die im Internet über ihn geschrieben stehen. Mein Bauchgefühl sagt mir jedoch, dass die Verleumdungen von Menschen stammen, die Feliciano nie kennengelernt haben.

So stapfen wir also gut gelaunt Richtung Mirador. Oben angekommen, erblicke ich nun endlich, was mir beim ersten Mal verwehrt geblieben ist: die Pazifikküste auf der einen und die Karibikküste auf der anderen Seite. Auch Boquete ist von hier oben zu sehen.

Als ich ihn auf das Kreuz anspreche, erfahre ich von Feliciano, dass es seine Idee gewesen ist und er es hier oben aufgestellt hat. Er pflegt die Gedenkstätte auch regelmäßig und schickt dann Kris' Familie Fotos davon. Ich staune. Feliciano kommt fast jeden Tag hierher, immer mit anderen Touristen. Selbst wenn diese nie von Lisanne und Kris gehört haben, erfahren sie spätestens hier von ihnen, wodurch Feliciano sich freiwillig Fragen und eventuellen Vorurteilen aussetzt.

Er rupft kurz ein wenig Unkraut unterhalb des Gedenkkreuzes weg, legt dann eine Plastikplane für mich auf die kleine Erhebung zwei Meter weiter und holt Tupperboxen und Flaschen aus seinem Rucksack. Wir lassen uns Kartoffeln, Eier, Äpfel und Nüsse schmecken, genießen den Kaffee. Lang rasten können wir jedoch nicht, denn es liegt noch ein ganzes Stück vor uns. Ich will dieses Mal mindestens den Quebrada 1 erreichen, wo das letzte Foto der Mädchen entstanden ist.

Wie verabredet schicke ich eine kurze Nachricht an Christian: »Mir geht's gut, alles super, keine Sorge.« Dann betreten wir die verbotene Zone, den Nordteil des Pianista Trails. Mein Herz rast, als sich die Felswände links und rechts von mir auftun und mich einschließen. Augenblicklich ist es dunkler, hier kommt kaum Sonnenlicht an. Der Schlamm steht so hoch, dass ich meine Stiefel kaum noch sehe. Feliciano reicht mir alle paar Meter die Hand, um mich zu stützen oder aufzufangen. Der Part hier hat es in sich.

Nun geht es stetig bergab. Der Pfad ist schmaler als auf der anderen Seite, weniger ausgetreten, die Geräusche sind stiller. Ich spüre die Ferne zum Dorf und die Abgeschiedenheit – und meine

Füße, die mich später den ganzen Weg zurück wieder hochtragen müssen.

Dieses Mal laufen wir langsam, bleiben immer wieder stehen, um Moos, Pilze oder winzige rosa Blüten zu bewundern. Bevor wir den Bach erreichen, höre ich bereits das Plätschern. Der Weg nimmt noch einmal eine Linkskurve, dann gucke ich von oben auf das Wasser herab. Ich erkenne die Stelle vom Foto nicht wieder. Feliciano steht schon auf einem Stein in der Mitte. Die Arme in die Hüften gestemmt, sichtet er die Umgebung. Er ist lange nicht mehr hier gewesen.

Logbuch Ende

Der Irrweg

In Marjoleins Brief wird deutlich, dass sie den Pianista Trail als
mögliche Ausflugsroute vorgeschlagen hat. Sie behauptet, ausdrücklich darauf hingewiesen zu haben, den Weg nicht ohne Führer
zu begehen, und zudem erklärt zu haben, dass man auf dem Gipfel
umdrehen und den gleichen Weg zurücklaufen müsse.[168] Marjolein
hat weder in ihrer Aussage bei der Polizei noch gegenüber Ingrid
oder jemals in der Öffentlichkeit erwähnt, dass sie drei Tage, bevor
Kris und Lisanne den Pianista Trail gelaufen sind, den Pfad selbst
gewandert ist. Wir wissen das nur, weil Feliciano sie geführt hat und
weil Petra, mit der wir darüber gesprochen haben, ebenfalls dabei
gewesen ist. Während ihrer Wanderung bittet Marjolein Feliciano
auch, sie am Dienstag nach David mitzunehmen, da er dort wegen
seines verletzten Daumens einen Termin im Regionalkrankenhaus
hat, das nahe dem Busterminal liegt.

Laut Marjoleins Brief wissen Kris und Lisanne, dass sie Füh-
rungen über die Schule buchen können und sollen. Sie entscheiden
sich jedoch, den Trail alleine zu wandern. Ein angenommenes Lost-
Szenario stellt zuerst die Frage, warum die Mädchen über den Mirador hinausgehen und nicht nach Erreichen des Gipfels umkehren,
obwohl sie dafür nicht ausgerüstet sind und es wahrscheinlich nicht
so geplant haben. Ein Hinweis könnte die Informationsmappe sein,
die Marjolein den Mädchen aushändigt. Sie enthält eine Umge-
bungskarte von Boquete und eine Beschreibung des Pianista Trails,
kopiert aus dem Reiseführer *Lonely Planet*. Darin steht, Wanderer
erleben …

> … [eine] *angenehme Tageswanderung entlang des Sendero El Pianista,
> der sich durch Weideland und feuchten Nebelwald schlängelt. Um den
> Wanderweg zu erreichen, nehmen Sie die erste Abzweigung rechts aus
> Boquete heraus (Richtung Norden) und überqueren zwei Brücken. Un-
> mittelbar vor der 3. Brücke, etwa 4 km (2,5 Meilen) außerhalb der*

Stadt, führt ein Weg nach links zwischen ein paar Gebäuden hindurch. Nach 200 m müssen Sie durch einen kleinen Fluss waten, aber dann geht es 2 km lang stetig und gemächlich bergauf, bevor Sie einen steileren, schmalen Pfad hinaufsteigen. Der Weg schlängelt sich tief in den Wald hinein, aber man kann jederzeit wieder umkehren.[169]

Diese Information hätte von Kris und Lisanne verschiedentlich missdeutet werden können. Zwar ist in der Broschüre die korrekte Distanz des Weges bis zum Gipfel angegeben, doch nicht explizit darauf hingewiesen, dass der offizielle Trail auf dem Mirador endet. Auch dass der weitere Verlauf des Weges nur von Einheimischen genutzt und erst nach einem oder zwei Tagesmärschen – je nach Tempo – wieder auf Zivilisation trifft, erfährt der Leser nicht. Ein Wanderer müsste sich sowieso auf zwei deutlich unterschiedliche Etappen vorbereiten. Vor dem Mirador, auf der Boquete-Seite respektive der Südseite, ist der Pfad anspruchsvoll, aber für Personen mit angemessener Fitness durchaus zu bewältigen. Der kontinuierliche Anstieg verlangt Ausdauer, doch es finden sich regelmäßig passende Stellen für Verschnaufpausen. Abhängig von Wetterverhältnissen und Saison ist es ratsam, die Zeit sorgfältig zu planen und im Auge zu behalten, da sich das Wetter rasch ändern kann. Boquete erfreut sich eines behaglichen, frühlingshaften Klimas. Zudem bieten die Bäume im bewaldeten Abschnitt Schatten, was eventuelle Hitze erträglich hält, um den Mirador zu erreichen.

Jenseits des Gipfels setzt sich der Pfad als Handelsweg zwischen Boquete und dem etwa 30 Kilometer Fußmarsch entfernten Alto Romero fort. Mit der Annäherung an die rund 40 Kilometer entfernte Karibikküste steigen die Temperaturen. Das Klima wird tropischer und feuchter. Außerdem ist der Weg grundsätzlich schwieriger zu bewältigen, da ihn weniger Menschen laufen. Er ist weniger ausgetreten im Vergleich zur Südseite, die täglich von Touristen begangen wird.

Es ist besonders tragisch, dass 2014 kein Warnschild vor dem Weg auf der anderen Bergseite steht, das darauf hinweist, dass der Wanderweg hier endet.

Theoretisch könnten Kris und Lisanne das schöne Wetter nutzen und ein Stück auf der anderen Seite hinunterlaufen wollen, um die Landschaft zu erkunden. Als sie um 13 Uhr auf dem Mirador stehen und Fotos machen, wissen sie, dass sie zwei Stunden für den Rückweg brauchen. Lisanne hat eine Erkältung, Atemprobleme und Fußbeschwerden. Der Pfad auf der anderen Seite ist steil und anstrengender. Auch dass der Weg so bald nirgendwo hinführt, ist offensichtlich. Er führt mitten durch dichten Wald sehr lange bergab. All das deutet darauf hin, dass Kris und Lisanne den Pfad nicht weitergegangen oder zügig umgedreht wären.

Eine weitere Möglichkeit für den Entschluss, den Pianista Trail hinter dem Mirador zu wandern, ist die, dass sie geglaubt haben, auf diesem Weg ebenfalls zurück nach Boquete zu kommen. Vielleicht haben sie angenommen, dass es sich um einen Rundweg handelt. Tatsächlich könnte die ihnen ausgehändigte Karte wegen ihrer zweidimensionalen Aufmachung diesen Eindruck vermittelt haben, zumal die Wanderwege darauf nicht im korrekten Verhältnis zueinander stehen. Es ist jedoch nie ein Fall bekannt geworden, in dem das jemandem passiert ist. Außerdem sieht jeder, der bei gutem Wetter auf der Spitze des Berges steht, auf welcher Seite Boquete liegt.

Es sind letztlich nur Kris' Fotos am Bach, die uns analysieren lassen, dass sie den Weg hinter dem Mirador eingeschlagen haben. Es gibt Meinungen, die fotografierten Stellen könnten sich auch auf der Boquete-Seite befinden, wo es einen ähnlichen Bachverlauf gibt. Da sich die Vegetation schnell ändert und sogar große Felsen durch starke Strömungen versetzt werden, könnte der Fotostandort nachträglich verwechselt worden sein.

Es ist merkwürdig, warum die Mädchen nach Quebrada 1 aufhören, Fotos zu machen, abgesehen vom gelöschten Foto 509. Kris'

Eltern, die den Pfad hinter dem Mirador bis zu den Paddocks gelaufen sind, wundern sich darüber. Ein paar hundert Meter weiter hätten Kris und Lisanne Quebrada 2 erreicht, einen schöneren Bach mit reizvollen Wasserfällen. Aber auch abseits der Bäche gibt es viel zu bestaunen, etwa herabhängendes Moos, das aussieht wie Haare, knallrote Bromelien und Pilze, schneeweiße Raupen. Es liegt also nahe, dass zwischen den Bächen etwas Unerwartetes geschehen ist, falls sie wirklich weiter abwärtsgegangen sind. Hans und Roelie sind sich sicher, dass ihre Tochter dieses Panorama hätte fotografieren wollen.

Oder sind sie umgekehrt? Dann könnte ihnen zwischen Quebrada 1 und dem Rückweg auf den Mirador etwas zugestoßen sein. Denkbar wäre ein Sturz oder ein Überfall durch Dritte. Da die Tunnel auf der Nordseite des Pianistas noch höher und außerdem länger sind als auf der Südseite, hätten sie dort vor Angreifern unmöglich fliehen können.

In einem Lost-Szenario folgen sie dem Pfad auf der anderen Seite, tiefer in das Unbekannte. Die Paddocks und das ausgedehnte Weideland am Fuß des Pianista-Berges spiegeln die Vegetation wider, die sie am Anfang des Trails auf der Boquete-Seite durchquert haben. Sie könnten fälschlicherweise angenommen haben, dass von hier aus ein Weg um den massiven Berg führt. Vielleicht dämmert es ihnen, dass sie einen Fehler gemacht haben, aber sie klammern sich an die Hoffnung, auf bewohntes Gebiet auf der Rückseite des Pianistas zu stoßen. Auf den Weiden gibt es Zeichen menschlicher Präsenz – Zäune und Hütten, an einigen Stellen weidet Vieh, ein Hauch von Zivilisation in der Wildnis. Sollte ihnen tatsächlich nicht klar gewesen sein, dass sie sich inmitten des riesigen Urwaldes von Bocas del Toro befinden, könnten sie geglaubt haben, eine Straße oder ein Wohngebiet aufzuspüren. Vielleicht haben sie gedacht, von dort einfach ein Taxi zurücknehmen oder zumindest von der Geborgenheit eines Bettes für die Nacht Gebrauch machen zu können. Angesichts der fortschreitenden Zeit und des schwindenden Lichts müssen sie erkannt haben, dass sie es nicht mehr vor Einbruch der Dunkelheit zurück zum Mirador schaffen würden.

In diesem Moment könnte die Angst sie ergriffen haben, ein kalter Schrecken, der sie dazu angetrieben hat, den Notruf zu wählen. Als sie realisieren, dass keine Hilfe kommen wird, stehen sie vor einer grausigen Entscheidung: entweder an Ort und Stelle ausharren und auf Rettung hoffen oder weiter nach einem Weg suchen, der sie aus dem undurchdringlichen Wald führt.

Hätten sie sich entschieden, nicht über die Weiden zu gehen, sondern dem Trail zu folgen, hätten sie in ihrem gemessenen Tempo zwischen dem Foto von Quebrada 1 und dem Notruf die erste Monkey Bridge am Fluss Cabecera de Culebra erreicht. Eine Brücke, die sie hätten überqueren können, doch vielleicht erscheint ihnen das in der Dunkelheit zu riskant.

Im Jahr 2014, also vor den Renovierungen, bestehen die Monkey Bridges aus einem Drahtseil für die Füße und zwei weiteren Seilen in Brusthöhe zum Festhalten. Je weiter die beiden Enden dieses Konstrukts auseinanderliegen, desto heftiger schaukeln die Seile hin und her, aber auch schon bei einer Länge von nur 20 Metern ist die Überquerung lebensgefährlich. Deshalb stürzen sogar Einheimische hin und wieder hinunter und sterben in den Fluten des Flusses, wie ein Guide Annette erzählt hat. Wenn man die erste Brücke überquert und dem Flusslauf folgt, gelangt man nach einem bis zwei Kilometer zur zweiten Monkey Bridge. Bevor man nach weiteren etwa acht Kilometern Fußmarsch das Dorf Alto Romero erreicht, überquert man eine dritte Brücke.

Das Gebiet zwischen erster Monkey Bridge und Dorf ist kaum bewohnt. Am Rande des Trails leben einige indigene Bauern und Viehzüchter. Kris und Lisanne wären wahrscheinlich auf sie gestoßen. Dort hätten sie vermutlich Hilfe gefunden, aber natürlich könnte auch ein Einheimischer dunkle Absichten gehabt haben. Alternativ könnten Kris und Lisanne vor der ersten Brücke gewartet

haben, fest davon überzeugt, dass am nächsten Tag jemand vorbeikommen würde – eine Annahme, die nicht abwegig gewesen wäre.
Sie hätten auch darauf hoffen können, hier von Suchteams entdeckt
zu werden.

Logbuch Annette (8°52'14.8"N 82°25'05.8"W)

Als ich während meiner vierten Pianista-Wanderung zusammen mit
Feliciano an der ersten Brücke ankomme, staune ich erst einmal
über die Drahtseile, die die Brücke halten. Heute besteht sie zwar
immer noch aus jeweils einem Drahtseil zum Festhalten, genau wie
damals, aber man hat eine etwa 30 Zentimeter breite, hölzerne Bo-
denplanke unter den Füßen. Darauf finde ich einigermaßen sicheren Halt, zumindest passen beide Füße nebeneinander auf den Steg,
als ich zum Test hinaufsteige. Ein zuverlässiges Gefühl von Sicherheit kommt trotzdem nicht auf, denn das ganze Konstrukt wippt
gefährlich auf und ab, sobald man auch nur den sanftesten Schritt
macht. Feliciano erzählt mir währenddessen, dass das Seil für die
Füße damals genauso dünn gewesen ist wie das für die Hände – also
etwa einen Zentimeter im Durchmesser. Darauf balancieren, während fünf Meter untendrunter die Wassermassen an die Felsen klatschen? Schon bei der Vorstellung wird mir schwindelig.

Während ich noch in Gedanken an Lisanne und Kris versunken bin, taucht hinter uns ein schwer beladener Mann auf. Er erzählt kurz, dass er von Boquete kommt und zurück in sein Dorf
hinter Alto Romero läuft. Ich beobachte, wie er behutsam, aber mit
sichtlich geübtem Tritt über die Brücke geht. Sobald er auf der anderen Seite angekommen ist, wage ich es und setze langsam einen
Fuß vor den anderen, den Blick stetig auf meine Stiefel gerichtet.
Bei jedem Schritt werde ich mutiger, aber nur mit beiden Händen
an den Seilen. Feliciano hat mir den Stock abgenommen, feuert
mich an und knipst hinter mir drauflos.

Die Aussicht von der Mitte ist atemberaubend: Weiß schäumende Wassergewalten schießen von links nach rechts und lassen keinen Blick auf den Grund des Flussbetts zu. Meine Hände krallen sich an die Seile, feine Tröpfchen landen auf meinen Lippen, mein Körper und die Brücke schaukeln sacht im gleichen Takt. Wenn unter mir nicht der sichere Tod lauern würde, wäre diese Bewegung richtiggehend beruhigend.

Vorsichtig drehe ich mich auf dem kleinen Holzsteg um, immer einen Fuß nach dem anderen, nichts darf hier unachtsam geschehen. Eine Hand immer am Seil. Feliciano ist hinter mir, ich habe ihn gar nicht kommen gespürt, so ruhig bewegt er sich auf dem filigranen Konstrukt. In seinem Gesicht stehen Frohsinn und Ehrfurcht. Er freut sich über meine Faszination für dieses Fleckchen Erde und dass er mir dieses Naturschauspiel zeigen kann. »*Estás bien?*«, fragt er mich, geht's dir gut? Ja, mir geht's gut, auch wenn es sich seltsam anfühlt, über dem Fluss zu schweben, der Lisanne und Kris nach offiziellen Angaben getötet hat. Feliciano geht's genauso, das weiß ich, auch wenn wir hier oben nur mit den Augen darüber sprechen.

Logbuch Ende

Der Weg hinter dem Mirador bis zu den Paddocks ist zu großen Teilen in den Berg eingegraben und von hohen Felswänden geschützt, oder er führt durch so dicht bewachsene Vegetation, dass ohne Machete fast kein Durchkommen möglich ist. Hinter den Weiden bis zur Monkey Bridge verläuft der Pfad durch dichten Urwald fast stetig bergab, bleibt aber gradlinig und weist bis zur Brücke mit Ausnahme einiger schwer erkennbarer Kuhpfade, die ins Leere führen, bis kurz vor der Monkey Bridge keine Weggabelungen auf. Dass man unfreiwillig vom Trail hinter dem Mirador abkommen, sich verirren und nicht wieder zurückkommen kann, halten die meisten Einheimischen und Wanderer, die den Trail kennen, für äußerst unwahrscheinlich. Passiert ist das auch noch nicht.

Logbuch Annette (8°51'35.2"N 82°25'08.0"W)

Im Laufe meiner fünf Monate in Boquete höre ich immer wieder die Geschichten von zwei Fällen des Verlaufens und Wiederfindens. Eine Kolumbianerin zum Beispiel ist mit einer Gruppe anderer Touristen auf dem Pianista-Weg bis zum Mirador unterwegs. Aufgrund von Problemen mit dem Fuß macht sie auf dem Gipfel länger Pause als ihre Begleiter, die somit ohne sie nach Boquete zurückkehren. Als sie den Rückweg antreten will, irrt sie sich in der Richtung und verlässt den Mirador in nördlicher Richtung statt in südlicher. Als sie bemerkt, dass sie auf dem falschen Weg ist, weiß sie nicht mehr, wie sie zurück ins Dorf kommen soll.

Schlussendlich rettet sie ihre Verzweiflung: Sie weint so laut, dass ein Indigener auf sie aufmerksam wird. Zufälligerweise hält sie sich nahe der Hütte eines indigenen Mannes auf, die nur wenige Meter entfernt liegt. Da diese jedoch komplett vom Wald verdeckt wird, ist sie vom Weg aus nicht sichtbar, sodass vorbeigehende Touristen sie nicht bemerken. Die Frau ist damals am Ende ihrer Nerven und natürlich erschöpft, aber ansonsten fit genug, ihrem Retter am nächsten Tag zurück nach Boquete zu folgen.

Im zweiten Fall ist es ein deutsches Pärchen, das zwar ebenfalls nicht vom Weg abkommt, sich aber immens im Standort irrt – sie sind viel tiefer im Wald, als sie denken. In der Nähe der ersten Brücke, also etwa zwei bis drei Stunden Fußmarsch hinter dem Mirador, bemerken die beiden, dass sie nicht mehr auf dem Pianista sein können. Auch sie haben Glück und treffen auf jemanden, der ihnen sagt, wo sie sich befinden. Und er zeigt ihnen den Weg zur Hütte eines anderen indigenen Mannes, der in der Nähe wohnt und bei dem sie übernachten können. Am nächsten Tag brechen sie beinahe wieder in die komplett falsche Richtung auf, aber L., ihr spontaner Gastgeber, weist ihnen den richtigen Weg, sodass sie sicher nach Boquete zurückfinden. Diese Geschichte habe ich aus erster Hand erfahren, da ich bei ebendiesem Mann selbst eine Nacht verbracht habe. Mein Erfahrungsbericht dazu befindet sich im Anhang unter »Bonuskapitel«.

Im Februar 2024 erfahre ich von einem weiteren Touristenpaar, das die Nacht im Wald verbringen musste, da sie die Wanderung zum Pianista zu spät angetreten und es vor Einbruch der Dunkelheit nicht zurück nach Boquete geschafft haben.

Logbuch Ende

Unter der Annahme, dass es sehr unwahrscheinlich ist, vom Weg abzukommen, bleibt als weitere Möglichkeit in diesem Szenario nur das Verirren auf den Paddocks übrig. Diese Theorie stellt vor allem das Buch *Lost in the Jungle* auf.

Wanderung in den Tod

Marja West und Jürgen Snoeren stellen in ihrem Buch die gewagte These auf, die genaue Route gefunden zu haben, die Kris und Lisanne genommen haben. Sie behaupten auch, die Todesursache zu kennen und den Ort der Nachtfotos identifiziert zu haben. Doch allein ihr »Nachweis«, dass die Mädchen um 11:04 Uhr am Anfang des Pianista Trails gewesen sind, basiert nur auf ihrer Fantasie. Trotz des Besitzes der Akten behaupten sie, dass Kris' iPhone am Il-Pianista-Restaurant eine Verbindung zu einem Telefonmast herstellt. Der NFI-Bericht stellt jedoch klar, dass keine einzige Funkzelle für die Berechnungen bestimmt werden konnte.

Auch die Behauptung, Lisanne hätte zu diesem Zeitpunkt Google Maps geöffnet und offline genutzt, ist durch nichts belegt.[170] Das Buch präsentiert einen eigenwilligen Wanderweg von Kris und Lisanne bis zum Quebrada 1, basierend auf Fotos und Telefondaten. Die einzige lokale Quelle, die den Autoren Auskunft gibt, ist Augusto R. Er wird als Forest Ranger vorgestellt, um den Eindruck eines Experten zu erwecken. Tatsächlich ist »Rambo«, wie die Autoren ihn nennen, ein Unterleutnant der Nationalen Polizei aus David, der als persönlicher Sicherheitsmann der Staatsanwaltschaft dient, wenn diese von indigenen Führern durch den Wald geführt wird. Das kann man den Akten entnehmen, wenn man möchte.[171]

Augusto begleitet Pittí zum Rucksackfund nach Alto Romero. Zudem wird er von ihr persönlich für den groß angelegten Sucheinsatz vom 29. bis 31. Juli in die Pflicht genommen[172], bevor es Anfang August aber erst wieder indigene Panamaer sind, die weitere Knochenfunde machen. Der Polizist taucht auch dann auf, wenn die Oberstaatsanwältin etwa bei Hausdurchsuchungen einen Vertrauensmann braucht. Unter den Fremdenführern in Boquete ist er jedoch nicht bekannt. Ob Augusto den Autoren erzählt hat, dass der Pfad hinter dem Mirador Culebra genannt wird, oder ob sie das nur falsch verstanden haben, spielt an dieser Stelle keine Rolle.

Andere können nur spekulieren, welchen Weg Kris und Lisanne nach Quebrada 1 genommen haben könnten. Die niederländischen Autoren behaupten jedoch, sie folgen dem Trail bis 16 Uhr, verlieren ihn dann aus den Augen und landen irgendwie auf den Paddocks. Dort finden sie eine verlassene Finca und beschließen, hier zu übernachten. Sie setzen sich hinein, rufen jeweils einmal den Notruf an und schalten ihre Handys kurz danach aus, um den Akku zu schonen.

Zumindest aus ihrer schriftlichen Ausarbeitung lässt sich nicht erkennen, welche Finca West und Snoeren damit meinen könnten. Auf den Pferdekoppeln gibt es 2014 zwei bekannte Hütten. Die erste ist »Alejandro Pittí« und wird am 3. April bereits von Feliciano durchsucht. Die Autoren beschreiben diese als »Hütte mit Ameisenhaufen«, weil Frank van de Goot dort während seiner Exkursion einen Ameisenhaufen gefunden haben will. Die zweite Hütte liegt weiter nordöstlich auf der dritten Pferdekoppel und wird von den Einheimischen aufgrund ihres ehemaligen Besitzers als »Serracín-Anwesen« bezeichnet. Dass die Autoren dieses als das Nachtlager von Kris und Lisanne bestimmen wollen, erkennen wir erst auf einer von ihnen angelegten Karte im Anhang von *Lost in the Jungle*. Hier zeichnen sie ihre unausweichliche Route des Schicksals in einer undeutlichen gestrichelten Linie ein. Wir beschließen, dass sich Annette diesen Weg unbedingt näher anschauen muss.

Logbuch Annette (8°51'12.6"N 82°24'24.0"W)
Am 10. Mai 2023 befinde ich mich auf der zweiten Wanderung mit Feliciano. Gerade haben wir Quebrada 2 passiert, an dem ich meine Flasche mit herrlich frischem Wasser auffüllen konnte. Zum Überqueren gibt es hier nicht genügend Steine, kurzerhand stellt sich Feliciano in den Bach und bedeutet mir, seinen Fuß als Ersatz zu nutzen. So komme ich trockenen Fußes auf der anderen Seite an.

Nun geht es durch hügeliges Gelände, bevor sich wieder ein paar, diesmal niedrigere und kürzere Tunnel auftun. In einem tummeln sich Hunderte von Bienen, es summt und schwirrt. Ich halte die Luft an, aber sie scheinen harmlos und gleichgültig mir gegenüber. Kaum habe ich den Schwarm hinter mir gelassen, erblicke ich vor mir die Weideflächen. Es stehen wie beim letzten Mal keine Tiere darauf, und generell sehen sie eher unbenutzt aus. Das Gestrüpp steht meterhoch, der Boden ist übersät mit Löchern, die man durch das Gras jedoch kaum sieht.

Wir arbeiten uns etwa 100 Meter vor, bis wir freien Blick Richtung Alto Romero und die Karibikküste haben. Ich schieße ein Foto und bemerke – hier gibt es Handyempfang! Mitten im Nichts kann ich Christian mal wieder von der Schönheit des Landes berichten.

Um den Serracín-Pfad zu laufen, den Feliciano mir zeigen will, müssen wir uns nun noch einmal etwa 50 Meter nach rechts vorarbeiten. Dieses Fleckchen Erde ist hier zerfurcht wie ein Labyrinth. Nach oben offene Gänge bilden Rillen in der Landschaft, die mich an das Innere eines Ameisenbaus erinnern. Wir springen von einer Erdmauer zur nächsten oder klettern hinunter und kämpfen uns in den schmalen Gängen aus Erde und Pflanzen vorwärts. Einmal verliere ich Feliciano aus den Augen und fange sofort an, nach ihm zu rufen. Ohne ihn bin ich hier verloren. Sein lächelndes Gesicht taucht gleich darauf aus einem der Gänge auf.

Da er selbst seit vielen Jahren nicht mehr hier gewesen ist, weil die Hütte nicht in Betrieb ist und der Pfad darum äußerst wenig genutzt wird, dauert es eine Weile, bis wir ihn finden. Wir gehen am Rand der Weide entlang, wo der Wald wieder übernimmt, und arbeiten uns Meter für Meter vor. Feliciano erinnert sich an zwei Wege, die beide zum Serracín-Anwesen führen und irgendwo hier begonnen haben müssen. Alles ist so zugewachsen und wirkt unberührt, dass ich schon vermute, er irrt sich. Doch an einer Stelle –

Feliciano schiebt gerade ein paar Sträucher zur Seite – tut sich plötzlich tatsächlich etwas auf, was als Trampelpfad durchgehen könnte. Boquetes ältester Guide lässt sich eben nicht täuschen.

Wir schlagen uns durchs dunkle Unterholz. Das Blau des Himmels schimmert nur spärlich durch das dichte Blätterdach. Im Grunde sind wir das einzige Nicht-Grüne. Alles andere präsentiert sich in verschiedensten Grüntönen von hellgrün über giftgrün bis fast schwarz.

Manches Mal müssen wir richtiggehend klettern, um vorwärtszukommen. Wir steigen über meterhohe Felsen, ducken uns unter umgestürzten Bäumen durch und schlagen nach überdimensionalen Stechmücken. Und dabei geht es ununterbrochen bergab. Ich rutsche zweimal auf nassen Wurzeln aus und lande auf dem Hintern.

Da es hier kilometerweit nichts anderes zu sehen gibt als dichtesten Urwald und weil das Serracín-Grundstück noch weit entfernt liegt, kehren wir irgendwann um. Ohnehin bietet der Weg keinerlei Abwechslung; ich habe das Gefühl, im Kreis zu laufen, da jeder Meter gleich aussieht.

Logbuch Ende

Wie Kris und Lisanne die Finca Serracín gefunden haben wollen, erklären West und Snoeren nicht. Das Serracín-Anwesen ist von den Paddocks aus nicht zu sehen. Nur derjenige, der weiß, dass es ihn gibt, findet den Weg. Dieser Erkenntnis nach ist es schwer vorstellbar, dass irgendjemand, der sich auf diesem Pfad befindet, glauben könnte, hier in irgendeiner Form Rettung zu erfahren. Der Weg ist zugewachsen und äußerst schwer begehbar. Jedem muss an dieser Stelle sofort klar sein, dass er hier weiter dem Elend entgegenläuft. Kris und Lisanne hätten ziellos auf Paddock 1 und 2 herumlaufen müssen, um dann irgendwann mit Glück den versteckten, kaum passierbaren Serracín-Pfad zu finden, dem sie mehrere Kilometer steil bergab gefolgt sein müssten, um von dort aus erstmalig um 16:39 Uhr den Notruf zu wählen. Schon an dieser Stelle schließen wir die Theorie der nicht ortskundigen Autoren komplett aus.

Doch folgen wir ihrer Theorie der Vollständigkeit halber weiter: Nach einer stockfinsteren Nacht und 14 Stunden später machen die verirrten Frauen ihre Handys am 2. April endlich wieder an. Sie laufen morgens auf eine Anhöhe und entdecken einen Bach, dem sie folgen wollen. Dieser existiert tatsächlich und fließt im Grunde direkt an der Serracín-Finca vorbei. Falls sie ihn nicht gleich entdeckt hätten, hätten sie ihn in der Nacht zumindest gehört. In *Lost in the Jungle* folgen Kris und Lisanne dem Bachlauf und geraten so auf »den alten, nicht mehr genutzten Culebra Trail«. Wie wir bereits wissen, existiert dieser hier unten nicht, so wie es aber auch keinen »alten Pianista Trail« gibt.

Doch weiter: Am 3. April erreichen Kris und Lisanne ein trockenes Flussbett, in das sie sich geschwächt niederlassen wollen, weil Lisannes Periostitis sich bemerkbar macht. Diese soll sie sich – das wird erst an dieser Stelle der Theorie erwähnt – durch einen Sturz irgendwann zuvor zugezogen haben. Beim Herunterklettern ins Flussbett bricht sich Lisanne dann den Fuß, behaupten die Autoren, während sie für Kris vorschlagen, dass sie sich »vielleicht« das Becken bricht.

Es gibt keine Anzeichen für diese Behauptungen, aber die Autoren schaffen es so immerhin, Kris' Shorts einzuführen, die sie wegen ihrer schweren Fraktur ausgezogen haben soll. Danach wäre sie also untenrum nackt weitergelaufen. Mit ihren Verletzungen sollen sich die Mädchen dann tagelang durch ein Flussbett Richtung Norden gekämpft haben, bevor sie am »7. oder 8. April« vor Erschöpfung liegen bleiben. Diese Stelle soll dann der Ort sein, an dem die Nachtfotos entstehen. Die Autoren wollen den sagenumwobenen Platz »durch genaue Analyse der Fotos« bestimmt haben, auf denen sie ein Gewässer und einen Stein sehen. Diesen »so präzise berechneten Standort« zeichnen sie in ihrer Karte ein. Wir müssen an dieser Stelle einfach noch mal hervorheben, dass West und Snoeren niemals einen Fuß in dieses etwa 200.000 Hektar große Waldgebiet mit mehreren Hundert Kilometern Flussläufen und unzähligen Steinen gesetzt haben.

Wir erkennen jedoch, dass sich genau an dem von den Autoren berechneten Standort die zweite Monkey Bridge befindet, die über den Rio Pata de Macho führt.

Der Grund für die Fotos in der Nacht sei laut *Lost in the Jungle* ein nahegelegenes Trekking-Camp gewesen, von dem das Papier herübergeweht sei, das man auf Foto 576 auf dem Felsen erkennt. Die imaginären Camper, die es an dieser Stelle garantiert nicht gibt, hätten sie jedoch nicht bemerkt. Daher sei Kris nun schnell gestorben, Lisanne habe sich ihr Handy genommen und sei alleine weitergelaufen. Auf die Indigenen, die jeden Tag die Brücke überqueren, gehen die Autoren nicht ein. Trotzdem fügen sie am Ende ein wenig Dramatik hinzu und behaupten, Lisanne hätte abends die Kamera als Lichtquelle benutzt, um sich vor ihrem Tod am 11. April Fotos von Familie und Freunden anzuschauen. Eine geschmacklose Erfindung, wie wir meinen. Laut ihrer Theorie sind die Körper der Mädchen im Flussbett verwest, von Tieren gefressen worden und innerhalb von zwei Wochen auseinandergefallen. »Irgendwann im Juni« seien sie dann von einer Sturzflut aus dem Bach in den Culebra gespült worden.

Zum Schluss versuchen die Autoren, einige Auffälligkeiten aus den Autopsieberichten zu klären. Sie wollen keine Fragen offenlassen, wie sie betonen. Demnach seien Kris' Knochen durch extreme Sonneneinstrahlung oder Phosphate gebleicht worden. Und da der Rucksack nicht lange im Wasser gewesen sei – warum, erklären sie nicht –, wäre er im Gegensatz zu den Körpern in einem guten Zustand geblieben.

Der Sturz

Ende 2014 wird Hans und Roelie durch Vermittlung der niederländischen Polizei und Staatsanwaltschaft eine letzte Suche nach Überresten ihrer Tochter von der panamaischen Regierung erlaubt. Die Kosten können sie teilweise über eine eingerichtete Stiftung decken. Noch bevor die Expedition am 12. Januar 2015 startet, wird Pittí überraschend vom panamaischen Justizministerium entlassen und ersetzt. Der Grund dafür ist bis heute unklar. Sie selbst nennt internen Neid als Faktor.[173] Für die Suche der Holländer hat Pittí als eine ihrer letzten Amtshandlungen erneut angeordnet, dass ihr persönlicher Vertrauter Augusto R. Teil der Expedition sein muss.[174]

Die Suche wird zu einem Kampf gegen Regen und Schlamm. Offenbar hat niemand in Panama es für nötig gehalten, das Suchteam über die extremen Wetterbedingungen im Januar mit Sturzfluten und Dauerregen zu informieren. So muss die eingeflogene Rettungshundestaffel, bestehend aus vier Hunden und ihren Führern begleitet von SINAPROC-Einheiten, ihre Expedition schon am ersten von vier geplanten Tagen abbrechen. Trotz der großen Hoffnungen, die die Eltern der Mädchen in die Suche gesetzt haben, kehrt das Team in die Niederlande zurück.

Frank van de Goot vom NFI läuft als Teil eines zweiten Teams mit zwei seiner Assistenten und begleitet von einheimischen Führern auf dem Pianista-Weg in fünf Tagen bis nach Alto Romero, um mittels UV-Licht nach Skelettresten zu suchen. Überreste werden zwar nicht gefunden, aber immerhin sieht der Forensiker seinen Auftrag erfüllt, die verschiedenen Szenarien dessen, was passiert sein könnte, durchgespielt zu haben. Er ist sich nach der Entdeckungsreise sicher, dass Lisanne und Kris sich auf keinen Fall verirrt haben können: »Wenn man da langläuft, sieht man einen Weg, der vorwärts und rückwärts führt, mit Wald auf beiden Seiten. Es gibt keine Nebenwege. Es gibt dort keine Stelle, an der man sich verlaufen könnte.«[175] Die Annahme, jemand könnte sich in der Gegend verlaufen, beruht laut dem Forensiker auf einem falschen Bild von Menschen, die den Trail nicht kennen und glauben, die Mädchen wären in einem großen Wald spazieren gegangen, in dem alles passieren kann. »Man sieht allerlei Bauernhöfe und kommt durch ein Dorf«, führt van de Goot weiter aus. »Wir sehen dort vielleicht niemanden, aber jeder sieht uns.«[176]

Ein Verbrechen hält van de Goot zwar für möglich, aber unwahrscheinlich. Seiner Meinung nach ist es zu einem Unfall gekommen. Er findet allerdings nur eine schmale Stelle, an der die Mädchen abgestürzt sein können. An einem bestimmten Teil des Berges gebe es einen steilen Abhang, der etwa 50 bis 60 Meter in die Tiefe abfalle. »Da braucht es nur einen falschen Schritt«[177], sagt er. Nach unseren Erkenntnissen kann es sich bei diesem Absturzort nur um einen Abschnitt ein paar Minuten hinter dem Gipfel des Berges handeln, also vor der Stelle, an der das letzte Foto von Kris entstanden ist. Immerhin ein Anhaltspunkt. Spuren oder gar Beweise für die Theorie findet das Team jedoch nicht an besagtem Ort, den Abhang klettern die Holländer mangels fehlender Ausrüstung nicht herunter. So bleibt Frank van de Goot auch die Erklärung schuldig, wie die Knochen der Mädchen nach einem Sturz in die Tiefe, wo kein Fluss fließt, über 20 Kilometer weiter auf eine Sandbank im Culebra gelangen konnten.

Ein Unfall mit schwerer Verletzung nach einem Sturz aus solch einer Höhe wäre wahrscheinlich. Aber aufgrund der völligen Abwesenheit von Blutspuren auf dem Rucksack und der Kleidung halten wir diese Theorie für sehr zweifelhaft. Das gilt auch für einen Angriff durch wilde Tiere. Nach einer Verletzung hätten Kris und Lisanne zumindest das mitgeführte Toilettenpapier, das auf Bild 576 zu sehen ist, sicherlich zur Blutstillung verwendet.

Kris' Eltern geben nach Rückkehr des niederländischen Suchteams auf ihrem Blog jedenfalls bekannt: »Als Familie sind wir erleichtert, dass wir endlich eine mögliche und plausible Erklärung für all die Fragen haben, die wir zu Kris' Tod hatten. Wir möchten allen, die seit dem Verschwinden von Kris und Lisanne am 1. April letzten Jahres hart daran gearbeitet haben, eine Antwort auf die Frage zu finden, was mit Kris und Lisanne geschehen sein könnte, für ihren Einsatz und ihr Engagement danken, mit dem sie gemeinsam mit uns auf dieses Ergebnis hingearbeitet haben.« Es ist ihr letzter Eintrag auf dem Blog *Antwoorden voor Kris*.[178]

Betzaida Pittís Theorie des »Sturzes aus großer Höhe und Zutodeschleifen in einem Flusssystem« nimmt der Journalist Jeremy Kryt schließlich 2016 noch mal auf. Er beruft sich dabei in einem Artikel auf zwei von ihm konsultierte Fachleute. Auf Foto 550 habe der Bildanalytiker George Reis im Hintergrund des Felsens ein menschengemachtes Konstrukt mit zwei geraden Linien entdeckt. Wildnis-Survival-Experte Carl Weil erkennt darin starke Ähnlichkeiten zu den typischen Monkey Bridges der Gegend. Seiner Ansicht nach deute »alles darauf hin«, dass Kris von einer solchen Brücke gestürzt und dann vom Fluss zu Tode geschleift worden sei.[179] Warum ausgerechnet Kris diejenige ist, wird nicht erörtert. Aber Lisanne, meint Kryt, sei danach eben alleine weitergewandert und später wahrscheinlich von der zweiten Monkey Bridge in den Tod gestürzt.

Nur eine Woche vor dieser Darstellung hat Kryt noch einen Artikel verfasst, in dem er Feliciano des Mordes an den Mädchen verdächtigt – zwar ohne seinen Namen zu nennen, aber es wird unmissverständlich deutlich, wen er meint. Nun jedoch erkennt Kryt die Affenbrücke auf dem Foto auch selbst und behauptet, drei Führer der Gegend hätten den Ort, an dem das Bild entstanden ist, unabhängig voneinander als den der ersten Monkey Bridge erkannt. Im Artikel genannt wird nur Plinio. Uns hingegen ist kein Führer bekannt, der diese Meinung jemals geäußert hat. Kryt genügt ein abschließender »Beweis« von Bestseller-Autorin Kathy Reichs für seinen Artikel. Diese sagt ihm gegenüber: »Warum sollten ein oder mehrere Kriminelle Bargeld, einen Reisepass und elektronische Geräte im Rucksack zurücklassen?«[180]

Kryt aber wird die Geschichte nie wieder loslassen. Schon sein Schlusswort damals kündigt eine dramatische Fortsetzung an: »Unter den Ngobe erzählt man sich, dass die geisterhaften Schreie der *holandesas* immer noch Anfang April, wenn die Regenzeit beginnt, durch die Schluchten über dem Rio Culebra hallen.«[181] Seine Meinung ändert Kryt schon weniger als ein Jahr später abermals. Nun sucht er selbst die Monkey Bridge auf und hält es aufgrund einer Messung doch nicht mehr möglich, dass das Foto an diesem Ort entstanden ist.[182] Nach einem Austausch mit Journalistin Coriat, die einen Unfall ausschließt, glaubt er für seinen neuen Artikel, dass ein Serienmörder Kris und Lisanne getötet hat. Er müsse jetzt ihren Tod in den »Kontext von mehr als zwei Dutzend anderer ungeklärter Morde und Verschwinden in derselben, meist ländlichen Region Panamas in den letzten acht Jahren«[183] stellen. 2021 schließlich will Kryt – ein weiteres Mal sich selbst eines Besseren belehrt – den Beweis gefunden haben, dass eine Bande um Felicianos Sohn die Mädchen auf einer Party umgebracht hat.

Verbrechenstheorien

Der Mörder ist immer der Führer

Kaum sind die ersten Details über das mysteriöse Verschwinden von Kris und Lisanne in der Presse aufgetaucht, entflammen in den Foren bereits die ersten Theorien über ein Verbrechen. Die Internet-Detektive haben schnell einen Hauptverdächtigen im Visier: Tourguide Feliciano Gonzalez. Sie unterstellen ihm, Kris und Lisanne entführt und ihnen Schaden zugefügt zu haben. Diese Anschuldigungen, die größtenteils auf Fehlinformationen und wilden Spekulationen beruhen, halten sich bis heute und belasten Feliciano und seine Familie enorm. Der Führer, der eine Reihe kluger Entscheidungen trifft, um bei der Suche nach Kris und Lisanne zu helfen, sieht sich plötzlich mit dem Vorwurf konfrontiert, ein Verbrechen vertuschen zu wollen, das er selbst begangen haben soll. Außerdem werden ihm Täterwissen und diverse Motive unterstellt.

Tatsächlich wirkt es auf den ersten Blick verdächtig: Feliciano ist derjenige, der das Verschwinden von Kris und Lisanne bemerkt, ihr Zimmer betritt und offensichtlich weiß, welche Route sie genommen haben. Er sucht diese sogar allein ab. Später wird Kris' und Lisannes Rucksack von Angestellten seines Bruders gefunden, die ihn öffnen, bevor sie die Polizei alarmieren.

In den Medien wird spekuliert, dass dies keine Zufälle sein können. Laut Theorie könnte Feliciano ein Verbrechen geplant, ausgeführt und verschleiert haben. Niemand kennt die Wanderwege des Pianista Trails so gut wie er. Er hätte Kris und Lisanne vom Weg abbringen und verstecken können. Er hätte Beweise, die auf ihn hindeuten könnten, unbemerkt aus dem Zimmer der Mädchen und später auf dem Trail selbst verschwinden lassen können. Am Ende hätte er Rucksack und Überreste der Frauen im Dschungel platziert und von Angestellten seines Bruders finden lassen, um sein Verbrechen zu verschleiern und alles wie einen Unfall aussehen zu lassen.

Gerüchte werden gestreut, dass Feliciano eine Vorliebe für westeuropäische Touristinnen hat und diese auf seinen Touren sexuell bedrängt.

Logbuch Annette (8°46'26.2"N 82°25'53.2"W)

Wie schamlos gerade Kryt dieses Gerücht verbreitet, wird mir zum wiederholten Male klar, als ich den Podcast *Lost in Panama* höre, den er als Host zusammen mit Mariana Atencio verantwortet. In Folge fünf behauptet er, Feliciano wäre Hausverbot in dem Hotel erteilt worden, in dem Kryt in Boquete gewohnt hat. Der Grund: Feliciano habe Frauen belästigt. Wie es der Zufall will, wohne ich während meiner Zeit in Boquete im gleichen Haus, das nun als Airbnb fungiert. Ich besorge mir also den Namen und die Telefonnummer des ehemaligen Besitzers – und finde heraus, dass es genau andersherum gewesen ist. Nicht Feliciano ist des Hotels verwiesen worden, sondern Kryt selbst. Als Feliciano ein paar Touristen für eine Tour abholt, rückt ihm der Journalist so sehr auf die Pelle, dass der Besitzer ihn hinauswirft und sagt, er wolle ihn nie wieder in seinem Haus sehen. Es ist also sein eigener Rausschmiss gewesen, der ihn zu dieser falschen und skrupellosen Anekdote inspiriert hat.

Logbuch Ende

2016 ist es abermals Kryt, der den Verdacht auf Feliciano lenkt und journalistisch befeuert. In einem Artikel für die *Daily Beast* schreibt er:

Die Gerüchteküche in Boquete bringt immer wieder Szenarien hervor, die besagen, dass er [Feliciano] die Entführung der Niederländerinnen inszeniert hat – angeblich, um tief im Wald ein Sexualverbrechen zu begehen. [...] Zeugenaussagen zufolge traf sich derselbe Führer mit Kris und Lisanne weniger als 24 Stunden vor ihrem Verschwinden auf dem Gelände einer All-Inclusive-Sprachschule namens Spanish by the River, wo die Frauen in Boquete untergebracht waren. Bei diesem Treffen bot er

ihnen eine Pauschalreise an, einschließlich einer geführten Wanderung
zur nahe gelegenen Kontinentalscheide und einer Übernachtung auf seiner
Ranch tief im Dschungel auf der anderen Seite der Berge. Aus unbe-
kannten Gründen lehnten die Frauen ab.[184]

Dieser Absatz ist voller Unwahrheiten. Es gibt keine Belege
dafür, dass Einheimische Feliciano verdächtigt hätten, und er ist
auch nie bei der Polizei oder Behörden unter Verdacht geraten. Feliciano besitzt weder eine Ranch in dem Gebiet, in dem Kris und
Lisanne verschwunden sein können, noch hat er die beiden Frauen
je gesehen oder gesprochen. Auch die behauptete Tour mit Übernachtung im Regenwald ist eine Erfindung von Kryt. Kris und
Lisanne haben tatsächlich nie die Chance gehabt, Feliciano kennenzulernen. Sie haben nur erfahren, dass er der offizielle Führer ist,
mit dem die Schule zusammenarbeitet. Eine Visitenkarte, die im
Zimmer der Mädchen gefunden wird und immer wieder als Beweis
für einen Kontakt zwischen Kris, Lisanne und Feliciano herange-
zogen wird, stammt aus einer Informationsbroschüre, die den Mädchen in der Schule ausgehändigt wird.

Kryt zitiert den Touristenführer John T., der nicht an einen
Unfall der Mädchen glaubt, mit den Worten, die Ermittler sollten
Feliciano ins Verhör nehmen, da er Kris und Lisanne den Pianista
Trail schmackhaft gemacht habe. Ob T. dies wirklich gesagt hat
oder ob Kryt ihm wie in anderen Fällen, auf die wir im weiteren
Verlauf noch mehrmals zu sprechen kommen, Geld für eine solche
Aussage angeboten hat, können wir nicht klären.

Kryt führt in seinem Artikel eine weitere Person an, die den
Verdacht auf Feliciano lenken soll. Er zitiert aus einem Telefonge-
spräch mit Adelita Coriat, die ihn bereits damals auf etwas hinweist,
das sich im Laufe der Jahre zur populärsten Verbrechenstheorie
entspinnen wird – unter maßgeblichem Zutun von Kryt selbst. Coriat soll ihm über Feliciano gesagt haben: »Er hat einen Sohn, der
ebenfalls in der Nähe [Alto Romero] lebt. Soweit ich weiß, wurden

sie beide in der Gegend gesehen, als die Niederländerinnen verschwanden – aber ich glaube nicht, dass die Polizei das jemals näher untersucht hat.«[185]

Wir korrigieren: Feliciano hat zwar einen Sohn, aber Henry hat nie in der Nähe des Dorfes Alto Romero gewohnt, wo nur sein Vater ein kleines Stück Land besitzt.

Logbuch Annette (8°46'36.5"N 82°25'57.1"W)

Was für bittere Auswirkungen diese Unterstellungen auf Feliciano und seine Familie haben, zeigt sich mir, als ich den Guide etwas näher kennenlerne. Mittlerweile hat er mich über mehrere Wanderwege geführt, mir Wasserfälle und den tiefsten Urwald gezeigt. Es ist das eine, dass er unterwegs angesprochen wird mit Worten wie »Hey, du bist Feliciano, du bist eine Berühmtheit im Internet!« – dass Touristen die gebuchte Tour mit ihm absagen, sobald er sie abholt und sie ihn erkennen. Das kann er verschmerzen, obwohl er dabei um einen ganzen Tageslohn gebracht wird. Ganz zu schweigen von der Kränkung bei einem solchen Erlebnis.

Dass Feliciano heute überhaupt noch Wandergäste betreut, liegt fast ausschließlich an einem großen niederländischen Reiseblogger, der die Tour mit ihm bewirbt. Alle Hotels und Unternehmen wie etwa Spanish by the River haben die Zusammenarbeit mit ihm nach der Tragödie in 2014 beendet, auch wenn ihn keiner davon nach außen hin für schuldig hält.

Das andere, Schlimmere sind die persönlichen Nachrichten, Drohungen und Beleidigungen, die ihm wöchentlich das Leben schwer machen. Eines Tages werde ich Zeugin, wie er wieder einmal eine WhatsApp-Nachricht mit der Ankündigung erhält, dass der Absender »bald kommt und Feliciano heimzahlt, was er den Mädchen angetan hat.« Ich sehe das Entsetzen in seinem Gesicht, als er auf sein Handy starrt, und frage ihn, was los ist. Er zeigt mir den Text, der mir sofort den Magen umdreht. Ob er solche

Nachrichten häufiger bekommt, will ich wissen. »Ja, andauernd, aber ich lese nicht alle, sonst werde ich ja verrückt«, antwortet er. Die, die per WhatsApp kommen, kann er nicht ignorieren, da alle seine Kunden über den Messenger Kontakt mit ihm aufnehmen. Bei Facebook hat er dagegen viele ungeöffnete Nachrichten, die er lieber gar nicht genau ansieht.

Seinem Sohn Henry geht es ähnlich, auch er bekommt Morddrohungen und Beschimpfungen zugesandt. Wie genau die aussehen und wie oft er sie erhält, will er mir nicht sagen. Henry spricht nicht gern über diese Dinge. Ich kann das verstehen.

Sogar ein Buch ist über Feliciano und seine Familie erschienen. 2021 veröffentlicht die Französin mit deutschen Wurzeln Nina von Rönne den Thriller *Ne t'en fais pas, nous sommes amis.*[186] Darin verarbeitet sie fiktional ihre Erfahrungen als ehemalige Nachbarin von Feliciano, dem sie in ihrem Buch den Namen Diego gibt. Dieser bedrängt sie sexuell und vergiftet sogar ihren Hund. Danach ist sie sich sicher, dass Felicianos unschwer zu erkennendes Alter Ego Lisanne und Kris und außerdem vier weitere Frauen getötet hat. Auch einen anonymen Informanten führt sie dafür an. Auf uns wirkt das Buch wie die persönliche Racheaktion einer gekränkten Frau.

Felicianos Schwester, die damalige Airbnb-Vermieterin, und seine Schwägerin bestätigen diese Vermutung. Vorausgegangen ist, dass von Rönne und ihr Partner 2015 das Apartment nahe Felicianos Haus angemietet haben, wohl mit der Intention, in Boquete ein Crêpes-Restaurant zu eröffnen. Auf ihrem Facebook-Profil gibt sich von Rönne damals freundschaftlich gegenüber Feliciano und seiner Familie, postet Fotos seiner Nichte, seiner Mutter, seiner Hunde und Katzen, zeigt ihn lächelnd im Garten. Keine Spur von Angst. Nach einigen Wochen entdeckt die Schwägerin ein Airbnb-Inserat, das dem von Felicianos Schwester gleicht, als Host jedoch von Rönne ausweist. Ohne die Erlaubnis ihres eigenen Airbnb-Vermieters bietet das Paar damals also ein Zimmer in ihrem angemieteten Apartment an und gibt die Mieter als Freunde aus.

Wir halten es für absolut nachvollziehbar, dass darauf die Kündigung des Mietverhältnisses folgt. Von Rönne schließt aber wohl, dass Feliciano beim Rauswurf seine Finger im Spiel gehabt hat, und beschließt vier Jahre später, mit ihrem Roman Rache zu üben. Glücklicherweise scheint sich dieser nicht gut verkauft zu haben, verfehlt aber seine Wirkung nicht. Heute wird von Rönnes Thriller in Foren als Tatsachenbericht über Feliciano aufgefasst.

Doch es sind nicht nur die Verleumdungen und Diffamierungen von Fremden, die der Familie zusetzen. Auch Bekannte und sogar manche Verwandte haben sich zurückgezogen, nachdem die Anschuldigungen laut geworden sind. In einer Gesellschaft, in der Dinge wie Ehre und der Ruf einer Familie großgeschrieben werden, bleibt die Loyalität oft auf der Strecke. Auf der Straße im Dorf ist davon glücklicherweise nichts zu spüren. Wann immer ich mit Feliciano unterwegs bin, werden ihm Hände geschüttelt und Grüße zugerufen.

Erst nach vielen Wochen erfahre ich, was vor einigen Jahren mit Felicianos Frau und seiner jüngsten Tochter passiert ist. Er spricht kaum darüber, zu schmerzhaft ist die Erinnerung. Seine Ehefrau stirbt 2017 an Herzversagen, was die damals 13-jährige gemeinsame Tochter in eine tiefe Depression reißt. In dieser Zeit kommen die schlimmen Anschuldigungen besonders häufig. »Manchmal überlege ich, ob ihr Herz versagte, weil sie sich solche großen Sorgen machen musste«, meint Feliciano einmal. Ich wundere mich, dass er da überhaupt überlegt.

Seit einiger Zeit hat Feliciano genug davon, all die Verleumdungen hinzunehmen. Nun wehrt er sich. Er will die Urheber des riesigen Lügenkonstrukts zum Schweigen bringen. Darum hat er einen Anwalt engagiert, der ihm hilft, dagegen vorzugehen.

Logbuch Ende

Mysteriöse Mordserie in der Pandilla

Bereits in den ersten Wochen nach dem Verschwinden von Kris und Lisanne gerät neben Feliciano ein ortsansässiger Täterkreis in den Verdacht, den Niederländerinnen etwas angetan zu haben. In Expat-Foren wie Boquetning werden Namen von einheimischen Jugendlichen genannt, die bereits mit dem Gesetz in Konflikt geraten sind oder aus anderen Gründen negativ auffallen. Um einen bestimmten Kreis, der den Namen Pandilla erhält, spitzen sich die Anschuldigungen im Laufe der nächsten Monate und Jahre immer weiter zu. Mehrere mysteriöse Todesfälle im Umfeld der »Bande« scheinen Verbindungen zum Fall um Kris und Lisanne aufzuweisen.

Die Entstehung der »Pandilla-Theorie« lässt sich auf einen Post vom 25. August 2014 im niederländischen FOK-Forum zurückführen. Der User Poekje01 zitiert damals einen vermeintlichen Touristenführer aus Boquete, der sich Baru nennt und sich seit einiger Zeit im Forum Websleuths um Aufklärung bemüht. Er gibt bekannt, deutscher Abstammung zu sein, schon lange in Panama zu leben und über gute Kontakte in Ermittlerkreise zu verfügen. Er berichtet von einem Todesfall, der sich drei Tage nach dem Verschwinden von Kris und Lisanne ereignet haben soll. Es geht um den Tod des einheimischen Jugendlichen Osman Valenzuela, der am 4. April beim Baden im Fluss Chiriquicito östlich von Caldera ertrinkt. Eine falsche Behauptung der Autoren West und Snoeren hält sich bis heute hartnäckig. Demnach sei Osman Teil des SINAPROC-Teams gewesen, das nach Kris und Lisanne gesucht hat.[187] Da wir die Akte seines Falles studiert haben und auch mit seiner Mutter und Schwester darüber gesprochen haben, können wir ausschließen, dass Osman für SINAPROC tätig oder an der Suche nach Kris und Lisanne beteiligt gewesen ist.

Poekje01 schreibt:

> *Mein Kontakt in Panama teilte mir vor einem Monat mit, dass nach*
> *Angaben seines Freundes bei der panamaischen Kriminalpolizei (DIJ)*
> *zwei Fotos auf dem Mobiltelefon des ertrunkenen 22-jährigen Osman*
> *Valenzuela gefunden wurden. Von einer Blondine und einem rothaari-*
> *gen Mädchen. Das durfte vorher nicht an die Öffentlichkeit gelangen.*
> *[Er] fand es verdächtig, dass die Mädchen am 1. April verschwanden,*
> *und dass Osman (Piki) am 4. April verschwand und am 5. April tot*
> *in diesem Fluss gefunden wurde. Mein Kontaktmann sagte weiter, dass*
> *Osman zu einer Jugendbande von sechs Jungen gehörte, die daraufhin*
> *verhört worden sind. Zwei von ihnen wurden länger festgehalten, einer*
> *beschuldigte den anderen: »Er hat es getan«, wobei unklar ist, ob es um*
> *die Tötung von Osman oder der Mädchen ging. Die beiden könnten als*
> *Personen, wenn auch nicht mit kriminaltechnischen Beweisen, mit dem*
> *Verschwinden von K und L in Verbindung gebracht werden. Einer der*
> *beiden, der Anführer der Gang, so mein Kontakt, ja ... es ist wirklich*
> *wahr, ist Henry, der Sohn des Führers Feliciano.*

Der sich rasch verbreitenden Theorie zufolge soll Osman als
Mitwisser eines Verbrechens an Kris und Lisanne von Gewissensbissen geplagt worden sein. Aus Sorge, er könnte zur Polizei gehen,
habe die Pandilla ihn ermordet und den Mord als Badeunfall ge-
tarnt. Da Felicianos Sohn Henry für viele als Anführer der Gang
gilt, scheinen nun die vermeintlichen Vertuschungsversuche seines
Vaters Sinn zu ergeben. Nicht mehr Feliciano selbst habe die jungen
Frauen getötet, sondern sein Sohn Henry, dessen Spuren der Vater
demnach habe verwischen müssen. Während die Gangmitglieder
auch unter ihren tatsächlichen Spitznamen bekannt sind, werden
der Pandilla in einschlägigen Foren verschiedene Namen zuge-
schrieben, darunter »La banda »Los ND5«, »Los niños de la quinta«
und »The ND5«.[188] Allerdings handelt es sich dabei um ganz andere
Männer einer berüchtigten Gang der Provinz.[189]

Der Pandilla aus Boquete werden gemeinhin sieben Personen zugerechnet, von denen heute nur noch vier am Leben sind. Dazu gehören Henry, der Sohn von Feliciano, auch bekannt als *Tito,* und Edwin A., genannt *Richard* oder *Pulpo* – der Krake, dessen Familie die Restaurantkette El Sabrosón besitzt, die in Boquete drei Niederlassungen und eine in David betreibt. Die beiden anderen Mitglieder sind Sam John D., der Sohn der Besitzer des Il Pianista, und Cesar S., der den Spitznamen *Cuervo* – *die Krähe* – trägt.

Jorge Rivera Miranda ertrinkt genau ein Jahr nach Osman, am 4. April 2015 in einem Bach der Gemeinde Dos Ríos. Über Jorge hält sich hartnäckig das Gerücht, er sei der Sohn von Apothekenbesitzern in Boquete gewesen. Jener Apotheke, in der Kris und Lisanne laut Präsident Martinelli am frühen Morgen des 1. April Mückenschutzmittel gekauft haben sollen. Als potenziell gefährlichen Mitwisser habe die Pandilla auch ihn aus dem Weg räumen müssen. Wir haben zwar eine Vorstellung davon, um welche Apotheke es sich handelt, haben Jorge aber keiner der Apotheken in Boquete zuordnen können.

Bereits eine Woche vor seinem Tod, am 27. März 2015, wird José Manuel Murgas, genannt Murdog, in Boquete überfahren. Auch ihm werden Mitwisserschaften im Verbrechen gegen Kris und Lisanne vorgeworfen. Angeblich habe er den Mord an Osman nicht verkraftet und öffentlich mit Enthüllungen aller Details gedroht – sein Todesurteil.

Den Theorien spielt in die Karten, dass die genauen, offiziell als Unfall ausgegebenen Todesumstände beider jungen Männer nicht zweifelsfrei geklärt sind. Während Osman auf unerklärliche Weise beim Schwimmen mit anderen Pandilla-Freunden verschwindet und später tot aus dem Fluss gefischt wird, geht man im Falle von Murdog von Fahrerflucht aus, ohne dass der Verursacher ermittelt worden ist. Dass der Tod Osmans, der laut Autopsiebericht einen Schlag auf den Hinterkopf erhalten haben soll, im Nachhinein behördlich als Mord eingestuft worden wäre, wie es verschiedene Personen behaupten, können wir nicht bestätigen. Es ist wie bei fast allen vorangegangenen Verbrechens- und Unfalltheorien mal wieder Jeremy Kryt, der dieses Gerücht befeuert. In der Aftershowepisode von Folge 6 seines Podcasts *Lost in Panama* behauptet er, dass es am Fluss einen Faustkampf zwischen Sam und Osman gegeben habe.

Untrennbar mit der Pandilla-Theorie verbunden ist der niederländische Youtuber Juan Perea y Monsuwé, der sich seit 2014 mit dem Fall beschäftigt. Ab 2019 wird er akribisch und am Ende fast wahnhaft daran arbeiten, seine Theorien zu belegen. Unabhängig davon hat Juan ein umfangreiches, frei zugängliches Online-Fallarchiv aufgebaut, in dem sich sämtliche Presseberichte, Fotos und Videos befinden, die mit dem Verschwinden von Kris und Lisanne zu tun haben. Dass dies nicht im Interesse der Angehörigen von Kris und Lisanne ist, braucht nicht näher erläutert zu werden.

Am 25. September 2014 taucht Juan das erste Mal unter seinem Nicknamen Perico im »Kris und Lisanne Thread« des FOK-Forums auf und übernimmt dort mit seinem umfangreichen Wissen schnell die Wortführung.[190]

Ihm zur Seite steht Scarlet, die bis heute den größten Blog zum Fall betreibt und an deren Zusammenfassungen und Untersuchungen sich fast alle Podcaster und Youtuber bedienen. Bei ihr meldet sich damals ein Einheimischer und erklärt, dass aufgrund der Tatsache, dass panamaische Gesetze Gerüchte unter Strafe stellten, die Täter nicht beim Namen genannt würden. In Boquete sei aber hinreichend bekannt, dass die Hauptverdächtigen Henry und sein Kumpel Sam D. seien, der in Bars immer wieder Anspielungen über sein Wissen um ein Verbrechen an Kris und Lisanne mache.[191]

Auch andere Einheimische bringen Sam früh als Verdächtigen ins Spiel. Demnach sollen er und Henry die Mädchen am Tag vor ihrem Verschwinden kennengelernt und mit ihnen gesehen worden sein. In einer frühen Version der Pandilla-Theorie, die am 26. Juni

2019 im FOK-Forum erarbeitet wird, beobachtet Sam, der am Fuße des Pianista wohnt, Kris und Lisanne am Trail und informiert darüber die Bande. Die Mädchen laufen bis zum Quebrada 1, kehren dann um und beginnen den Rückweg nach Boquete. Am Eingang des Trails werden sie von Mitgliedern der Pandilla, die in einem roten Pick-up-Truck sitzen, abgefangen und zu einer Mitfahrgelegenheit überredet. Als die Mädchen im Truck bemerken, dass man sie nicht nach Hause bringt, versuchen sie den Notruf zu wählen, bevor ihnen die Entführer die Handys abnehmen. Danach werden sie verschleppt, vergewaltigt und umgebracht. Neben einem sexuellen Motiv werden in einschlägigen Foren auch Prostitution oder Organhandel als Beweggründe für die Entführung genannt und mögliche Verbindungen zu südamerikanischen Kartellen geknüpft.

Die Theorie wird in einem TV-Beitrag des panamaischen Senders *Telemetro* vom 7. Januar 2015 prominent erwähnt. Demnach soll Mastinu, kurz nachdem er Kris und Lisanne abgesetzt hat, den verdächtigen Pick-up in Richtung Trail fahren sehen.[192] Ein zentraler Vertreter der Theorie ist Martin F., der bereits wenige Wochen nach dem Verschwinden von Kris und Lisanne entscheidende Details über Tat und Täter aufgedeckt haben will. Offenbar haben sich die Ermittler aber nicht sonderlich für seine Ergebnisse interessiert. Über Jahre versucht er, seine Erkenntnisse immer wieder an Journalisten gewinnbringend zu verkaufen.

Doch erst 2022 schlagen Jeremy Kryt und seine Produktionsfirma Kast Media für den Podcast *Lost in Panama* zu. Deswegen werden seine grundlegenden Annahmen auch erst dann bekannt. Auf den Podcast und seine Theorien gehen wir in einem Folgekapitel detailliert ein, greifen aber an dieser Stelle schon auf ein paar Informationen aus dem Fundus des selbst ernannten Privatdetektivs zurück, da sie helfen, die bereits damals bestehenden Gerüchte um die Involvierung der Pandilla zu erklären.

Seine Behauptungen stützt Martin F. größtenteils auf ihm gegenüber getätigte Aussagen von Osmans Mutter Margarita. Ihr zufolge hat Osman Kris und Lisanne zwischen Henry und Murdog auf der Rückbank eines roten Pick-ups gesehen. Den Wagen gefahren habe Edwin. Das habe Osman ihr vor seinem Tod gesagt – zusammen mit der Info, dass die Pandilla-Jungs angekündigt hätten, ihn zu töten.

Margaritas Meinung nach ist auch Leonardo Mastinu, der Kris und Lisanne in seinem Taxi befördert haben soll, ein Opfer der Pandilla. Mastinu ertrinkt am 15. März 2015 beim Baden in den Schluchten Los Cangilones im Distrikt Gualaca. Margarita sagt, dass er von den Insassen des Pick-ups angehalten worden sei. Im Wagen hätten Edwin, Henry, Murdog und Cuervo gesessen. Sie hätten ihn gefragt, wo er Kris und Lisanne abgesetzt habe. Als er ihnen erzählt, wo sie sind, fährt die Pandilla den Mädchen hinterher. Aus Angst, von den Gangmitgliedern umgebracht zu werden, habe er bei der Polizei nicht nur über sein Wissen geschwiegen, sondern auch die Uhrzeit seiner Fahrt falsch angegeben.

Hier finden Vertreter der Theorie verschiedene Erklärungen für die inkonsistente Timeline. Doch die Pandilla traut Mastinu nicht und bringt ihn um. Sein Vater glaubt jedoch im Gegensatz zu vielen Online-Detektiven nicht daran, sondern geht von einem unglücklichen Todesfall aufgrund gesundheitlicher Probleme aus, wie er einem Vertrauten von Annette mitteilt.

Bei Juan meldet sich während seiner Recherche angeblich die Einheimische Vivian und bestätigt ihm, dass mehrere Personen aus Boquete gesehen hätten, dass Edwin Kris und Lisanne vom Trail abgeholt hat.[193] Neben Henry wird Edwin im Laufe der Jahre zur Schlüsselfigur der Pandilla-Theorie und soll auch als Bandenchef fungieren. Fast alle Foulplay-Theorien bauen ihn ein als denjenigen, der das Entführer-Fahrzeug gefahren ist. Schon zu Beginn des Falles gilt er unter den vielen in Boquete lebenden Einwanderern als dringend tatverdächtig, soll er doch vor allem für Drogendealerei und Bandenverbrechen verantwortlich zeichnen. Aber auch einheimische Panamaer äußern Annette gegenüber den Verdacht, dass Edwin mit dem Verschwinden von Kris und Lisanne in Verbindung steht. Für die private Organisation zur Verbrechensbekämpfung Alto al Crimen ist *El Pulpo* von Anfang an ein Hauptverdächtiger. Das bestätigt der damalige Leiter Caesar S. Annette bei einem persönlichen Gespräch, in dem er Edwin namentlich als Mörder bezeichnet. Der Amerikaner ist davon überzeugt, dass Kris und Lisanne ermordet worden sind, und vertritt die Pandilla-Theorie wie oben beschrieben.

Den Akten entnehmen wir, dass auch die Polizei selbst auf die Pandilla aufmerksam wird, indem sie den Gerüchten gegen Henry und Sam nachgeht. Ein anonymer Hinweisgeber meldet sich im Oktober 2014 bei der Kripo und gibt an, dass Murdog wisse, dass seine Kumpels Henry, Sam und Edwin mit dem Verschwinden von Kris und Lisanne zu tun hätten. Die Ermittler suchen ihn auf und er berichtet, dass die drei die Mädchen gefangen halten könnten. Kurz vor dem Verschwinden von Kris und Lisanne habe ihm Henry in einer Billardhalle berichtet, dass er mit den Niederländerinnen für eine Tour auf den Pianista Trail oder den Vulkan Barú verabredet gewesen sei, um dort eine Nacht mit ihnen zu verbringen und den Sonnenaufgang zu genießen. Er sei der Letzte gewesen, der sie gesehen habe.[194] Nach ihrem Verschwinden will Murdog seinen Kumpel sechs Tage lang nicht gesehen haben. Als er ihn später fragen kann, wo er abgeblieben ist, erzählt ihm Henry angeblich, dass er mit Sam auf der Farm seines Vaters vor Alto Romero gewesen ist.

Als ihn die Personería zwei Tage später vorlädt, sagt Murdog jedoch unter Eid etwas anderes. In seiner zweiten Befragung gibt er an, sich lediglich auf weit verbreitete Gerüchte zu berufen. »Alle« würden sagen, dass Henry und Edwin Kris und Lisanne getötet hätten. Er selbst könne aber nicht bestätigen, dass Henry ihm von den

Niederländerinnen berichtet hat, denn dieser habe nur von »Ausländerinnen« gesprochen. Den Beamten erzählt Murdog lediglich, dass Edwin einen schwarzen Pick-up-Truck besitzt.[195] Feliciano erzählt uns jedoch, dass sein Sohn am Tag des Verschwindens für ihn eingesprungen sei, da er selbst im Krankenhaus gewesen ist. Demnach hat Henry seinem Bekannten Franklin bei der Betreuung einer Touristengruppe geholfen. Als Beleg zeigt Feliciano einen Kalendereintrag, der diese Aussage stützt.

Im Gegensatz zu Jeremy Kryt, der in Murdogs Aussage einen entscheidenden Beweis für den Mord an Kris und Lisanne durch die Pandilla sieht, geht die Polizei dem nicht weiter nach und sucht auch Henry und Sam nicht auf. Ein Umstand, der uns allerdings auch irritiert. Über Sam ist kaum etwas bekannt. Unseren Recherchen nach soll er aufgrund persönlicher Probleme seit vielen Jahren aus Boquete weggezogen sein und nun an der Küste leben. Der Zeuge Murdog soll in den weiteren Ermittlungen bis zu seinem Tod ebenfalls keine Rolle mehr spielen. Laut Osmans Mutter Margarita im Podcast soll er sich ihr nach dem Tod ihres Sohnes und seiner Aussage bei der Polizei anvertraut haben. Er erzählt ihr all das, was er während seines Verhörs verschwiegen haben soll: dass die Pandilla Osman umgebracht hat, weil er Kris und Lisanne am Tag ihres Verschwindens mit ihnen im Auto gesehen hat.

Murdog befürchtet, dass man ihn aus den gleichen Gründen auch ermorden werde. Offenbar wird er von heftigen Gewissensbissen geplagt. Als er sich an seinem 22. Geburtstag mit den Freunden der Pandilla in einer Bar betrinkt, plaudert er laut Margarita in Anwesenheit von Milagros P., Henry und Edwin inbrünstig Details über die Morde sowohl an Kris und Lisanne als auch an Osman aus. Es kommt zu einem heftigen Streit. Am nächsten Morgen wird Murdog tot aufgefunden, überfahren auf einer Straße in Boquete, der Fahrer bleibt unbekannt. Laut Martin F. sollen aber seine dabei erlittenen Kopfverletzungen gegen einen Unfall sprechen.

Caldera Hotsprings: Ein Youtuber geht baden

Schon 2014 berichtet die lokale Presse, dass die Ermittler früh die Caldera Hotsprings nach den Mädchen absuchen, ein Suchhund soll hier sogar angeschlagen haben. Tatsächlich erfahren wir aus den Akten, dass Schulleiterin Ingrid bereits am 4. April bei SINAPROC anruft und erklärt, dass Bas und Edwin, die Freunde der beiden Mädchen aus Bocas, ihr gemeldet hätten, dass Kris und Lisanne zu den heißen Quellen wollten. Einige Stunden später durchsuchen 14 Beamte das Gebiet großflächig. Sie erfahren von Verantwortlichen vor Ort, dass Kris und Lisanne am 31. März gegen 14 Uhr dort gewesen sein sollen.

Überraschenderweise wird dieser Behauptung offensichtlich nicht weiter nachgegangen. Das ist verwunderlich, denn aus dem entsprechenden Protokoll geht hervor, dass sich der Ermittler Abelardo A. einen Tag später bei SINAPROC darüber erkundigt, ob man bereits Näheres zu den »Mädchen und dem Mann in Caldera« wisse.[196] Es erscheint also nicht ganz abwegig, dass Kris und Lisanne in Caldera gewesen sind, doch bleibt es unwahrscheinlich, denn ein glaubwürdiger Zeuge dafür ist bislang nicht in Erscheinung getreten.

Es gibt jedoch einen Theoretiker, der es sich zur Hauptaufgabe macht, dies zu beweisen. Um Missverständnisse zu vermeiden, wiederholen wir an dieser Stelle noch mal, dass Juan nie die Möglichkeit gehabt hat, einen Blick in die Akten des Falles zu werfen. Größtenteils sind ihm während seiner aktiven Recherchen zum Fall auch die Informationen, die Martin F. 2022 über die Pandilla öffentlich macht, nicht bekannt.

Juan kann nachweisen, dass einige der bekannten Bilder von Kris und Lisanne veränderte EXIF-Dateien aufweisen. Er gibt dem niederländischen *Mannen Magazine* im November 2019 ein Interview darüber und teilt seine Erkenntnisse eigenen Angaben nach der Staatsanwaltschaft mit. Diese habe daraufhin versprochen, dass sich ein Cold-Case-Team damit beschäftigen werde. Soweit wir wissen, ist das nie passiert. Doch es sind nicht die Erkenntnisse über die manipulierten EXIF-Dateien, die nach dem Interview die größte Aufmerksamkeit erregen. Denn für seinen Artikel, der am 28. November zunächst online erscheint, lässt Juan »eine Bombe platzen«. Und er überrascht alle, weil er offenbar das Foto aufgetan hat, über das seit fünf Jahren im Forum hitzig diskutiert wird: Kris und Lisanne beim Baden mit der Pandilla!

Auf dem Foto identifiziert Juan Kris und Lisanne, die sich umarmen und mit ihren aus dem Wasser ragenden Händen Victory-Zeichen formen. Da ihre Oberkörper unter der Oberfläche verborgen sind, nährt sich für viele Internetdetektive, besonders aufgrund der Tatsache ihrer im Rucksack gefundenen BHs, der Verdacht, dass die beiden oben ohne sind. Neben ihnen stehen zwei junge Männer mit ausgebreiteten Armen im Wasser. Einer trägt eine Baseballmütze. Es sollen die ermordeten Bandenmitglieder Osman und Murdog sein. Alle Personen auf dem Bild schauen in die Kamera, die sie aus der Ferne vom anderen Flussufer aus aufnimmt.

Das Schwimmfoto (04. April 2014)

Aber der Youtuber geht noch weiter und behauptet sogar, er habe endlich den Ort der Nachtfotos ausfindig gemacht, der sich in der Nähe des Schwimmfotos am Rio Encantado befindet. Auf seinem LinkedIn-Profil feiert Juan seinen Artikel im *Mannen Magazine* und seine Erfolge:

Damit geht die Nachricht um die Welt, dass ich der Erste war, der den genauen Standort der sogenannten "Nachtfotos" herausgefunden hat. Ich habe auch ein verlorenes Handyfoto von Quellen erhalten, das Kris und Lisanne zusammen mit zwei Jungen an einem wunderschönen See in der Nähe von Boquete zeigt. Ich war auch derjenige, der herausfand, dass es sich bei dem Ort um die CALDERA Hot Springs, nicht weit von Boquete entfernt, handelte, und auch noch einmal die genaue Stelle ausfindig

Das Schwimmfoto (04. April 2014)

machte. […] Danach begann ich, die Psychologie von Kris und Lisannes inzwischen gelesenen Tagebüchern und geografischen Faktoren sowie alle Zeitungsberichte abzuwägen. In der Tat haben alle angenommen, dass die berüchtigten Nachtfotos vom 8. April aus dem riesigen Pianista-Reservat stammen. Dass Kris und Lisanne dort am 1. April 2014 einen Spaziergang gemacht haben, wie die Kamera zeigt, und von dort nie zurückgekehrt sind. Doch eine fieberhafte Suche brachte mich vorgestern endlich auf den richtigen Felsen, der sich im Rio Encantado befindet, nicht weit von Caldera und somit nicht weit entfernt, im wiederum nicht allzu großen und schwierigen Wald des Pianista. All dies sind entscheidende Informationen, weshalb die Staatsanwaltschaft nun ein Cold-Case-Team gebildet hat, das meine neuen Erkenntnisse prüfen wird. Das bedeutet übrigens nicht, dass der Fall offiziell wieder aufgerollt wird. Aber die Nachricht wird sich wie ein Lauffeuer in der ganzen Welt verbreiten, mit einer Flut von Entwicklungen. Es konnte einfach nicht mehr unter Verschluss gehalten werden, weil die Entdeckungen zu bedeutend und bahnbrechend sind und bald jemand anderes sie bringen würde.[197]

Da sich weitere prägnante Nachtfotos nicht Juans Nightspot am Rio Encantado zuordnen lassen, erklärt er, dass die Bilder an verschiedenen Orten aufgenommen worden sein müssen. Er sucht so lange im Internet, bis er eine Stelle findet, die einigen der Nachtfotos ähnelt und am Wasserfall Charco la Cascada liegt. Er behauptet danach, die Tropfen auf den Nachtfotos seien nicht Regen, sondern Spritzer von eben jenem Wasserfall. Doch es gibt eine Diskrepanz: Der Wasserfall liegt 7,2 Kilometer vom Felsenfoto 550 entfernt. Die zeitliche Aufeinanderfolge der beiden Bilder beträgt allerdings nur eine Minute und 20 Sekunden. Darum beschließt Juan, dass das lediglich beweise, dass die Nachtfotos inszeniert worden sein müssen.

Die Caldera-Hotsprings-Theorie behält den Täterkreis der Pandilla bei, erzählt aber die Vorgeschichte anders. Sie geht davon aus, dass Kris und Lisanne nie eine Wanderung auf dem Pianista Trail unternommen oder diese frühzeitig abgebrochen hätten. Die Frauen seien auf Empfehlung von Pedro den benachbarten Piedra de Lino Trail gewandert und dann in Richtung Pianista Trail gelaufen, wo sie auf den Pick-up-Truck getroffen seien. Laut Theorie sitzen darin die Mitglieder der Pandilla. Sie überreden Kris und Lisanne, mit ihnen schwimmen zu gehen, und fahren nach Caldera. Hier entsteht dann das Schwimmfoto, das die beiden gemeinsam mit Osman und Murdog im Wasser zeigen soll.

Laut Juan trägt das Foto den Dateinamen »Foto Sabroson«.[198] Somit kann er auch Edwin mit der Geschichte verweben. Juan verortet auch die anderen Verdächtigen in Caldera. So habe Murdog dort gelebt und zusammen mit Henry und Osman an der dort befindlichen Boquete Tree Trek Zipline gearbeitet.[199] Allerdings liegt dieser Abenteuerpark gar nicht in Caldera, sondern in Palo Alto, also 30 Kilometer entfernt.

Laut der dramatischen Theorie von Juan wehren sich Kris und Lisanne beim Baden gegen sexuelle Übergriffe und werden daher von der Pandilla getötet. Juan geht weiter davon aus, dass alle

Nachtfotos nach dem Tod von Kris und Lisanne von der Bande gemacht werden, um die Behörden zu verwirren und das Narrativ zu erzählen, die Mädchen hätten sich nach ihrer Wanderung auf dem Pianista verirrt und seien an einem unbekannten Ort im Urwald gestorben. Um denselben Effekt zu erzielen, hätten die Männer auch die Handys bis zum 11. April weiter bedient. Irgendwann zwischen April und Juni habe die Gang dann den präparierten Rucksack an einem Ort tief im Wald hinterlegt, von dem sie angenommen hätten, dass er von Indigenen gefunden werde.

Seine neuen Erkenntnisse über die Fotos mailt Juan eigenen Angaben nach an die niederländische Botschaft.[200] Auf spätere User-Nachfragen, warum sich da eigentlich nichts tue, antwortet er regelmäßig, dass die Staatsanwaltschaft momentan andere Fälle zu bearbeiten habe.[201] Aber Juan bleibt zuversichtlich, denn seine Erkenntnisse würden jetzt, wie er schreibt, »mit FBI-Leuten geteilt, die sich für den Fall interessieren, mit Produzenten von großen und kleinen Nachrichtensendern weltweit, mit eifrigen Studenten und ihren Kriminologie-Professoren.«[202] Der niederländische Youtuber hält es sogar für möglich, dass das *History-Channel*-Team von »Hunting Hitler« darauf angesetzt werde: »Das geht mit den besten Fernaufklärern und Ex-Marines vor Ort, die von Experten unterstützt werden.«[203]

Es ist offensichtlich, dass der Youtuber frustriert ist, weil weder die Staatsanwaltschaft noch die Eltern von Kris und Lisanne ihn ernst nehmen. Trotzdem hat seine Theorie weltweit Tausende Internetnutzer überzeugt. Viele bleiben jedoch skeptisch, da Bilder von Kris und Lisanne auf dem Pianista Trail existieren. Juan ist sich dessen schmerzlich bewusst.

In den folgenden Jahren wird es zu seiner Obsession, Beweise dafür zu liefern, dass nicht nur EXIF-Daten manipuliert worden, sondern auch alle Tagfotos Fälschungen sind. Er behauptet, Kris und Lisanne seien aus anderen Fotos ausgeschnitten und in die Szenerie des Pianista Trails eingefügt worden. Laut ihm hätten die Täter dafür Fotos der Mädchen von ihrem Aufenthalt in Bocas del Toro verwendet, die sie von der Speicherkarte der Kamera entnommen hätten. Diese Fotos, die Kris und Lisanne während eines Bootsausfluges in der gleichen Kleidung zeigen würden, die sie auf den »Pianista-Bildern« trügen, seien der Öffentlichkeit nicht bekannt. Juan stützt sich darauf, dass die Mädchen in ihren Tagebüchern von einer solchen Bootstour berichten, von der aber keine Aufnahmen existieren.

Was Juan nur meinen kann, ist, dass öffentlich keine Bilder von dieser Bootstour existieren. Ob Kris und Lisanne welche davon angefertigt haben, wissen wir nicht. Die Kamerabilder vom Urlaub, die nicht die Wanderung am Pianista Trail betreffen, sind nicht veröffentlicht worden und befinden sich auch nicht in den Gerichtsakten. Die einzigen, die wissen könnten, was Kris und Lisanne zuvor mit ihrer Kamera fotografiert haben, sind möglicherweise ihre Eltern, die aber verständlicherweise nicht wollen, dass die Fotos öffentlich werden.

Juan ist klar, dass einhergehende professionelle Foto- und Telefonmanipulationen nicht von der Pandilla gemacht worden sein können. Daher glaubt er an Regierungskreise, die für die Fälschungen verantwortlich sind. Sie hätten auch Kameradaten und -zeiten manipuliert, um ein Verbrechen zu vertuschen und es wie einen Unfall aussehen zu lassen.

Zwar stellen auch wir – wie geschrieben – ein paar auffällige Ungereimtheiten in den bekannten Fotos fest, können aber auch über eigene Expertenbefragungen keine weiteren Einschätzungen über die theoretische Machbarkeit eines solchen Croppings abgeben. Wir gehen daher auch nicht weiter auf Beispiele dafür ein. Der interessierte Leser wird in Juans Archiv fündig und kann sich dort viele Stunden mit dem Aufspüren von verzerrten Proportionen, nicht passenden Schatten, Spiegelungen oder versehentlich mit ausgeschnittenen Hintergründen beschäftigen. Für eine professionelle

Untersuchung auf bildtechnische Veränderungen müssten die Fotos einer eigenen forensischen Analyse unterzogen und diese gerichtlich angeordnet werden. Zumindest können wir sagen, dass es dahingehend weder von panamaischen noch von niederländischen Behörden eine Untersuchung gegeben hat.

Im Bann der Pandilla: Wer ist auf dem Schwimmfoto?

Logbuch Annette (8°41'18.0"N 82°17'17.8"W)
Ich mache während meines Aufenthalts in Boquete fast alle Mitglieder der sogenannten Pandilla ausfindig – plus einige mehr, die bisher glücklicherweise nirgends namentlich erwähnt worden sind, weil niemand von ihrer Existenz weiß. Die Clique hat sich selbst nie als Gang oder Pandilla bezeichnet. Es handelt sich vielmehr um ein paar Freunde, die 2014 gemeinsam Spaß haben, bevor auch sie von mehreren Schicksalsschlägen eingeholt werden. Außer Edwin sind alle offen und bereit, mit mir zu sprechen.

Das Schwimmfoto gehört zu den größten Mysterien des Falles um Lisanne und Kris und sorgt für die wildesten Spekulationen, seit Juan es im großen Stil in Umlauf gebracht hat. Um nun endlich zu klären, wer wirklich darauf zu sehen ist, beschreibe ich im Folgenden meine Treffen mit insgesamt sechs Personen, die anwesend gewesen sind, als das Foto aufgenommen worden ist. Ihre Aussagen haben es uns ermöglicht, die Geschehnisse um das rätselhafte Foto schrittweise zu entschlüsseln.

Milagros P.

Die Erste, die ich treffen will, ist Milagros. Sie soll den Theorien nach eine wichtige Rolle in der Pandilla gespielt, Osman in die Kreise der Bande eingeführt und ihm später die Einzelheiten über den Mord an Lisanne und Kris erzählt haben.[204]

In Boquete kennt jeder jeden, und so stehe ich nach einigem Herumfragen nun also vor einem schlichten einstöckigen Haus mit großzügiger Grünfläche drumherum am Rande des Dorfes. Als sie mich sieht, kommt Milagros mit großem Babybauch auf mich zu. Skeptisch erst, aber als ich ihr erzähle, was ich vorhabe und dass ich Feliciano kenne, öffnet sie sich. Viel Zeit hat die 32-Jährige mit den dunklen Locken jedoch nicht, denn von drinnen rufen drei Kinder nach ihrer Mama.

Ob sie von dem Foto überhaupt wisse, frage ich Milagros, und natürlich, sie erinnert sich – zu meinem Erstaunen sogar exakt an das Datum der Aufnahme: »Das war am 4. April 2014, als wir im Fluss Chiriquicito beim Baden waren.«

»Das weißt du noch so genau?«

»An dem Tag ist etwas Schlimmes passiert.«

Ich zucke kurz zusammen, denke an Lisanne und Kris.

Milagros schaut nachdenklich. »An dem Tag ist ein Freund von mir gestorben: Osman Valenzuela. Er ist an diesem Nachmittag ertrunken, im Fluss Chiriquicito. Da, wo das Foto gemacht worden ist.«

»Ist Osman auf dem Foto zu sehen?«

Milagros schaut auf das Bild. »Nein, ist er nicht«, sagt sie. Dann weist sie mit ihrem Finger der Reihe nach auf alle Personen, die sich auf dem Foto befinden. »Das hier ist Murdog. Daneben steht Jorge.« Sie deutet auf das dunkelhaarige Mädchen, das so viele Menschen für Lisanne halten. »Das bin ich. Und daneben, das ist meine Freundin Sandra.«

Ich bin überrascht, wie schnell, einfach und präzise man an eine Information kommen kann. Erst später wird mir bewusst, dass Zigtausende über genau dieses Foto etwas anderes, nämlich Falsches denken und wie viel Unheil das angerichtet hat. Gleichzeitig bin ich froh und erleichtert, dass nicht Lisanne und Kris auf dem Bild zu sehen sein sollen. Ich komme mir nun zwar etwas albern vor, frage aber trotzdem nach, ob die damals vermissten Niederländerinnen an dem Tag dabei gewesen sind – um sicherzugehen.

»Quatsch«, sagt Milagros, die schon wieder nach ihren Kindern schaut, als ginge es hier um eine Nebensächlichkeit. Und wahrscheinlich ist es genau das für sie. Ich habe das Gefühl, sie hat nur wenig Ahnung davon, was im Podcast erzählt und im Internet gesponnen wird.

Viele aus der Clique können nur wenig Englisch, dazu haben die meisten mittlerweile Großfamilien zu versorgen – da bleibt nur wenig Zeit und Interesse für anderes, was außerhalb ihrer Welt passiert.

Schnell bitte ich Milagros, die brandneuen Infos zu wiederholen, um sie aufzunehmen. Gleich darauf eilt sie auch schon zurück ins Haus. Alles geht so schnell, dass ich nicht mehr dazu komme zu fragen, wer das Foto eigentlich geschossen hat.

Danach habe ich lange Zeit, alles sacken zu lassen und die News mit Christian zu besprechen, der noch verblüffter als ich ist, da er bereits seit Wochen die Hintergründe des Fotos recherchiert. Wir resümieren gemeinsam, können festhalten, dass das legendäre Schwimmfoto nicht in Caldera entstanden ist, sondern am Chiriquicito, etwa sieben Kilometer entfernt. Ein paar Tage später werde ich mir die Stelle, wo das Foto tatsächlich entstanden ist, selbst anschauen.

Doch noch wichtiger: Das Schwimmfoto ist nicht am 1. April 2014 entstanden, hat also nichts mit Lisanne und Kris zu tun. Und am wichtigsten: Sie sind überhaupt nicht mit drauf auf dem Foto. Was für eine Neuigkeit!

Nebenbei können wir sogar noch eine weitere Legende beiseiteräumen: nämlich, dass Milagros aus Angst vor der Pandilla nach Costa Rica geflohen ist. Pittí selbst hat dieses Gerücht in einem Interview losgetreten, in dem sie erwähnt, man habe die verängstigte Freundin einer der Täter im Nachbarland ausgemacht.[205] Milagros ist jedoch wohlauf und nicht in Costa Rica. Später werde ich anhand ihrer Facebook-Fotos erkennen, dass sie tatsächlich eng mit Osman befreundet gewesen sein muss. Mehrere Male sind sie Arm in Arm zu sehen und wirken sehr vertraut miteinander.

Ich bin voller Tatendrang und überzeugt, der Lösung auf der Spur zu sein. Milagros hat mir alle Namen genannt. Jetzt gilt es, die Informationen von den anderen bestätigen zu lassen und in Erfahrung zu bringen, was sie mir noch über die Geschehnisse jenes Tages berichten können.

Henry G. (Tito)

Als Nächstes besuche ich Henry. Er hat lange von Feliciano dazu überredet werden müssen, denn er hat eigentlich keine Lust, mit mir zu sprechen. Wenn es um Vorwürfe gegen ihn geht, schafft er es, sie auszublenden, das hat mir sein Vater bereits über ihn erzählt. Lieber richtet er den Fokus auf etwas anderes als auf Anschuldigungen, die irgendwo außerhalb seiner eigenen Welt laut werden.

In diesem Sinne hat Henry Glück im Unglück. Sein Vater dagegen ist dem Gerede der Welt ständig ausgesetzt. Fast täglich trifft er auf Touristen, ohne vorher zu wissen, mit welcher Intention sie ihn gebucht haben. Feliciano kann sich nicht ablenken.

Heute springt Henry über seinen Schatten und hört sich an, was andere über ihn erzählen. Er tut es nicht für sich selbst, denn ihm ist egal, was die Leute reden. Er tut es für mich und für dieses Buch, aber vor allem tut er es für seinen Vater.

Als Henry mir am Carport vor dem kleinen Haus am Hang förmlich die Hand schüttelt, überkommt mich das Gefühl, ihn schon zu kennen. Mehrfach habe ich mir seine Facebook-Fotos angeguckt, in Blogs und in Kommentaren über ihn gelesen und im Podcast von ihm gehört. Das Internet zeichnet ein schreckliches Bild über den heute 33-Jährigen. Im krassen Gegensatz dazu stehen Felicianos Anekdoten, die er mir auf unseren Wanderungen erzählt: Henry als fürsorglicher großer Bruder, als helfende Hand, als liebevolles Hundeherrchen.

Das Erste, was mir an ihm auffällt, ist sein Blick. Henry macht echten Augenkontakt, nicht wie andere Menschen, bei denen man das Gefühl hat, dass sie einen nie richtig ansehen. Sein Blick zeugt von Neugier, ohne Misstrauen auszustrahlen. Er wirkt aufmerksam und freundlich, dabei auch leicht nervös. Genau das wirkt auf mich sympathisch und zugänglich, denn seine große, kräftige Statur allein kann durchaus einschüchternd wirken. Auf dem Weg ins Haus machen wir Smalltalk, aber von der angenehmen Sorte. Es ist leicht, mit ihm eine Verbindung herzustellen, denn genau wie das seines Vaters ist sein Wesen offen.

Drinnen setzen wir uns an den Tisch und trinken selbst gemachten Orangensaft. Raya, Henrys kleine, rötlichbraune Hündin, ist uns gefolgt und klebt an seinem Oberschenkel. Nach jeder Handbewegung, jeder Geste zum Unterstreichen seiner Worte findet seine Hand zurück zu ihr und krault ihr das Ohr. Mir kommt in den Sinn, was Martin F. einmal gegenüber Journalisten gesagt hat: »Wenn Henry einen Hund auf der Straße sieht, steigt er in sein Auto und überfährt ihn.«[206] Innerlich lache ich laut auf – *que estúpido*, wie albern, wie die Panamaer sagen. Henry ignoriert solche Anschuldigungen. Facebook und Instagram sind schnell geschlossen, wenn sie stören, Youtube-Kommentare meist in sowieso für ihn unverständlichem Englisch verfasst. Seine Freunde geben ihm einen sicheren Raum abseits der Gerüchte, dorthin kann er sich die meiste Zeit flüchten.

Henry erzählt mir kaum etwas, das ich nicht schon weiß. Er ist auf keiner Party und auf keiner Wanderung mit Lisanne und Kris gewesen. Er hat sie noch nicht einmal kennengelernt. Logisch, denke ich, wie hätte das auch passieren sollen? Es tritt sich nicht so leicht in Kontakt mit Touristinnen, wenn man kein Englisch beherrscht. Und Lisanne und Kris haben eben auch nur sehr wenig Spanisch gesprochen.

Darum schüttelt Henry auf so gut wie alle Fragen, die ich ihm stelle, nur den Kopf: »Hast du die Niederländerinnen jemals gesehen oder kennengelernt? Warst du irgendwo feiern mit ihnen? Haben deine Freunde sie kennengelernt, sind das auf dem Schwimmfoto Lisanne und Kris?«

»*No, nunca, jamás.*« – Nein, niemals, keineswegs.

Eine aufschlussreiche Info hat er dann aber doch für mich. Er erwähnt sie beiläufig, als wäre sie mir bereits bekannt: Henry zufolge hat sich Osman an besagtem Tag hinter einen Felsen zurückgezogen, um sein Geschäft zu verrichten, und ist nicht wiedergekommen. Sie alle hätten ihn vergeblich gesucht.

Die ernsten Augen hinter dem nun nicht mehr lächelnden Gesicht blicken immer wieder hinunter zu Raya. Schnell wischt Henry sich eine Schweißperle von der Stirn. Das Gespräch ist keine angenehme Angelegenheit für ihn, das spüre ich genau. Deshalb gehen wir zügig die restlichen Punkte durch, die ich ansprechen möchte. Henry ist keiner, der lange überlegt oder sich Worte erst zurechtlegen muss. Seine Antworten schießen hervor, wenn die Fragen noch gar nicht ganz meine Lippen verlassen haben. Auf meine Frage, wer auf dem Schwimmfoto zu sehen ist, bestätigt er schlicht die Namen, die auch Milagros genannt hat.

Nach Abschluss unseres Gesprächs begleitet mich Henry gemeinsam mit Raya zurück zur Straße. Als ich mich noch einmal umdrehe, zeichnet sich deutliche Erleichterung auf seinem Gesicht ab. Es ist nicht einfach, sich dem Vorwurf des Mordes zu stellen. Vor allem wenn es keine Beweise, nicht einmal stichhaltige Hinweise für eine Täterschaft gibt. Dass Henry etwas mit dem Verschwinden von Lisanne und Kris zu tun hat, ist der Fantasie einer oder mehrerer Personen entsprungen.

Sandra C.

Sandra finde ich über Facebook, was nicht einfach ist, da es in Panama ganz normal scheint, ältere Accounts nicht zu löschen oder mehrere zu betreiben. Sie antwortet mir erst einsilbig: »*No sé nada*« – ich weiß nichts. Doch ich lasse nicht locker, versuche es noch einmal. Stunden später, als ich innerlich schon aufgegeben habe, erreicht mich die Nachricht: »Wo sehen wir uns?«

Gleich am nächsten Tag treffen wir uns auf der Terrasse eines kleinen Cafés am Fluss. Sandra kommt auf mich zu, als wären wir Freundinnen, die sich lange nicht gesehen haben. Ich bin positiv überrascht, habe ich doch nach ihrer kurzen Facebook-Nachricht mit etwas Argwohn gerechnet. Bei Pommes und Burgern quatschen wir über die kulturellen Unterschiede zwischen unseren Heimatländern, lernen uns kennen. Auch sie ist mit ihren Mitte 20 schon zweifache Mutter und lebt nun ein komplett anderes Leben als 2014.

Als ich nach einer Weile auf den 4. April 2014 zu sprechen komme, erzählt sie bruchstückhaft. Damals ist sie mit 16 Jahren das Küken der Clique. Aber das Wichtigste hat sie behalten:

Das Foto ist an einem unbeschwerten Nachmittag am Chiriquicito entstanden, wohin die Freunde zum Schwimmen gefahren sind. Auch Kinder seien dabei gewesen. Osman geht hinter einen Felsen, weil er sich dort erleichtern muss, und kehrt nicht zurück. Als die Dunkelheit hereinbricht, geben sie die Suche nach ihm auf und verständigen die Polizei. Von einem Streit innerhalb der Clique, der Osman den Theorien nach das Leben gekostet haben soll, weiß Sandra nichts.

Und Lisanne und Kris? Sie blickt mich verständnislos an, so abwegig ist wohl die Idee, dass die beiden Niederländerinnen dabei gewesen sein könnten. »Keiner von uns hat sie jemals kennengelernt«, erzählt sie. »Oder überhaupt nur gesehen.« Somit seien sie das natürlich auch nicht auf dem Foto. Sie erkennt die anderen als diejenigen, die auch Milagros und Henry mir genannt haben. Was sie jedoch nicht mehr weiß: ob sie die Person neben Milagros ist. Ausgerechnet, denke ich mir und versuche, ihr auf die Sprünge zu helfen.

»Kann schon sein, dass ich das bin«, sagt Sandra und spricht die Krux der Aufnahme aus: »Man erkennt ja die Gesichter nicht. Ich weiß aber noch genau, dass ich damals auf ein paar der Fotos zu sehen gewesen bin.« Sie zuckt mit den Achseln. »Aber auf diesem hier? Ich kann das wirklich nicht mit Bestimmtheit sagen.«

Wer das Foto gemacht hat, daran kann sie sich leider ebenfalls nicht erinnern.

»Aber«, sagt Sandra und senkt die Stimme. »Etwas Mysteriöses ist doch an diesem Foto.« Dann berichtet sie von Silhouetten, die im Nachhinein auf dem Schwimmfoto und anderen Bildern des Nachmittags zu sehen gewesen sein sollen. »Ähnlich wie Geister, etwas Paranormales«, sagt sie. »Unsere Leute mit verschwommenen Gesichtern und nicht erkennbar.« In Gedanken tue ich die Aussage ab, denn ich glaube nicht an paranormale Phänomene. Doch ein paar Tage später reift Skepsis in mir, als ich mich – um Näheres über die Aufklärung von Osmans Tod zu erfahren – mit dem Anwalt treffe, der die Umstände damals geprüft hat. Auch er berichtet mir von unerklärlichen Erscheinungen und Umrissen auf den Fotos. Leider ist es uns nicht gelungen, die anderen Aufnahmen vom 4. April 2014 aufzutreiben. Was steckt hinter diesen Behauptungen? Es ist schon eine ganz spezifische Eigenheit im Fall Lisanne und Kris: Kaum hat man ein Geheimnis gelüftet, taucht ein neues auf.

Alba C.

Der Anwalt im Fall Osman ist es auch, der mir von Alba erzählt, eine der Personen, die an diesem Tag mit der Gruppe beim Schwimmen gewesen sind. Ihr Name ist bisher ebenfalls nirgends aufgetaucht. Nachdem der Anwalt sie telefonisch gefragt hat, darf ich sie besuchen. Alba erwartet mich vor ihrem Haus, umrundet von ein paar spielenden Kindern. Sie wirkt energisch und sehr selbstbewusst, nimmt kein Blatt vor den Mund, sondern lässt gleich ihren Ärger raus: Zum einen über Margarita, Osmans Mutter, die ihr und den anderen der Gruppe bis heute Beleidigungen und falsche Vorwürfe an den Kopf wirft, wenn sie sich auf der Straße begegnen. So sollen sie auch die Beerdigung ihres Sohnes gestört haben. Ein übles Gerücht, meint Alba.

Zum anderen ärgert sie sich über Jeremy Kryt, der sie bei der Arbeit aufgesucht und dazu gedrängt habe, ihm ein Statement zu Henry abzugeben. Ihre Augen funkeln kurz auf vor Wut. Doch dann lacht sie laut heraus, als sie sich an eine andere Anekdote erinnert: Sie genießt gerade ihren Feierabend in einer Bar, als wiederum Jeremy auftaucht, diesmal mit seiner Kollegin Mariana im

Schlepptau. Mit pantomimischem Einsatz macht Alba nach, wie Mariana gewisse Körperteile zurechtrückt, bevor sie Henry anruft. Sie spitzt damals die Lippen, wackelt mit dem Oberkörper und streckt ihr Handy im Selfiemodus von sich weg – so habe sie versucht, Henry zu bezirzen, in die Bar zu kommen, erzählt Alba.

»Und ist Henry gekommen?«, will ich wissen.

»*Tontería*, da hat sie ihn komplett falsch eingeschätzt.« Schließlich betrachtet Alba das Schwimmfoto, wobei sie die Namen wiederholt, die ich schon gehört habe. – Nur einer unterscheidet sich, ich traue meinen Ohren kaum. »Und links unten neben Milagros ist Osman«, sagt sie.

Wie bitte? Die Person, die so viele für Kris halten und die eigentlich Sandra sein sollte, soll nun Osman, der Ertrunkene, selbst sein? Skeptisch betrachte ich die Person auf dem Foto noch mal ganz genau, die doch sehr nach einer jungen Frau aussieht. Andererseits ist das Foto so verzerrt und verschwommen, dass man alles und jeden hineininterpretieren kann. Mir fällt Christians Analyse des Fotos ein, der bereits angezweifelt hat, dass man von den vermeintlichen Mädchen auf dem Bild echte Rückschlüsse auf ihr Äußeres ableiten könne. Der rötliche Schimmer, der Kris' Haare zeigen soll, könnte durchaus eine Spiegelung der Felsen im Hintergrund sein. Und Alba ist überzeugt: »Das ist ganz sicher Osman. Das weiß ich, weil wir uns alle später über sein verzerrtes Gesicht unterhalten haben.«

Danach sehen wir die Fotografie mit anderen Augen und mehr denn je als optische Täuschung an. Nun scheint es auch, als gehöre der rechte Arm nicht der Person, die für Kris gehalten worden ist, sondern zu Milagros, die mit beiden Händen ein Victory-Zeichen formt. Etwas, das sie auf ihren privaten Fotos oft tut – im Gegensatz zu Lisanne und Kris. Demnach könnten Sandras Arme oder die eines im Wasser knienden Osman auch unter der Oberfläche verborgen sein. Zur Täuschung trägt bei, dass Milagros von kräftiger Statur ist, Osman hingegen klein und schmal. Ich muss dringend weitere Freunde aus der Gruppe treffen, um herauszufinden, wer sich richtig erinnert.

Xinia P. und Jorge G.

Die Gelegenheit dafür wartet gleich um die Ecke. Dort wohnt Xinia, ebenfalls eine Freundin aus der damaligen Gruppe. Alba ruft sie zu uns. Xinias Lächeln ist ansteckend, ihre Stimme sanft. Ich bekomme schnell das Gefühl, dass nichts sie aus der Ruhe bringen kann. An ihrem Hosenbein zupft eins ihrer Kinder, ein kleiner Hund springt an ihr hoch. Xinia bleibt gelassen und schenkt jedem die nötige Aufmerksamkeit. Auch sie berichtet ausführlich von dem verheerenden Badeausflug an den Chiriquicito, von Osmans Verschwinden und der verzweifelten Suche nach ihm. Ich zeige ihr das Foto und sie nennt die Namen: Murdog, Jorge, Milagros und – Osman! Sie sagt es ohne zu zögern, ich bin perplex.

»Erinnerst du dich noch, wer das Foto gemacht hat?«, frage ich sie anschließend, ohne viel Hoffnung auf eine Antwort. Xinia überrascht mich: »Das weiß ich ganz genau, denn das war ich. Ich habe es mit meinem Tablet gemacht, das die DIJ danach mitgenommen hat. Wir haben an diesem Tag sehr viele Fotos gemacht.«

Ich platze vor Neugier – was ist auf den anderen zu sehen? Xinia plaudert offen drauflos: Auf allen seien diese merkwürdigen Phänomene gewesen, immer sei Osmans Gesicht verändert, merkwürdig verdreht oder gar vollkommen unkenntlich erschienen. So etwas habe sie noch nie erlebt. Deshalb hätten sie damals unter Freunden auch lange darüber gesprochen. Natürlich will ich sofort die anderen Fotos sehen und frage Xinia danach. Sie sagt jedoch, dass sie ihr Tablet inzwischen entsorgt hat, weil es kaputtgegangen sei. Die Bilder, die sich darauf befunden hätten, habe sie nicht auf einem anderen Gerät gespeichert.

Als wir noch mitten im Gespräch sind, kommt – das Glück ist auf meiner Seite – Jorge angelaufen, der auch auf dem Foto ist. Auf dem Heimweg von der Arbeit muss er an Xinias Haus vorbei. Auch er ist die Ruhe in Person und gerne bereit, mit mir zu sprechen. Er wiederholt noch einmal die Ereignisse an diesem Nachmittag vor neun Jahren. Nervös bitte ich ihn dann, mir die Personen auf dem Foto aufzuzählen. Er antwortet mit ruhiger, dunkler Stimme: »Neben mir steht Murdog, das tiefer im Wasser sind Arm in Arm Milagros und Osman.«

Für mich gibt es jetzt kaum noch Zweifel. Hier hat sich weder jemand abgesprochen noch hat mir jemand einen Bären aufbinden wollen. Wir machen noch schnell ein Erinnerungsfoto zusammen, dann geht jeder seiner Wege. Die zwei verschiedenen Aussagen über diese eine Person auf dem Foto sorgen zwar noch eine ganze Weile für Verwirrung in mir, aber die Gespräche mit denjenigen, die auf dem Schwimmfoto zu sehen sind und die es gemacht haben, hätten nicht besser laufen können. Am Ende ist das Wichtigste: Es sind nicht Lisanne und Kris.

Logbuch Ende

Haus der Krähe: Skurrile Podcast-Mordsparty

Anhänger von True-Crime-Geschichten haben eine unstillbare Sehnsucht nach dramatischen Erzählungen, und die Unterhaltungsbranche ist sich bewusst, dass sich mit solch intensiven Dramen profitabel wirtschaften lässt. Daher ist es kaum überraschend, dass selbst renommierte Journalisten gelegentlich dazu verleitet werden, zweifelhafte Geschichten zu verbreiten, um maximale Aufmerksamkeit zu erzielen. Der US-amerikanische Podcast *Lost in Panama* mit seinen Hosts Jeremy Kryt und Mariana Atencio stellt ein markantes Beispiel für dieses Phänomen dar.

Hinter dem Podcast aus dem Jahr 2022 steht die Produktionsfirma Kast Media aus Los Angeles, die laut Webseite *»premium podcast content«* produziert und veröffentlicht.[207] Unabhängig von den inhaltlichen Aspekten zeichnen sich die sieben Episoden von *Lost in Panama* durch eine Qualität aus, die dem Anspruch auf Premium-Status gerecht wird. Die Musik ist stimmig, die Tonqualität herausragend und an passenden Stellen ist ein schöner dumpfer Sound eingebaut, der Spannung kreiert. Hier sind Experten am Werk, die sich im typischen Metier des modernen Storytellings auskennen.

Auf inhaltlicher Ebene kündigt die Produktionsfirma Bahnbrechendes an: Man wolle im Fall Kris und Lisanne *»explosive new evidence«*, also brisante neue Beweise gefunden haben.[208] Der Top-10-True-Crime-Podcast wird zum Erfolg und weltweit über zwei Millionen Mal heruntergeladen. Nachdem Kast Media insolvent und aus dem Geschäft ist, sichert sich im November 2023 die Streaming-Plattform LiveOne die exklusiven Vertriebs- und Verkaufsrechte und übernimmt die Show beim eigenen Anbieter PodcastOne. Hier wird *Lost in Panama* zu einer Anthologieserie ausgebaut, die im Mai 2024 fortgesetzt werden soll. LiveOne stellt auch eine Verfilmung von *Lost in Panama* in Aussicht.[209]

Als gebürtige Venezolanerin scheint Atencio die perfekte Host-Partnerin für Kryt zu sein, da sie die weibliche und lateinamerikanische Sichtweise einbringt und außerdem ohne Sprachbarrieren Interviews führen kann. Allerdings trübt bereits die erste Folge die Erwartungen. Die Hosts greifen die überholte Theorie auf, die Feliciano als Täter oder zumindest als Komplizen im Fall von Lisanne und Kris darstellt. Sie stützen sich jedoch lediglich auf ihre persönlichen Intuitionen und missdeuten Aussagen, ohne stichhaltige Belege zu präsentieren. Zudem befragen sie wie im kompletten Podcast nur Personen, die ihre Ansicht stützen. Die vielen anderen, die Felicianos Unschuld bezeugen könnten, halten sie geschickt raus. Dabei muss man solche in Boquete nicht einmal lang suchen. Dass Feliciano von niemandem verdächtigt wird, erfährt man sofort, sobald man sich nur ein bisschen für die *Boqueteños* öffnet und sich umhört.

Die beiden Moderatoren präsentieren ihre gewagte Vermutung überwiegend im Konjunktiv, aber ihre Intention, eine bestimmte Version der Ereignisse zu vermitteln, ist deutlich erkennbar. Trotz dieser suggestiven Herangehensweise gelingt es ihnen nicht, ihre Theorie zu untermauern, sodass sie am Ende des Podcasts umschwenken und selbst zugeben, dass sie eigentlich gar nichts Neues herausgefunden haben.[210]

Wäre den Hosts mehr an der Wahrheit und weniger an theatralischer Effekthascherei gelegen, hätten sie möglicherweise bedeutende Entdeckungen machen und vor allem gewisse Aspekte klarstellen können. Stattdessen sind selbst ihre zur Serie gehörenden Aftershows mit einer Mischung aus unverhohlenen Unwahrheiten, Mutmaßungen und Gerüchten gespickt, die oft nur indirekt zu ihnen gelangt sind. Kryt behauptet, Zugang zu den Gerichtsakten zu haben, und bedauerlicherweise findet das bei fehlender Überprüfungsmöglichkeit für die Hörerschaft große Beachtung. So ist wenig verwunderlich, dass die These der Hosts seither durch die globalen Weiten der Internetforen fegt. Wir wollen daher zentrale Aspekte der Theorie herausgreifen und anhand einiger prägnanter Beispiele widerlegen.

Kris und Lisanne sollen schon zwei Tage vor ihrem Verschwinden auf Mitglieder der Pandilla getroffen sein. Die Informationen werden von Martin F. beigesteuert, der sich auf geheime Informanten bezieht. Demnach haben Kris und Lisanne am 30. März auf der Suche nach Cannabis Israel G. kennengelernt, der zum erweiterten Kreis der Pandilla gehöre. Nach dem Deal stellt er ihnen Sam vor. Die Männer laden Kris und Lisanne dann auf eine Party ein, die einen Tag später in Cuervos Haus in Palo Alto stattfindet. Hier treffen sie auch die anderen Mitglieder der Pandilla.

Wir haben Israel ausfindig gemacht und zu den Vorwürfen befragt. »Diese Leute haben meinen Namen benutzt, um eine Geschichte zu erfinden, von der sie profitieren können, aber nichts davon ist wahr«, sagt er. »Ich kenne keine Pandilla, ich war auf keiner Party und habe die *holandesas* zum ersten Mal auf den Plakaten in der Stadt gesehen.« Israel fügt an, dass er sich als Freiwilliger bei der Suche beteiligt hat, sowohl privat als auch zusammen mit SINAPROC. Über Martin F. berichtet er, dass dieser ihn mitsamt Waffe in seinem Haus aufgesucht und bedrängt habe – eine Info, die Annette im Laufe ihrer Zeit in Boquete so oder so ähnlich noch manches Mal zu Ohren kommt.

Zurück zur Theorie des Podcasts. Am nächsten Tag, als die Freundinnen den Pianista-Pfad wandern, folgen ihnen die Bandenmitglieder in einem roten Pick-up. Als sie Kris und Lisanne auf dem Pfad ansprechen, entscheiden diese sich, mit ihnen zu gehen, weil sie versprechen, ihnen eine noch schönere Wanderroute zu zeigen. Dabei soll es sich um den Piedra de Lino Trail gehandelt haben. Laut Martin F. und Margarita werden sie dann abermals zu Cuervos Haus gebracht, wo das Unglück seinen Lauf nimmt.

Ab hier verfolgen Kryt und Atencio eine alternative Version, in der der Pick-up keine Rolle mehr spielt. Demnach folgen die Pandilla-Freunde den Mädchen zu Fuß bis zum Mirador. Der These der Hosts nach führt von dort aus ein geheimer Pfad in östliche Richtung hinunter und wieder hinauf bis zum Gipfel des gegenüberliegenden Berges Pata de Macho. Die Männer treiben Kris und Lisanne danach also den sogenannten Pata de Macho Trail hinunter, der in der Nähe von Cuervos Haus endet. Unseren Berechnungen nach hätte dies eine Wanderung von nahezu 20 Kilometern erfordert.

Kryt und Atencio behaupten, dass die Gipfel der beiden Berge durch einen geheimen Pfad miteinander verbunden sind. Sie gehen sogar noch weiter und wollen seine Existenz persönlich bewiesen haben[211] – in Wahrheit jedoch verraten sie nicht, ob sie zusätzlich zum offiziellen Pata de Macho Trail auch einen geheimen, versteckten Pfad gegangen sind. Der Wanderweg führt von Palo Alto hinauf auf den Gipfel des gleichnamigen Berges. Um den geheimen Abschnitt zu finden, hätten sie also viel weiter gehen müssen, als sie es getan haben, denn sie brechen die Expedition wegen drohendem Regen ab, ohne zu erwähnen, dass sie den offiziellen Pata de Macho Trail überhaupt verlassen haben.

Annette hingegen ist den Pata de Macho Trail bis hinauf auf den Gipfel gewandert – und hält eine Verbindung zwischen den beiden Bergen für nahezu unmöglich. Nicht nur würde solch ein Weg zwei steile Auf- beziehungsweise Abstiege bedeuten, der Pata de Macho ist außerdem extrem schwer begehbar. Er gleicht mitunter einem nicht gesicherten Klettersteig. Ein Pfad zwischen den beiden Gipfeln ist an keiner Stelle ersichtlich und aufgrund der extrem dichten Vegetation auch kaum konstruierbar.

Auf Cuervos Hausparty werden Kris und Lisanne dann der Theorie folgend mit Alkohol und Drogen betäubt. Die Atmosphäre ändert sich abrupt, als Felicianos Sohn Kris bedrängt. Die Situation eskaliert, und als Kris sich gegen die Annäherungsversuche wehrt, schlägt er sie zu Tode. Keiner außerhalb der Gang ist anwesend, um den Kampf zu bemerken oder einzugreifen. Als Lisanne versucht, ihrer Freundin zu helfen, wird auch sie angegriffen, vergewaltigt und am Ende mit einem Hammer getötet. Die Jungen zerteilen daraufhin die Leichen der Mädchen, verpacken sie in schwarze Müllsäcke und vergraben sie unter dem Mangobaum im Garten des Hauses.

Und was ist mit den gefundenen Knochen, den Fotos und Notrufversuchen? Um den Tod der Mädchen wie einen Unfall wirken zu lassen, verstreuen die Männer einige Wochen später Knochen im Wald. Die Notrufe und Fotos inszenieren sie aus demselben Grund. Foto 509 löschen sie allerdings, weil es Henry und ein weiteres Mitglied der Gang zeigt.

Zur Untermauerung ihrer Hausparty-Theorie schrecken die Hosts möglicherweise auch nicht davor zurück, fingierte Aussagen zu kaufen. R., ein indigener Einwohner von Pueblo Santos, einem Dorf hinter Alto Romero auf dem Weg zur Küste, erzählt Annette von einem entsprechenden Angebot: Tony, Kryts und Atencios Informant, hat ihn in seinem Dorf aufgesucht, ihm ein Schreiben mit einer vorgefertigten Aussage präsentiert und ihm Geld angeboten, wenn er die darauf formulierten Statements vorlesen und sich dabei aufnehmen lassen würde. R. ist glücklicherweise integer genug, um dieses unmoralische Angebot abzulehnen. Vor diesem Hintergrund scheint es allerdings gut möglich, dass sich im Podcast tatsächlich gekaufte Aussagen befinden.

Dies wird besonders deutlich, als dem Podcast ab der fünften Folge ein dringend benötigter Wendepunkt beschert wird. Ein neuer Zeuge taucht auf. Er ist der Kollege der Schwester eines Mannes der Ngöbe-Buglé-Gemeinschaft, der von Henry bestellt worden sei, um das Blut am Tatort aufzuwischen. Dabei habe er auch einen Kopf der Mädchen in einer Tüte gefunden. Henry habe ihm daraufhin gedroht, ihn umzubringen, sollte er darüber etwas sagen. Allerdings sei das alles nicht in Cuervos Haus passiert, sondern in der Finca von Feliciano in der Nähe des Dorfes Alto Romero.

Die Glaubwürdigkeit der genannten Quelle ist fraglich, vor allem, weil sich die Geschichte auf Hörensagen stützt, der zitierte Informant anonym bleiben möchte und am Ende auch nicht zu einem mit Kryt und Atencio vereinbarten Treffpunkt erscheint. Wir glauben, dieser Zeuge hat nie existiert.

Wahrscheinlicher ist, dass Jeremy genau wie wir die Aussage von Murdog in den Akten gefunden hat. Demnach hätten Henry und Sam angeblich direkt nach dem Verschwinden von Kris und Lisanne einen Trip zu dieser Finca gemacht. Nach den Erzählungen von R., der ein solches Angebot abgelehnt hat, stellen wir uns vor, wie Kryt mit ein paar Geldscheinen in der Hand versucht, Personen zu finden, die bereit sind, einen Tatortreiniger zu mimen. Doch das würden wir selbstverständlich nie behaupten. Stattdessen kehren wir noch einmal an den Anfang des Podcasts zurück:

Gleich in der ersten Folge wandern die Hosts den Pianista-Weg selbst hoch. Das schulden sie den Opfern und deren Familien, wie sie sagen.[212]

Am Anfang des Weges schauen sie bei der Zeugin Martina vorbei. Sie erzählt verängstigt, dass sie damals von Feliciano bedroht worden sei, der ihr gesagt habe, dass sie ins Gefängnis kommen könnte, wenn sie zugeben würde, Kris und Lisanne gesehen zu haben. Feliciano korrigiert diesen im Podcast vermittelten Eindruck gegenüber uns: »Es war sicherlich keine Drohung. Ich habe Martina damals davor gewarnt, dass es im Zuge der Ermittlungen zu willkürlichen Verhören und Verhaftungen gekommen ist. Sie sollte einfach aufpassen, was sie wem gegenüber sagt.«

Und tatsächlich wird Annette Zeugin, wie sorglos Martina mit Feliciano plaudert und scherzt, als beide sich über die Blumen in Martinas Garten unterhalten. Keine Spur von Angst. Als Annette sie eines Tages allein aufsucht, um sie zu befragen, äußert sich die indigene Frau im leuchtend roten Gewand offen zu den Geschehnissen und erzählt, dass sie Kris und Lisanne gesehen hat, wie sie an ihrem Haus vorbeigegangen sind. Sonst habe sie nichts weiter gesehen oder gehört.

Die Entscheidung der Hosts, Martinas unverfälschte Stimme zu senden, ihren echten Namen und Wohnort zu nennen, trotz ihrer dringenden Bitten um Schutz vor Feliciano, führt zu Verwirrung und Besorgnis bei den Hörern. Diese Handlungsweise könnte darauf hindeuten, dass die Podcast-Macher Martinas Gefühl der Bedrohung nicht ernst nehmen oder dass ihnen das Wohl ihrer Zeugin gleichgültig ist. Beide Möglichkeiten werfen ein kritisches Licht auf ihre journalistische Integrität und Verantwortung. Sie scheinen voreingenommen, übernehmen Martinas Aussage unkritisch und lassen Fragen offen. Diese Tendenz verstärkt sich im Verlauf des Podcasts. Ihre Suche nach Beweisen ist in den ersten beiden Folgen selektiv darauf ausgerichtet, Feliciano als Schuldigen darzustellen.[213]

Auf dem Weg hoch zum Mirador treffen Kryt und Atencio auf zwei deutsche Frauen, beide 22, beste Freundinnen, eine ist sogar rothaarig wie Kris. Zufall? Nach Ende des Podcasts wirkt dieses Treffen geskriptet, aber das können wir nur vermuten, da wir Jacky und Caroline, so die Namen der beiden, leider nicht ausfindig machen konnten. Die Frauen sind allein unterwegs – der perfekte Anlass, um über die Gefahren zu sprechen, die hier für Frauen an jeder Ecke lauern, und zwar in Form von Männern. Jacky und Caroline erzählen von unangenehmen Flirtversuchen. Mariana Atencio dagegen wird deutlicher: Ihr zufolge werden Frauen sogar wie Besitztümer behandelt.[214]

Trotz dieser Aussage unterstellt Atencio Feliciano später jedoch »victim blaming«, als er Frauen davor warnt, allein in Panama wandern zu gehen. Sie wirft ihm sogar vor, auf diese Weise sein Business zu sichern.[215]

Nachdem sie zu viert den Mirador erreicht haben, wagen sich Kryt und Atencio sogar noch ein Stück weit die andere Seite des Berges hinunter. Anschaulich beschreiben sie, wie herausfordernd der Weg zu gehen und wie hoch die Gefahr für Verletzungen ihrer

Meinung nach ist. Was wir den Hosts zugutehalten, ist, dass sie im Gegensatz zu anderen selbsternannten Experten tatsächlich am Pianista gewesen sind.

Folge zwei beginnt direkt mit Feliciano, der als Täter inszeniert werden soll. Im gesamten Podcast taucht sein Name 124-mal auf, so gut wie immer in Zusammenhang mit seiner vermeintlichen Täterschaft. Doch tatsächlich wird er in den Akten nie im Kontext eines solchen Verdachts genannt.

Dass Feliciano niemals einem Interview mit Kryt zugestimmt hat, werten die Hosts als mögliches Zeichen dafür, dass er etwas zu verbergen hat. Was sie den Hörern verschweigen: dass Kryt Feliciano so sehr bedrängt und richtiggehend durch den Ort verfolgt hat, dass dieser sogar die Polizei verständigt hat.[216]

Bei solchen Methoden verwundert es nicht, dass eine ganze Reihe interessanter Interviewpartner nicht mit ihnen sprechen will. Dazu gehört auch Edwin, der vermeintliche Anführer der Pandilla. Um herauszufinden, ob dieser tatsächlich wie behauptet ein Drogendealer ist, suchen sie ihn in einem seiner Restaurants auf und fragen ihn, ob er ihnen Marihuana besorgen könne. Er stimmt zu und vereinbart ein Treffen in einer Bar. Dort finden sie zwar das Gras vor, aber Edwin, der inzwischen wohl erkannt hat, welches Interesse die Journalisten wirklich verfolgen, erscheint nicht und bricht alle weiteren Kontakte ab.[217]

Auch Feliciano stellen Kryt und Atencio eine Falle. Unter falschen Voraussetzungen locken sie ihn in ein Café und nennen es »*wild undercover operation*«. Atencio, Jacky und Caroline fungieren als Lockvögel, die vorgeben, sich für eine Wanderung mit ihm zu interessieren. Zur Untermauerung der angeblich brandgefährlichen Aktion lassen die Hosts sogar Sicherheitsleute vor dem Café abstellen.

Feliciano erinnert sich erst an das Treffen, als Annette Details nennt. Trotz seiner sichtbaren Enttäuschung über die im Podcast geäußerten Anschuldigungen reagiert er nicht verärgert. Mariana behauptet irrtümlich, Felicianos Arme seien von dicken Muskelsträngen durchzogen und er spreche mehrere Sprachen fließend. Beides ist nicht der Fall. Sie unterstellt ihm auch anhand des Fotos einer attraktiven Frau, das Feliciano auf seinem Handy-Startbildschirm hat, eindeutig unsittliche Absichten. Dabei handelt es sich lediglich um ein Bild von Felicianos Tochter.

Um ihre Hausparty-Theorie zu stützen, greifen die Hosts auf Personen wie Martin F. zurück, der kurz nach Kris' und Lisannes Verschwinden von Alto al Crimen engagiert worden ist, um ein Verbrechen aufzuklären. Seine Untersuchungsergebnisse verkauft er für 6000 Dollar an Kast Media, wie er Annette persönlich offenbart. Sein Engagement für die Aufklärung des Falles muss daher auch im Schatten seines finanziellen Interesses erklärt werden.

Während Martin F. vertraglich dazu verpflichtet ist, seine Informationen exklusiv zu halten, scheint er diese Abmachung nicht ernst zu nehmen – so hat er Annette die gleichen Informationen für einen Bruchteil des Preises angeboten. Hinzu kommt, dass Martin F. zwar den Titel eines Privatdetektivs führt, jedoch ohne jegliche Lizenz oder Berechtigung. In Panama ist es nicht erlaubt, ohne offizielle Anweisungen Nachforschungen zu betreiben, was seine Position weiter infrage stellt.

Logbuch Annette (8°53'43.5"N 82°19'25.4"W)
Ich will es genau wissen und statte der DIJ, der Dirección de Investigación Judicial, also der Direktion für gerichtliche Ermittlungen in David, einen Besuch ab. Dank einiger Kontakte, die ich nach Wochen der Recherche geknüpft habe, die hier aber anonym bleiben müssen, ist dies möglich, denn einfach hineinspazieren in das eingezäunte Gebäude können normale Menschen natürlich nicht. Ich bin nervös, als ich erfahre, dass sogar der Regionaldirektor, also der Chef der DIJ in Chiriquí, mit mir sprechen würde. Nach kurzer Wartezeit im Eingangsbereich holt mich ein freundlich lächelnder Mann ab. Er nimmt sich viel Zeit für mich und meine Fragen und

bestätigt: Ohne offizielle Anweisung ist es nicht erlaubt, als kriminalistischer Ermittler tätig zu sein. Von dem angeblichen Privatdetektiv Martin F. hat er nie gehört.

Einige Tage später stehe ich im Regen in meiner Straße im Zentrum von Boquete und warte auf ein mir unbekanntes Auto mit einem mir schon jetzt suspekten Mann darin. Dieser Abend ist der unheimlichste in meiner gesamten Zeit in Panama. Ich möchte nicht, dass Martin weiß, wo ich wohne, darum habe ich mich viel zu früh ein paar Meter entfernt von meiner Haustür aufgestellt. Dicke Regentropfen, wie es sie nur in den Tropen gibt, fallen auf meinen Schirm.

Martin sammelt mich in einem unscheinbaren grauen Auto ein und fährt schnurstracks nach Palo Alto, wo ihm zufolge – dieses Detail hat der Podcast ihm abgekauft – die Leichen unter einem Mangobaum liegen, da die Mädchen vorher in dem zugehörigen Haus umgebracht worden seien, das Cuervo gehört. Das genaue Gebäude zeigt er mir nicht, das wäre zu viel des Guten, sagt er. Ich kenne es ohnehin bereits. Ein paar Wochen zuvor habe ich Cesar aka Cuervo besucht und mir dabei auch seinen Garten angesehen. Bei der Gelegenheit hat mir Cesar von seinem Leben als Familienvater erzählt, und dass er sich 2014 bereits vollkommen auf seine Familie konzentriert hat, weshalb er in seinem Haus keine Partys veranstaltet hätte. Der Mangobaum, den Kryt gesehen haben will, existiert nicht – lediglich ein paar Zitronenbäumchen könnte er entdeckt haben.

Martin hat von meinem Kontakt zu Cesar jedoch keine Ahnung – für ihn bin ich nur eine kleine Bloggerin, die über Boquete schreibt, harmlos. Er weiß nicht, was ich in Wahrheit recherchiere. Er weiß nicht einmal, dass ich zuvor schon mit seinem ehemaligen Auftraggeber Caesar S. von Alto al Crimen gesprochen habe. Der hat mir natürlich auch ausgiebig von wilden Kokain-Partys erzählt, die Lisanne und Kris angeblich mit den Bandenmitgliedern gefeiert hätten. Seiner Meinung nach – und die hat mich wirklich schockiert

– seien sie zudem selbst schuld an ihrem Schicksal gewesen, da sie sich mit den Falschen eingelassen hätten. Schließlich wollten alle jungen männlichen Panamaer mit weißen Mädchen schlafen. Deswegen gibt mir Caesar S. für unser Buch einen Ratschlag mit: »Betone zum Wohle der Gemeinschaft bitte die Fehler und die Naivität der zwei jungen Ladys. Boquete ist wirklich ein Paradies.«

Als wir uns nun Martins Grundstück nähern, ruft der Privatdetektiv seine Frau an und blafft ins Telefon, sie solle rauskommen, das Tor aufmachen. Obwohl es in Strömen regnet und der Weg vom Haus zum Tor gut zehnmal länger ist als der vom Fahrersitz zum Tor. Ich zucke zusammen, aber werde mich im Laufe des Abends an diesen Ton gewöhnen. Sicher ein Dutzend Male scheucht er seine Frau durch die Gegend.

Zu Hause dauert es eine ganze Weile, bis Martin eingerichtet ist und den Computer angeworfen hat, um mir Fotos zu zeigen. Die sind nämlich der Grund, dass wir uns nicht im Café hätten treffen können. Sie und seine Sorge, in der Öffentlichkeit belauscht zu werden. Also sitze ich nun in einem riesigen braunen Sessel und blicke auf eine Wand mit alten Familienfotos. Martin ist behäbig, meine Geduld kommt in den nächsten fünf Stunden an ihre Grenzen. Alles, was er tut, tut er langsam.

Ich will nicht wiedergeben, was die sogenannte Pandilla laut Martin mit Lisanne und Kris gemacht hat. Für unser Buch von entscheidendem Interesse ist dagegen zu wissen, wie er auf seine Theorien kommt.

Martin will mir beweisen, dass Cuervo beteiligt gewesen ist an dem Verschwinden von Lisanne und Kris. Nach einer halben Ewigkeit hat er ein passendes Porträtfoto von ihm auf seinem Rechner gefunden. Die Fotos haben keinerlei Ordnung und wechseln sich ab mit Fotos von anderen Fällen und Hundewelpen. In einem zweiten Fenster öffnet er eins der Nachtfotos. Er stellt sie nebeneinander. Nun deutet er mit der Maus auf ein Blatt, das in dem Nachtfoto zu sehen ist. Er zoomt es heran, sodass gefühlt nur noch zehn Pixel zu sehen sind, und brüllt mir aufgebracht zu: »Guck doch, das ist genau die gleiche Form wie Cuervos Kopf! Das ist Cuervo da auf dem Foto der Mädchen!«

So geht das eine Weile weiter. Martin sieht konkrete Gesichter und ganze Personen, wo ich nur Blätter und sonst überhaupt nichts erkenne, und ich weiß nicht, wie ich reagieren soll. Kann er das ernst meinen? Oder erlaubt er sich einen Scherz und nimmt mich auf den Arm? Alles deutet darauf hin, dass er tatsächlich denkt, er würde ernstzunehmende Indizien vorlegen. Anhand erschreckend vieler Beispiele macht er mir bewusst, wie leicht und bedenkenlos er auf das Phänomen der Pareidolie hereinfällt.

Martin behauptet, eine Hellseherin habe ihm den Ort offenbart, an dem die Überreste von Lisanne und Kris zu finden seien – ein Umstand, der zumindest für mich seine Glaubwürdigkeit weiter in Zweifel zieht. Obwohl ich weiß, dass in Südamerika und auch in den USA die Arbeit mit Hellsehern in Kriminalfällen nichts Ungewöhnliches ist und in einigen Fällen auch beachtliche Erfolge erzielt. Die Polizei hat dem Hinweis in diesem Fall jedoch keine Beachtung beigemessen. Trotzdem sind Martin und die Hellseherin eines Tages mit Spaten ausgerüstet losgezogen und haben eigenmächtig die vermeintlichen Stellen umgegraben.

Seine Theorie vertritt Martin mit Nachdruck, obwohl sie nur teilweise mit den Darstellungen im Podcast übereinstimmt. Seine vollständige Erzählung schien aber selbst Jeremy und Mariana zu abwegig gewesen zu sein. So ist er zum Beispiel der Meinung, dass Lisanne und Kris am 1. April gar nicht auf dem Pianista Trail gewesen sind. Ihm zufolge sind sie einen Tag später auf dem Berg gewesen, aber nur auf der nördlichen Seite. Die Fotos seien außerdem nicht auf dem Mirador, sondern auf dem Gipfel des Piedra de Lino Trails entstanden. Und so erhalten wir noch eine weitere Variante der Pandilla-Theorien. Zugegebenerweise macht Christian und mich aber die Erwähnung des Piedra de Lino Trails aufgrund unserer Recherchen zu den in der Nähe gelegenen Funden nervös. Natürlich auch wegen der Zeugenaussagen.

Die Antwort auf die Frage, wie er auf Felicianos Sohn als Täter kommt – das interessiert mich am meisten –, zögert er genussvoll heraus. Das ist sein großer Beweis, sein Ass im Ärmel für den Fall, dass ich ihm nicht glaube. Auch diese Info hat er Kast Media bereits für mögliche weitere Produktionen versprochen, aber für mich macht er großzügig eine Ausnahme. Ich spitze gespannt die Ohren:

Die Wanderstöcke! Angeblich hat eine Person die beiden Mädchen ausgerüstet mit Wanderstöcken gesehen. In den Akten steht davon zwar nichts, und auch auf den Fotos haben Lisanne und Kris keine Stöcke dabei, aber gut. Martin glaubt ohnehin nicht an die Akten. Der Bericht einer einzelnen Person wiegt für ihn schwerer. Und da Feliciano der einzige Guide ist, der seinen Kunden Stöcke gibt, ist die Sache für ihn klar – Henry war`s. Nur er könne Lisanne und Kris die Stöcke gegeben haben, da er mit dem Auto seines Vaters unterwegs gewesen sei, in dessen Kofferraum sie ja nun gelegen haben müssten.

Ich versuche, mir nicht anmerken zu lassen, dass ich richtiggehend enttäuscht bin von diesem »Beweis«. Etwas so Absurdes hätte ich nicht erwartet. Darum wiederhole ich nur ein paarmal »Ah, las bastones« und erkläre dann, dass ich jetzt wirklich nach Hause muss.

Ohnehin ist es schon fast 23 Uhr. Martin gehört zu der Art Menschen, deren Monologe man nur schwer unterbrechen kann. Doch am nächsten Tag steht meine vierte Pianista-Wanderung an. Wenn ich jetzt gehe, bekomme ich immerhin noch fünf Stunden Schlaf. Nervös schaue ich auf die Uhr. Ich habe keine Lust mehr, ihm zuzuhören. Außerdem tun mir vom Zigarettenrauch die Augen weh. Als er aufsteht, um mich nach Hause zu fahren, zucke ich abermals zusammen. Er präsentiert mir seine Pistole, die in seinem Gürtel steckt: »Ohne die verlasse ich niemals das Haus.«

Nun fühle ich mich nicht nur unwohl, sondern auch nicht mehr sicher. Schnell bitte ich noch um eine Rechnung für meine Kosten, die mir Martin auszeichnet als »Forschungsberatung«. Ich habe also nicht nur eine Erlaubnis, über unser Gespräch zu berichten, sondern gleichzeitig einen schriftlichen Beweis dafür, dass Martin seinen Vertrag mit Kast Media gebrochen hat. Das Gespräch hat mich 100 Dollar gekostet.

Zurück daheim drücke ich die Katze des Hauses so fest es geht an mich. Ich bin traurig, wütend, verzweifelt wegen dieser abscheulichen Lügen, die ich mir heute anhören musste. Christian ist extra wach geblieben, wie immer besprechen wir uns noch kurz. Danach fühle ich mich wieder in der Spur – die Wahrheit wird siegen.

Dass man von Vertrauensbasis zwischen Martin und den Podcast-Hosts nicht sprechen kann, zeigt unter anderem die Art und Weise, wie Martin über Mariana spricht. Er berichtet etwa davon, dass er sich von der US-Venezolanerin nicht habe interviewen lassen wollen. Per Textnachricht schreibt er mir: »Sie kannte weder den Kern meiner Untersuchungen noch meine Arbeit mit Jeremy.[218] Ich denke, es war mehr als alles andere ihr hübsches Gesicht. Als sie ankam, hätte sie versuchen sollen, mehr darüber zu erfahren, aber sie kam mit viel Stolz und ohne Demut an, und was ihre eigenen Nachforschungen angeht, so ist das nie geschehen, und ich sage das kategorisch.«

Zumindest ist die Zusammenarbeit mit Mariana nicht gut genug für eine Fortsetzung gelaufen, das erfahre ich von einem weiteren Informanten der beiden Journalisten. Tony Q. wird im Podcast als der Guide von Jeremy und Mariana bezeichnet. Übrigens hat Tony in Wahrheit gar keine Lizenz, wie er mir selbst gesagt hat, darf also offiziell nicht als Guide arbeiten. Ich schaffe es, ihn in Boquete ausfindig zu machen, und treffe mich mehrere Male mit dem Podcast-Informanten.

Das erste Mal im Park. Tony ist 50 Minuten zu spät, aber stellt sich als angenehme Gesellschaft heraus, als er dann endlich auftaucht. Zwar will er wissen, wie ich an seine Nummer gekommen bin, gibt sich aber schnell mit einer vagen Erklärung zufrieden. Vertrauensselig, dieses Wort passt gut zu Tony. Ohne dass viel Kennenlernen nötig ist, erzählt er mir von seiner Zusammenarbeit mit Jeremy, den er sehr schätzt und seinen Bruder nennt. Mariana erwähnt er nur selten. Sie scheint keine große Rolle für ihn zu spielen.

Tony fühlt sich sichtlich wohl in meiner Gesellschaft, und an mir beginnt das schlechte Gewissen zu nagen. Ich weiß zu dem Zeitpunkt bereits, dass ich Teile unseres Gespräches in dieses Buch einbringen muss. Doch die Wahrheit hat Priorität! Neue Fakten zur Klärung des Schicksals um Lisanne und Kris kann Tony gar nicht wirklich anbringen. Er wisse nicht, ob der Rucksack platziert worden ist, nicht, ob es sich um Mord oder einen Unfall gehandelt hat, und auch nicht, wer der oder die Täter sein könnten.

Während eines anderen Treffens spreche ich Tony auf eine mögliche Fortsetzung des Podcasts an. Er verrät mir offenherzig, warum es die nicht geben wird, denn Kast Media habe die Zusammenarbeit mit Mariana beendet. Der Grund: Sie habe die komplette Geschichte zu sehr an sich gerissen und eine Art One-Woman-Show daraus gemacht, obwohl Jeremy die allermeiste Arbeit geleistet habe.

Logbuch Ende.

Tatsächlich bekommen Hörer des Podcasts den Eindruck, als versuche Mariana, sich selbst in das Drama einzubinden und es so aussehen zu lassen, als würde sie ihr Leben riskieren, um den Fall zu klären. Doch die Zuhörerschaft merkt ebenso schnell, dass es nur darum geht, Gerüchte zu wiederholen.

Der Tod des Osman Valenzuela

Um die Pandilla-Theorien zum Abschluss zu bringen, bleibt zu klären, was wirklich mit dem jungen Mann geschehen ist, dessen Ableben von so vielen Personen als Beweis für den angeblichen Mord an Kris und Lisanne durch die Pandilla hergenommen wird. Er soll umgebracht worden sein, weil er Zeuge des Mordes geworden ist und die anderen Mitglieder Angst hatten, er würde sie verraten. Das soll er seiner Mutter kurz vor seinem Tod gestanden haben, nachdem ihm die Pandilla bei einem Streit in einer Bar gedroht hat, ihn zu töten.

In allen Theorien, die sich um die Bande als Täterkreis ranken, ist die Verbindung des Todes von Osman zu dem von Kris und Lisanne von zentraler Bedeutung, letztendlich ist es die einzig vorhandene. Zurück geht die Theorie auf den Privatdetektiv Martin F., der irgendwann, nachdem der Tod von Kris und Lisanne bekannt wird, einen Täter braucht, um eine gute Geschichte zu verkaufen, denn darum geht es ihm. Hier und da füttert er Journalisten, YouTuber oder andere Interessierte an, sodass sich die Gerüchte schließlich auch medial verbreiten. Doch die ersten Jahre ist niemand bereit, ihm die ausgelobte hohe Summe zu zahlen, um die Aussage der Kronzeugin Margarita exklusiv verwenden zu können.

Während Juan Zehntausende auf die falsche Fährte führt, ist es erst der Journalist Jeremy Kryt – genauso besessen von Kris' und Lisannes Geschichte –, der die Tragödie noch einmal bis zum Letzten ausschlachten will, nachdem er es jahrelang mit Feliciano als Täter, diversen Unfallszenarien und Serienmördern versucht hat. Er kauft Martin seine »Ermittlungsakte« ab, engagiert und bezahlt ihn als Assistenten vor Ort und bekommt für seinen Podcast mit Mariana die O-Töne, die er haben möchte. Er hat sie sich teuer erkauft. So erzählt ihm Margarita vor laufenden Mikrofonen, was ein Millionenpublikum hören soll.

Es ist für uns deutlich schwerer gewesen, an die Osman-Gerichtsakte zu gelangen als an die von Kris und Lisanne. Tatsächlich haben wir sie erst in die Hände bekommen, nachdem wir bereits selbst die Personen, die auf dem Schwimmfoto zu sehen sind, ausfindig gemacht und befragt haben. Dennoch ist es wichtig gewesen, die Aussagen unabhängig auch über behördliche Dokumente bestätigen zu lassen.

Auf fast schon mysteriöse Weise überschneidet sich nun im Fall Osman die Arbeitsteilung der Autoren dieses Buches. Während Christian die Unterlagen analysiert, trifft sich Annette 9270 Kilometer entfernt mit Margarita und ihrer Tochter, Osmans Schwester P. Die beiden erzählen Annette die gleiche Story, wie sie im Podcast dargestellt wird.

In den Akten jedoch liest sich diese in einem entscheidenden Punkt anders: Kris und Lisanne spielen darin keine Rolle.

Unter Eid erzählt Osmans Mutter der Personería de Gualaca in zwei Aussagen am 26. April und 8. Mai 2014, was Osman ihr tatsächlich anvertraut hat.[219] Dies geschieht zu einem Zeitpunkt, zu dem noch berechtigte Hoffnung besteht, Kris und Lisanne lebend zu finden und Martin somit noch keine Motivation dafür gehabt haben dürfte, seine Mordtheorie zu entwickeln. Osmans Schwester Y. V. bestätigt in ihrer eidesstattlichen Vernehmung am 27. August – jetzt ist der Tod von Kris und Lisanne tragische Gewissheit – die originale Version ihrer Mutter.

Dies ist die wahre Geschichte von Osman Valenzuela:

Osman ist zum Zeitpunkt des Verschwindens von Kris und Lisanne 23 Jahre alt, arbeitet als Barkeeper in der Billardkneipe Bar y Billar Italia am Plaza San Francisco in Boquete und ist in einer festen Beziehung mit der Biologiestudentin Kayla. Der junge Mann ist sehr gläubig, etwas eigenbrötlerisch und geht lieber alleine aus als mit Freunden. In den Monaten vor seinem Tod kommt es in den Bars Arcoiris und Los Arcos zu Problemen mit Sam John D., der glaubt, dass Osman ein Auge auf seine Arbeitskollegin Milagros P.

geworfen hat. Osman jedoch sagt, er sei nur mit ihr befreundet, auch mit Alba ist er befreundet.

Bei einer Prügelei verletzt der Spross des Il Pianista Restaurants Osman mit einer abgeschlagenen Glasflasche im Gesicht. Offenbar macht sich Sam Sorgen, dass Osman ihn deswegen bei der Polizei anzeigen könnte. Der Streit spitzt sich weiter zu, bis Henry und Edwin ihm laut Margarita zwei Tage vor seinem Tod in einer Bar androhen, ihn umzubringen, sollte Osman zur Polizei gehen.

Er vertraut sich Margarita an, weil Milagros sich mit ihm am 4. April 2014, seinem Todestag, zu einer Art Aussprache in einem Park treffen will. Er sagt Margarita, dass er hingehe und sich anhören wolle, was sie zu sagen habe. Danach wolle er ganz normal zur Arbeit gehen. Osman allerdings tut das nicht, sondern begleitet Milagros und die Pandilla zum Schwimmen im Fluss Chiriquicito. Mit dabei sind Henry, Edwin, Jorge und Murdog sowie Sandra, Alba und Xinia. Henry fährt ein Auto, Osman steigt zusammen mit Jorge und Murdog bei Edwin ein, der außerdem noch Xinias Kinder einsammelt und sie mit an den Fluss nimmt. Entgegen Kryts Behauptung ist Sam nicht dabei, so dass es am Fluss auch nicht zu einem Faustkampf zwischen den beiden jungen Männern gekommen ist.

Wie bekannt endet der Badeausflug für Osman jedoch mit tödlichem Ausgang, über den Margarita einen Tag später in Kenntnis gesetzt wird. Da sie erfährt, mit wem ihr Sohn zusammen gewesen ist, glaubt sie sofort, die Pandilla habe ihre Drohung wahrgemacht und Osman am Fluss getötet. Hinzu kommt, dass unter den Habseligkeiten ihres Sohnes, die sie von der Polizei ausgehändigt bekommt, Wertsachen und 300 Balboa fehlen, die Osman dabeigehabt haben soll. Margarita beschuldigt offen Edwin, diese gestohlen zu haben. Sie erstattet Anzeige wegen Mordes an ihrem Sohn, die Polizei und die Personería Gualaca beginnen ihre Ermittlungen. Alle Personen, die am 4. April mit Osman schwimmen gewesen sind, werden ermittelt und vorgeladen. Edwin bestreitet in seiner eidesstattlichen Versicherung vom 22. April 2014 alle Vorwürfe gegen ihn, auch von einem Streit zwischen Osman und anderen aus der Gruppe will er nichts wissen, ihn überhaupt nur flüchtig kennen.[220]

Die Verhöre drehen sich um den genauen Ablauf des Badeausfluges. Zentrale Fragen sind etwa, ob Osman wie die anderen jungen Männer von der Rio-Chiriquicito-Brücke ins Wasser gesprungen oder dazu animiert worden ist. Außerdem natürlich, was ihn bewegt haben könnte, sich von der Gruppe zu trennen. Die Jungen der Gruppe haben Bier, jedoch nach ihrer Aussage keine Drogen konsumiert.

Die Antworten der vorgeladenen Zeugen sind einstimmig und decken sich mit dem, was sie Annette erzählt haben. Osman habe ihnen gesagt, dass er zur Toilette müsse, sich hinter einen Felsen zurückgezogen und sei nicht wiedergekommen. Die Polizei wertet dazu auch Osmans Handydaten und die Nachrichten und Chats zwischen ihm und den Bandenmitgliedern aus und kann keine Hinweise auf ein Verbrechen identifizieren. Zwar werden im Autopsiebericht Verletzungen festgestellt, die sich nicht mit einem reinen Ertrinken von Osman erklären lassen, und auch der Rettungssanitäter von SINAPROC, der Osman aus dem Wasser gezogen hat, bemerkt Unstimmigkeiten, doch am Ende wird das Verfahren eingestellt und Osmans Tod als Unfall durch Ertrinken eingestuft. Margarita fühlt sich verraten und bleibt weiterhin davon überzeugt, dass die Pandilla für Osmans Tod verantwortlich ist.

Als Kryt im Jahr 2021 über Vermittlung von Martin auf sie trifft, verspricht er ihr, sich für sie einzusetzen und einen Anwalt zu bezahlen, mit dem sie den Fall neu aufrollen kann. Margarita schöpft neue Hoffnung. Da wir nicht glauben, dass sie selbst Jahre später auf die Idee gekommen ist, der besagte Streit zwischen ihrem Sohn und der Pandilla könne plötzlich mit Kris und Lisanne zu gehabt haben, sind wir davon überzeugt, dass ihr andere Personen erzählt haben, diese Version der Ereignisse verspreche mehr Erfolg für ihre erhoffte spätere Gerechtigkeit. Außerdem erzählt sie Annette wütend von 5000 US-Dollar, die ihr für ihre Teilhabe am Podcast von Kryt versprochen, aber laut ihr nie gezahlt worden sind. Auch aus dem in Aussicht gestellten Anwalt sei zu ihrer Enttäuschung nichts geworden.

Wir glauben also nicht, dass Margarita ihre Aussage, wie sie sie im Podcast getätigt hat, unter Eid wiederholen würde.

Tatsächlich beteuern Margarita und ihre Tochter P. V. gegenüber Annette, dass Kris und Lisanne keinesfalls beim Baden am Fluss dabei gewesen sind. Dies könne ja gar nicht sein, da das Foto drei Tage später aufgenommen worden und die Niederländerinnen nicht mit den jungen Leuten bekannt gewesen seien. Wir rechnen hier also mit keiner neuen Aufnahme des Falles.

Wie genau Osman nun gestorben ist, wird sich nicht mehr klären lassen. Sein Tod ist tragisch genug und wir verstehen die Verzweiflung seiner Mutter, doch ist niemandem damit geholfen, diesen auszunutzen, um Antworten auf das Schicksal von Kris und Lisanne zu finden. In der gesamten Ermittlung im Fall Osman spielen die beiden keine Rolle, nicht ein einziges Mal fällt ihr Name – von niemandem. Sie werden bewusst in eine wahre Geschichte – die des Streites zwischen Osman und der Pandilla – eingebaut. Die vermeintliche Drohung durch Henry und Edwin, Osman umzubringen, sollte er zur Polizei gehen, bezieht sich auf seine privaten Probleme mit Sam und ist nicht etwa darauf zurückzuführen, dass er Zeuge des Mordes an Kris und Lisanne geworden ist. Diese Geschichte ist ebenso eine Lüge wie diejenige, die um das Schwimmfoto gestrickt worden ist.

Der Fotograf: In Begleitung auf dem Mirador

Tourguide Plinio ist der erste freiwillige Helfer, der sich am 4. April um 7:15 Uhr bei SINAPROC meldet. Er gibt an, Kris und Lisanne am 1. April gegen 12 Uhr auf dem Pianista Trail gesehen zu haben, bietet seine Hilfe an und gibt die Telefonnummer seines Freundes Laureano V. weiter, der eine etwa acht Kilometer Luftlinie vom Mirador entfernte Finca mitten im Urwald besitzt.[221]

Obwohl Plinio in einigen Berichten als Waldexperte und freundlicher Guide gelobt wird, wird er in Internetforen oft als verdächtige Person im Fall von Kris und Lisanne angesehen. Obwohl er sich nicht in seine Pandilla-Theorie einordnen lässt, erstellt Juan mehrere Ordner zu seiner Person und auch Scarlet greift ihn immer wieder auf. Dabei bringt sich Plinio selbst oft ins Gespräch. Er führt Journalisten durch den Regenwald und informiert über die Gefahren des Waldes, schließt aber ein Verbrechen aus. In einem Interview mit Kryt sagt er, dass es …

> … *viele Möglichkeiten gebe, dort oben in den Bergen zu sterben, und nannte verwirrendes Terrain, springende Vipern, Jaguare und tückische Flussüberquerungen[222] als Möglichkeit. Er implizierte, dass jemand, der ein Verbrechen an Kris und Lisanne begangen hätte, sich sehr gut in dem Gebiet auskennen müsse. Doch »alle Kriminellen [in diesem Gebiet] wären den gleichen Risiken ausgesetzt wie die Holandesas selbst [...]. Wenn eine dritte Partei beteiligt war [...], wie kommt es, dass wir nie ein Zeichen von ihnen gefunden haben?«[223]*

In Foren halten sich hartnäckig Gerüchte, dass Plinio neben seiner Arbeit als Tourguide auch als Fahrer für das Hostel Mamallena gearbeitet hat, wo Kris und Lisanne in Bocas del Toro gewohnt haben sollen. Diese Erzählung stammt vom französischen Blogger Romain Casalta, der oft nach Boquete reist, um aufwendige Exkursionen zu unternehmen und den Ort der Nachtfotos zu finden.

Seine Karten und Drohnenvideos faszinieren Menschen, die sich für den Fall interessieren, auf Youtube. Er gibt nicht preis, woher er die Information über Plinios Fahrertätigkeit hat, aber seine Behauptung hat in Forenkreisen zu der Vermutung geführt, Plinio sei derjenige gewesen, der Kris und Lisanne von Bocas nach Boquete gefahren habe. Währenddessen habe er ihnen den Pianista Trail schmackhaft gemacht und sich als Führer angeboten, um sie dort später selbst oder im Auftrag zu entführen.

Aus den Akten ist uns der Minibus, mit dem Kris und Lisanne gefahren sind, samt der kompletten Passagierliste und einer Befragung der beiden Fahrer der Strecke bekannt. Plinio ist nicht dabei. Auch ansonsten sind wir auf keinen Hinweis gestoßen, dass er für das Hostel Mamallena gearbeitet hat. Sicher ist zudem, dass Kris und Lisanne nicht in dieser Herberge gewohnt haben, sondern in derjenigen, die der Schule angegliedert ist. Das Hostel Mamallena ist lediglich der Start- und Zielpunkt für die Gäste, die von Almirante aus an- oder von dort abreisen.

Plinio fällt in seinen Social-Media-Auftritten mit bizarren Fotos auf, die darauf hindeuten könnten, dass er mehr über Kris und Lisanne weiß, als er zugibt. Er scheint den Weg der beiden immer wieder nachzustellen und kennt das Gebiet zwischen Bocas und Boquete sehr gut. Regelmäßig bietet er mehrtägige Abenteuertouren mit Übernachtungen im Wald an. Privat ist er oft im Wald, vor allem nachts, um Käfer zu sammeln und zu fotografieren. Plinio ist auch leidenschaftlicher Hobbyfotograf, der seine Bilder in verschiedenen Netzwerken teilt. Scarlet hat diese und Plinios Verhalten akribisch auf ihrem Blog analysiert.[224] Viele seiner Fotos ähneln den Bildern aus Kris' und Lisannes Kamera. Sie zeigen Felswände von unten, Regentropfen in der Nacht, selbst ein prägnanter Baum mit v-förmigem Ast ist immer wieder ein Fotothema.

Falls dies alles wäre, könnte man annehmen, dass Plinio sich noch immer so von Kris' und Lisannes Schicksal bewegt fühlt, dass er die Ereignisse kunstvoll zu gestalten versucht, obgleich er niemals darüber schreibt. Doch Plinios im Netz kursierende Fotos offenbaren mehr. Tagsüber fotografiert er offenbar häufig rothaarige Frauen. In einem seiner Videos sehen wir eine vergrößerte Aufnahme des Hinterkopfes einer Rothaarigen, die stark an das markanteste Foto der Nachtbilderserie erinnert.[225] Im Mai 2014 nimmt er auch Fotos von einer Frau mit roten Haaren auf, die vor einer Schlucht posiert und dabei starke Ähnlichkeit mit dem Auftreten von Kris und Lisanne am Mirador zeigt. Sie trägt sogar ein fast identisches Shirt wie Lisanne.[226] Hier kann die Rede nicht mehr von einer Nachstellung sein, da diese Fotos aufgenommen worden sind, bevor die Kamera der Mädchen gefunden worden ist.

Es könnte sich selbstverständlich auch um einen Zufall handeln. Aber es gibt weitere Kuriositäten. Internetdetektive haben festgestellt, dass die erhobene Daumen-Geste, die Kris und Lisanne auf vier Fotos am Mirador zeigen, untypisch wirkt. Dieses Symbol, das die beiden auf keinen ihrer vorher aufgenommenen Urlaubsbilder zeigen, ist so ungewöhnlich auch für Dinie Froon, dass sie zunächst die Hypothese aufstellt, die Mädchen könnten ein Bild parodieren, das sie ihrer Tochter kürzlich per WhatsApp geschickt hat. Es zeigt Lisannes Mutter mit ausgestreckten, verbundenen Daumen, nachdem sie sich beim Kochen verbrannt hat.[227] Wie sich jedoch später nach der Datenanalyse herausstellen wird, hat Lisanne dieses Foto bereits nicht mehr bekommen. Und doch scheint es ein bemerkenswerter Zufall zu sein, dass Dinie sich beide Daumen verbrennt – möglicherweise gerade in dem Moment, in dem ihre Tochter ihre eigenen Daumen emporhält, wenige Sekunden bevor sie den Pfad hinter dem Mirador hinunter und ins Verderben geht. Fast könnte man dabei an einen Mutterinstinkt oder eine andere schicksalsschwere Verbindung denken.

Die charakteristische Daumen-hoch-Geste, die Kris und Lisanne auf ihren Fotos zeigen, ist bemerkenswert, weil sie exakt dem Markenzeichen von Plinio entspricht, der diese Pose fast auf jedem zweiten Bild einnimmt. Es scheint, als ob die Geste nicht zufällig gewählt ist, sondern eine spezifische Bedeutung hat, da nicht nur Plinio, sondern auch die Personen in seinem Umfeld – Familienmitglieder, Freunde und Touristen – dieselbe Pose auf Fotos wiederholen. Diese Gleichförmigkeit lässt Online-Detektive stark vermuten, dass der Fotograf sie dazu animiert hat.[228]

Der Zufall scheint noch unwahrscheinlicher, wenn man ein weiteres Detail beachtet: Am 5. April 2014 lädt Plinio mehrere Fotos auf sein Facebook-Profil hoch, die auf den ersten Blick unzusammenhängend erscheinen und ohne Kommentar bleiben. Darunter befindet sich ein Bild vom Mirador, dessen Kulisse sich präzise mit derjenigen deckt, die auf den Fotos von Kris und Lisanne vom 1. April am selben Ort zu sehen ist.[229] Nicht nur der Himmel passt bei einem Vergleich zueinander, tatsächlich kann man bei Vergrößerung der Bilder erkennen, dass kleinste Blätter in den Büschen in exakt gleicher Position stehen.[230] Angesichts der Tatsache, dass Plinio selbst angibt, am selben Tag und zur selben Zeit auf dem Pianista Trail unterwegs gewesen zu sein, erscheint es Online-Detektiven auf den Plattformen Reddit und Allmystery als höchst unwahrscheinlich, dass die Fotos der vermissten Mädchen keinen Bezug zu ihm haben.

Andere halten Plinio zugute, dass er wohl kaum so früh bei SINAPROC angegeben hätte, am 1 April zur selben Zeit wie Kris und Lisanne auf dem Trail gewesen zu sein, wenn er etwas mit ihrem Verschwinden zu tun gehabt hätte. Allerdings hätte Plinio seine Anwesenheit auf dem Trail auch schwer verbergen können, denn er ist dort gesehen worden. Er selbst gibt zu Protokoll, dass er auf seinem Weg zurück vom Mirador nach Boquete Lazaro getroffen und mit ihm gesprochen habe. Plinio hätte also davon ausgehen müssen, dass dieser seine Begegnung der Polizei schildern würde.

Schließlich finden wir in den Akten auch eine Vorladung für Plinio und seinen Bruder Elmer bei der Personería. Elmer sagt am 9. April aus, dass er an besagtem Tag zwar geschäftlich in Bocas gewesen ist, sein Bruder aber auf dem Pianista. Er gibt weiter an, dass er mit Plinio Touren am Trail anbietet. Die Frage des Ermittlers, ob sie über einen roten Pick-up-Truck verfügten, bejaht er. Dieser werde allerdings nicht für Touren mit Touristen benutzt, da er über keine Klimaanlage verfüge.[231] Plinio selbst erscheint einen Tag später bei der Personería und behauptet, dass er und sein Bruder kein solches Fahrzeug besäßen. Dem Widerspruch werden die Beamten nicht weiter nachgehen.

Während Plinio bei SINAPROC noch angegeben hat, Kris und Lisanne gesehen zu haben, behauptet er eine Woche später bei der Personería, er sei sich da gar nicht sicher, denn die Europäer sähen alle gleich aus. Er gibt zu Protokoll, dass er am Vormittag des 1. April mit einer vierköpfigen Familie, deren Namen er mit »Schorr« angibt, eine Tour auf dem Pianista Trail bis zum Mirador gemacht habe. Es habe sich um einen Mann und eine Frau zwischen 45 und 50 Jahren mit ihren 15- und 13-jährigen Söhnen gehandelt. Zu diesen Personen stellen die Beamten erstaunlicherweise ebenfalls keine weiteren Fragen und gehen den Identitäten auch später nicht mehr nach. Sie müssten jedoch ermittlungstechnisch zu den wichtigsten Zeugen gehören, weil sie wie Plinio selbst die Letzten gewesen wären, die Kris und Lisanne kurz vor ihrem Verschwinden lebendig gesehen hätten.

Plinio sei nach eigener Angabe zusammen mit der Familie gegen 11:30 Uhr wieder am Beginn des Pianista Trails angekommen. Zuvor seien ihm zwei europäische Mädchen begegnet, die er mit »Guten Morgen« begrüßt und für etwa Mitte 20 gehalten habe. Es dürfte unwahrscheinlich sein, dass die Mädchen, die Plinio gegrüßt hat, nicht Kris und Lisanne gewesen sind, denn stimmt die ermittelte Kamerazeit, müssten sie sich exakt an der Stelle befunden haben, die Plinio für die Begegnung angibt. Sollten es andere Mädchen gewesen sein, müsste es sich also um ein zweites Doppelgängerpärchen gehandelt haben, das an diesem Tag den Pianista gewandert ist, denn Zeit und Kleidung würden wiederum nicht mit den Zeugenaussagen übereinstimmen.

Hat Plinio bei SINAPROC noch angegeben, die Mädchen hätten eine weiße und eine schwarze Bluse getragen[232], ist die Angabe bei der Personería eine Woche später nicht nur völlig unterschiedlich, sondern darüber hinaus auch äußerst fantasiereich. Er sagt:

> *Eine trug einen schwarzen Lycra-Pullover, cremefarbene Shorts und Lederstiefel, die andere trug eine lange cremefarbene Hose und Stiefel, an die Farbe des Pullovers erinnere ich mich nicht, die eine trug einen grünen Schilfschal auf dem Kopf, die andere auch, aber an die Farbe erinnere ich mich nicht. Und das größere Mädchen trug eine kleine rote Tasche auf dem Rücken.[233]*

Bevor er die Mädchen getroffen hat, will Plinio 50 Meter vom Pfad entfernt noch ein junges Pärchen beobachtet haben, das sich an einem Baum ausgeruht hat. Diese Zeugen werden wie die »Familie Schorr« von niemandem sonst gesehen und melden sich ebenfalls nicht bei der Polizei. Insgesamt würden also sechs wichtige Zeugen fehlen, denen Kris und Lisanne entgegengekommen sein müssten.

Vielen Internettheorien nach könnten Kris und Lisanne von einem bisher unbekannten Führer auf den Mirador begleitet worden sein. Für eine Begleitung spräche vor allem ihr zielgerichteter schneller Aufstieg auf den Mirador. Dieses außergewöhnliche Tempo wirft sogar bei trainierten und erfahrenen Wanderern, die ihre Zeit für diesen Abschnitt gestoppt haben, Fragen auf. So kommt etwa Romain Casalta, der den Weg oft gegangen ist, zu dem Schluss: »Wenn die Mädchen den Gipfel innerhalb von zwei Stunden erreichen konnten, lag das daran, dass ihnen jemand Anweisungen gab, entweder zu Beginn des Aufstiegs oder während der Wanderung. Sie waren während ihrer Wanderung sicherlich nicht allein.«[234]

Ein Führer könnte Kris und Lisanne auf deren Wunsch hin über die andere Seite des Pianista-Pfades geführt haben, zumal die gemessene Zeit zwischen dem letzten Foto auf dem Mirador und Quebrada 1 nahezu rekordverdächtig kurz ist. Dass Lisanne ausgerechnet und direkt bevor sie den Abstieg auf die andere Seite antritt, Google Maps schließt, könnte darauf hindeuten, dass sie begleitet worden sind. Tatsächlich hätte jede Person, die zur gleichen Zeit wie Kris und Lisanne auf dem Mirador gewesen wäre, sie in die irrige Richtung weisen können – nicht zwingend ein Führer. Jemand hätte aus Leichtsinn behaupten können, der Weg zurück nach Boquete führe über die andere Seite.

Wir können nicht behaupten, dass Plinio etwas mit dem Verschwinden von Kris und Lisanne zu tun hat, aber wir bezweifeln stark, dass er sie nicht gesehen hat. Die Gründe dafür, dass er dies nicht kommuniziert, könnten auch sein, dass er sie mit anderen Personen gesehen hat, die er nicht verraten will, oder dass ihn ein schlechtes Gewissen plagt, weil er sie vielleicht nicht vor dem Abstieg auf der anderen Seite des Pianistas gewarnt hat. Obwohl es sich hierbei um Spekulationen handelt, ist Plinio für uns ein Schlüsselzeuge, der potentiell helfen könnte, Antworten auf offene Fragen zu geben. Insgesamt wirft sein Verhalten im Internet aufgrund der zahlreichen Verweise auf den Fall zu viele wichtige Fragen auf.

Logbuch Annette (8°46'28.3"N 82°25'56.7"W)
Ich treffe Plinio am 7. April 2023 auf der Terrasse eines Cafés im Zentrum von Boquete. Ich treffe ihn nicht für ein Interview zum Fall Lisanne und Kris, denn zu diesem Zeitpunkt weiß ich noch nicht, dass er die Mädchen gesehen haben könnte, geschweige denn, dass er eventuell in irgendeiner Weise etwas über ihr Verschwinden weiß. Mir ist über Plinio nur bekannt, dass er als Guide arbeitet und einige Tage zuvor mit einer Gruppe Touristen von Boquete nach Bocas del Toro gewandert ist. Da auch ich in das Gebiet

hinter dem Mirador will, hoffe ich, in ihm eine Begleitung zu finden. Seinen Kontakt habe ich von einem der örtlichen Touristenbüros erhalten.

Plinio ist schon da, als ich ankomme, und reicht mir freundlich die Hand. Er wirkt auf mich unauffällig, lediglich seine großen Augen fallen mir auf, und seine bunte Tasche, die ich schon bei einigen Einheimischen gesehen habe und die die Ngöbe-Buglé-Frauen in Handarbeit herstellen. Er macht einen schwermütigen Eindruck, oder vielleicht auch einfach nur müde. Jedenfalls versprüht er nicht gerade gute Laune oder Begeisterung für die Schönheit der Umgebung.

Meine Hoffnung, einen Guide zu finden, ist schnell verflogen. Kaum habe ich meine Frage hervorgebracht, beginnt Plinio damit, mir den Plan auszureden. Es sei zu gefährlich hinter dem Mirador, dort lauerten alle möglichen Gefahren und Tücken und der Weg sei sehr beschwerlich. Ich bin es leid, als Frau in meinen körperlichen Fähigkeiten unterschätzt zu werden, und versuche darum, ihm zu versichern, dass ich stärker bin, als ich aussehe. Außerdem habe ich viel Wander- und einiges an Regenwalderfahrung. Es nützt nichts. Plinio beharrt auf seinem Standpunkt, dass ich mich dem Wald fernhalten soll.

Um seine Einstellung zu unterstreichen, fährt er zum Teil schwere Geschütze auf: In der letzten Zeit seien zahlreiche indigene Bewohner des Waldes ums Leben gekommen, hauptsächlich, indem sie die Flüsse zu überqueren versuchten. Aus diesem Grund baue er Brücken über die gefährlichen Strömungen. Auch von wilden Tieren berichtet er, und davon, dass die Verletzungsgefahr groß sei. Wir müssten wenn dann einen weiteren Guide mitnehmen, und das würde natürlich die Kosten anheben. Er nennt mir einen utopischen Preis, von dem er – so nehme ich an – ahnt, dass ich ihn nicht bezahlen werde.

Ich glaube ihm, denn welchen Grund hätte ich, das nicht zu tun? Ich halte ihn für einen erfahrenen, vorsichtigen Guide, der er bestimmt auch ist. Immerhin erwähnt er mehrere Male seine Kooperation mit einem europäischen Reiseunternehmen. Plinio wirkt auf mich sehr ernst, ja sogar etwas abweisend, was ich zu diesem Zeitpunkt auf meine Anfrage schiebe, die er wahrscheinlich sehr selten bis nie erhält. Eine Frau allein im Wald? Das kommt nicht alle Tage vor. Normalerweise fällt es mir leicht, mit Menschen eine Verbindung herzustellen. Mit ihm gelingt es mir jedoch nicht. Er macht keinen Blickkontakt, sondern schaut fast ununterbrochen zur Straße, sitzt mir abgewandt auf seinem Stuhl und lächelt nie. Noch nicht einmal auf einen Kaffee einladen lässt er sich.

Ich frage ihn, ob es möglich ist, in einer Gruppe zu gehen. Er verneint, denn erstens gebe es demnächst keine Gruppe, der ich mich anschließen könnte, und zweitens wandere er nicht mit zusammengewürfelten Touristen, die noch keine eingeschworene Gruppe sind. Das würde das Risiko bergen, dass sie sich nicht verantwortlich für die anderen fühlen würden, falls etwas geschieht.

Mir bleibt also nur die Option, für eine immense Summe allein mit ihm und einem anderen Guide hinter den Mirador zu wandern. Zu den Schreckensszenarien, die er mir schildert, kommt eine weitere Hürde: Wir müssten eine Nacht dortbleiben. Der Grund, den Plinio vorbringt: Es sei nicht möglich, an einem Tag hin- und zurückzuwandern, denn die Strecke sei zu lang und das Wetter so unberechenbar, dass wir nicht sicher sein könnten, es rechtzeitig zurück nach Boquete zu schaffen.

Ich bin enttäuscht und weiß nicht weiter. Gibt es denn keine andere Möglichkeit? Irgendwie muss es doch möglich sein, an die Stelle des letzten Fotos von Lisanne und Kris zu kommen, denke ich mir, ohne es auszusprechen, denn ich habe Plinio nicht gesagt, aus welchem Grund genau ich hinter den Mirador will. »Ich möchte einfach nur wissen, wie es da ist, nur ungefähr eine Stunde Fußmarsch in den Wald hinein«, habe ich ihm gesagt.

Er fragt mich nicht, ob ich von dem Verschwinden gehört habe, aber erwähnt es nach einer ganzen Weile selbst, vielleicht um mich endgültig zu überzeugen.

»Vor einigen Jahren sind da ein paar Mädchen verschwunden«, warnt er und führt seine Aufzählung weiter, was in dem Teil des Waldes alles passieren kann. Ansonsten bleibt die Geschichte unerwähnt. Es wirkt auf mich, als hätte er sie ohnehin nur widerwillig erwähnt, weil ich mich offensichtlich nicht umstimmen lasse. Dass er an der Suche beteiligt gewesen ist oder die beiden eventuell sogar gesehen hat, behält er für sich. Emotionen kommen nicht rüber. Sein Blick bleibt der gleiche, egal, über was er spricht.

Nach ein paar weiteren Minuten habe ich genug gehört. Es wird mit ihm nichts. Ich bedanke mich für das Gespräch und seine Einschätzung, frage ihn aber dennoch nach anderen Guides, die eventuell mit mir wandern würden. Plinio gibt mir zwei Kontakte. Keiner von beiden wird auf meine Nachrichten reagieren.

Ich will nicht leugnen, dass ich mich nun etwas verunsichert fühle. Mein Entschluss, trotzdem einen Weg zu finden, bleibt bestehen. Als mich einige Tage danach Feliciano anruft, merke ich schnell, dass er die Lösung des Problems ist: »Si, si, claro, cuando quieras«, sagt er, also: Natürlich, wir gehen, wann immer du willst. Ob das denn an einem Tag möglich sei, will ich wissen. Auch darauf: Claro, por qué no – warum nicht? Ich bin glücklich – doch über die riesige Diskrepanz zwischen diesen beiden Reaktionen wundere ich mich noch heute, Monate später.

Logbuch Ende

Foulplay-Indizien und Ermittlungsfehler

Vorbemerkung

Die Diskussion von Foul-Play-Szenarien in diesem Kapitel dient der Analyse möglicher Verbrechensabläufe im Zusammenhang mit dem Verschwinden von Kris und Lisanne. Wir möchten an dieser Stelle betonen, dass ohne substanzielle Beweise und weitere Untersuchungen solche Szenarien hypothetischer Natur bleiben und nicht als faktische Anschuldigungen verstanden werden dürfen. Die Betrachtung dieser Szenarien soll nicht zu ungerechtfertigten Verdächtigungen führen, sondern vielmehr aufzeigen, wie unvollständige oder lückenhafte Ermittlungen alternative Erklärungen begünstigen oder sogar neue Fragen aufwerfen können.

Wir halten zunächst fest, dass alle kursierenden Theorien über das Verschwinden von Kris und Lisanne unter anderem zwei Dinge gemeinsam haben: Sie stützen sich einerseits auf lokale Gerüchte, andererseits beziehen sie durch die Medien bekannt gewordene Fakten aus dem Sucheinsatz und den kriminalistischen Ermittlungen mit ein.

Die menschliche Neigung, Ungewissheit durch Theorien zu ersetzen, ist ein Versuch, Sinn in unerklärliche Ereignisse zu bringen. Im Fall von Kris und Lisanne, wo eindeutige Antworten fehlen, suchen Menschen nach Anhaltspunkten, die ein zusammenhängendes Narrativ bieten. Doch auch Ermittler sind zunächst gezwungen, in Theorien zu denken und Spekulationen aufzuwerfen, solange sie keine Beweise haben. Die Fallakten sind der Öffentlichkeit nicht bekannt und von Behördenseite besteht auch kein Interesse daran, dies zu ändern – was ebenfalls verständlich ist. Darum bleibt der Theorie nur die Fantasie, um Lücken in der Erzählung zu schließen. Bestimmte Indizien, die für ein Verbrechen sprechen, spielen allerdings in nahezu allen Foul-Play-Theorien eine Rolle, darunter insbesondere die Entführung durch den »roten Pick-up-Truck« oder das Gefangenhalten der Mädchen in einer »einsamen Hütte«.

Es mag paradox anmuten, doch offenbar hat es den Ermittlern an der nötigen Vorstellungskraft gemangelt, sich ein Verbrechensszenario auszumalen, obwohl konkrete Anhaltspunkte wie etwa ein roter Pick-up, eine abgelegene Hütte, Plastiktüten und Matratzen vorgelegen haben. Dieses Versäumnis nährt in vielen, die sich intensiv mit dem Fall beschäftigen, den Verdacht, dass Ermittler und Behörden selbst in die Vertuschung eines Verbrechens verstrickt sein könnten – manche möglicherweise aus Korruption, um Täter zu schützen, andere vielleicht in der Absicht, dem Ansehen des Landes und seinem Tourismussektor keinen Schaden zuzufügen. Auch hierfür gibt es Anzeichen, aber keine eindeutigen Beweise.

Für uns als Autoren und Journalisten gestaltet sich die Identifikation korrumpierter Inhalte daher als äußerst schwierig. Nach unseren Analysen der Handydaten wäre es für einen Entführer möglich gewesen, Kris und Lisanne hinter dem Mirador abzufangen. Nach dem Abschalten ihrer Mobiltelefone hätte er digitale Beweise dafür beseitigt. Er hätte sie von dort aus in eine der Hütten verschleppen können, die am oberen Teil des Trails auf Boquete-Seite liegen. Verstecke, die gemäß der Aktenlage nicht oder nur unzureichend durchsucht worden sind.

Theoretisch könnte ein solches Szenario auch bedeuten, dass Kris und Lisanne unbemerkt in Richtung einer bewohnten Gegend gebracht worden sind. Eine Gelegenheit hierfür könnte sich durch die Nutzung eines Fahrzeugs, beispielsweise eines roten Pick-up-Trucks, der sich zur relevanten Zeit am passenden Ort befunden hätte, ergeben haben. Aus diesem Grund haben wir die Ermittlungen, die mit einer versteckten Hütte und einem roten Pick-up in Verbindung stehen, folgend genauer analysiert.

Der rote Pick-up-Truck

Am 11. April berichtet die niederländische Presse darüber, dass mehrere Zeugen am Tag des Verschwindens von Kris und Lisanne einen auffälligen roten Pick-up-Truck am Pianista Trail gesichtet haben. Das erfährt laut eigenen Angaben der niederländische, in Panama lebende ehemalige Kriminalbeamte Erik Westra vom Privatdetektiv Martin F., der diese Informationen bei seinen Zeugenbefragungen erhalten hat. Für Westra ist der Pick-up von entscheidender Bedeutung für die Aufklärung des Falles. Er bemängelt, dass die Behörden nichts unternehmen würden, um den Halter des Fahrzeugs ausfindig zu machen.[235]

Die Polizeiakten legen dar, dass die Ermittler bereits im Zuge ihrer Befragungen der Anwohner des Pianista Trails auf den Pickup hingewiesen werden. Die 66-jährige Anwohnerin Oliva sagt aus, am 1. April 2014 gegen 15 Uhr einen weinroten, erkennbar älteren Pick-up beobachtet zu haben, der den Hang heruntergefahren sei. Sie sei davon sehr überrascht gewesen, da sie hier nie zuvor ein solches Fahrzeug beobachtet habe. Ihre Reaktion kann man verstehen, wenn man weiß, dass der Pianista Trail an keiner Stelle für die Durchfahrt mit einem Auto ausgelegt ist. Da in aller Regel hier auch keine Fahrzeuge zu sehen sind, erscheint es Wanderern kaum vorstellbar, dass ein Passieren technisch überhaupt möglich ist. Besonders im unteren, bewohnten Teil ist der Weg so schmal und uneben, dass ein Fahrzeug gerade so durchkommt. Zudem ist ein Fahrer gezwungen, über große Steine, Felsbrocken und an zwei Stellen durch den Rio Pianista zu manövrieren. Ohne Schäden an der Karosserie kommt hier kein Fahrzeug hoch oder herunter.

Oliva bemerkt am 1. April 2014, dass die Ladefläche des ominösen Pick-ups mit Laub und Folie bedeckt ist. Davor stehen zwei Männer, die während der Fahrt auf die Ladung aufpassen. Olivas Mann, der 74-jährige Dario, der das Fahrzeug ebenfalls beobachtet, hegt angesichts dieser Tarnung einen Verdacht auf Diebstahl. Er notiert sich umgehend das Kennzeichen des Fahrzeugs, um es an die Polizei weiterzuleiten.[236]

Aristedes M. und seine Mutter Eneida berichten den Ermittlern, dass sie zwischen 16 und 16:20 Uhr einen roten Pick-up mit vollständig getönten Scheiben auf dem unteren Teil des Pianista Trails beobachtet haben. Er erregt ihre Aufmerksamkeit, da es sich um ein Fahrzeug handelt, das ihnen unbekannt und offenbar ein Neuwagen ist. Eneida ist zusätzlich irritiert, denn schon zwei Tage zuvor habe sie eine ähnliche Beobachtung gemacht. An diesem Sonntag sei ein cremefarbener Lieferwagen seitlich an den Trail herangefahren, in dem mehrere fremde »tätowierte Männer« gesessen hätten.[237]

Giovannis Frau Doris bemerkt ebenfalls erstaunt einen roten Pick-up von ihrer Waschküche aus. Mit verdunkelten Scheiben sei er zwischen 16 Uhr und 16:15 hinter ihrer Pizzeria in Richtung Trail gefahren und nach etwa 25 Minuten wieder heruntergefahren.[238]

Wie in den vorherigen Kapiteln erwähnt, behaupten mehrere Personen, Edwin sei am 1. April 2014 als Fahrer dieses roten Pick-ups beobachtet oder in den Tagen zuvor mit Kris und Lisanne gesehen worden. Uns ist es nicht gelungen, einen Zeugen aufzutun, der dies persönlich bestätigen kann. Da Edwin nicht mit uns sprechen wollte, haben wir auch nicht in Erfahrung bringen können, ob er 2014 ein solches Fahrzeug gefahren ist. Möglicherweise spielen die Standorte der Restaurants seiner Familie eine Rolle. So befindet sich eines gegenüber der Apotheke, in der Kris und Lisanne am Tag ihres Verschwindens gesehen worden sein sollen. Das Café Nelvis ist ebenfalls ganz nah. Der Ort, an dem Taxifahrer Humberto Kris und Lisanne am 1. April aufgesammelt und zum Trail gebracht haben will, befindet sich genau in der Mitte zwischen der einen und der anderen Sabrosón-Filiale. Auch die Kita Aura liegt mittig zwischen beiden Standorten, lediglich zwei Blocks weiter westlich.

Nach dem Tod von Kris und Lisanne kommt es erneut zu einem kuriosen Zufall. Nur 200 Meter von Miriams Haus entfernt lässt Edwins Familie eine vierte Filiale bauen und eröffnen. So kommen auch aufgrund dieser Episode Gerüchte unter Einwohnern von Boquete auf, nach denen der unerwartete Geldsegen, der zum Bau notwendig gewesen sei, mit der Tragödie um Kris und Lisanne in Verbindung stehen könnte. Insgesamt ist natürlich vorstellbar, dass der junge Mann auf Kris und Lisanne getroffen ist, sich mit ihnen unterhalten hat oder sie sogar irgendwohin mitgenommen hat. Das macht ihn weder zum Mörder noch verdächtig, würde aber die vielen Gerüchte dahingehend erklären.

Den Beamten gelingt es jedenfalls damals nach Darios Übergabe des Kennzeichens, einen weinroten Pick-up Toyota Hilux mit Einzelkabine und Baujahr 1993 ausfindig zu machen. Sie ermitteln die Besitzerin als A. A. Für unseren Geschmack ist dies ein Zufall zu viel, als wir feststellen, dass die Frau ebenfalls im Viertel Las Brisas lebt, nur etwa 400 Meter von Spanish by the River entfernt an der Hauptstraße in Richtung Zentrum.

Doch weder im Protokoll noch in der weiteren Fahndung wird auf den Umstand hingewiesen.

In ihrem Verhör bei der Personería am 22. April gibt A. zu, dass es sich um ihren Wagen handelt, doch sie selbst würde ihn nicht fahren, sondern lediglich ihr Mann E. G.[239] Dieser habe das Fahrzeug »wahrscheinlich am 1. April an die Blumenmesse Feria de las Flores de Boquete vermietet.« Obwohl die Fahrzeughalterin nur ein paar Minuten Fußweg von Spanish by the River entfernt wohnt und ihr Auto im Zusammenhang mit dem Verschwinden der Mädchen untersucht wird, wird Frau A. nicht zu Kris und Lisanne befragt. Eine Stunde später verhört die Personería ihren Ehemann, der die Angaben seiner Frau bestätigt und angibt, dass er den Wagen am 1. und 2. April an die Feria de las Flores vermietet hat. Der Mietvertrag sei nur mündlich besprochen worden. Ein Schriftstück darüber liege nicht vor. Der Wagen werde öfters mal dorthin verliehen, sagt E. Im Gegenzug habe man die Erlaubnis, den anfallenden Hausmüll im Container der Blumenmesse zu entsorgen.[240]

Am frühen Nachmittag des gleichen Tages trifft der Verwalter der Feria de las Flores, der vor einigen Jahren verstorbene Sidney Taylor Jimenez, im Büro der Personería ein. Er bestätigt, dass er den Toyota gemietet hat, allerdings nur für ein paar Stunden am 1. April. Die Uhrzeiten der Vermietdauer wisse er nicht mehr genau. Gegen Mittag habe man das Fahrzeug abgeholt und am späten Nachmittag zurück nach Alto Boquete gebracht. Wir erinnern uns an die vielen Zeugenaussagen, die Kris und Lisanne gegen 13 Uhr da gesehen haben wollen, wo der rote Pick-up vorbeigefahren sein muss.

Auf die Frage, wozu der Wagen gebraucht worden sei, gibt Sidney zu Protokoll, dass vier seiner Mitarbeiter die Erlaubnis von M., dem Mann, der zwei Hütten am oberen Teil des Pianista Trails besitzt und nur unter seinem Spitznamen bekannt ist, gehabt hätten, auf seinem Grundstück am Pianista Moose, Bromelien, Laub und Farne zu sammeln.[241]

Als Beweis für seine Aussage reicht Sidney bei der Personería eine Tankquittung und einen am 12. April ausgestellten Scheck an Herrn E. über 210 Dollar für »Fahrten zum Sammeln von Pflanzenmaterial und Orchideen für die Orchideenausstellung 2014«[242] ein. Die Bezahlung erhält E. für die Vermietung seines Wagens an insgesamt fünf Tagen zwischen dem 1. und 10. April. Aufgeführt sind handschriftlich die jeweiligen Sammelorte, darunter am 1. April der Pianista Trail.[243]

Die Beamten lassen sich noch die Aussage vom Fahrer des Wagens, E. P., aushändigen, der angibt, er sei am 1. April gegen 11:45 Uhr mit dem besagten Truck zum Grundstück von M. gefahren.[244] Nachdem er und seine Kollegen das Pflanzenmaterial eingesammelt hätten, seien sie um 16 Uhr den Hang wieder heruntergefahren und gegen 17 Uhr an der Blumenmesse angekommen. Wir erinnern uns an die Zeiten der Notrufe, die Kris und Lisanne um 16:39 Uhr und 16:51 absetzt haben, und dass ihre Handys danach geschwiegen haben.

Die Angaben der Befragten reichen den Beamten, sodass sie Grundstücksbesitzer M. gar nicht erst zum Wahrheitsgehalt befragen. Auch dass das Sammeln von Pflanzen am Pianista verboten ist, spielt keine Rolle für die Ermittlungen.

Es erscheint uns seltsam, dass keiner der Anwohner das verdächtige Fahrzeug am Vormittag des 1. Aprils bemerkt hat, also auf seiner Fahrt nach oben. Stimmen die Zeitangaben, sind also vier weitere Männer um die gleiche Zeit am Pianista Trail, zu der Kris und Lisanne dort verschwinden, unabhängig davon, ob die frühe oder die späte Timeline der Wahrheit entspricht. Fahrer E. P. wird von den Beamten jedoch lediglich gefragt, ob er an diesem Tag Touristen am Trail beobachtet habe, was er verneint. Seine Kollegen, deren Namen in der Akte notiert stehen, werden hingegen überhaupt nicht verhört. Auch sie hätten demnach aber zu den wichtigsten Zeugen gehören können, denn die Stelle, an der sie den ganzen Tag über gearbeitet haben, hätten Kris und Lisanne passiert.

Der Pick-up-Fahrer fügt seiner Aussage noch hinzu, dass seine Kollegen und er an diesem Tag ein Einsatzfahrzeug der Spurensicherung[245] nahe des Flusses am Trail gesehen hätten. Sie hätten sich alle gewundert, was dort wohl passiert sei. Über dieses beschriebene Fahrzeug steht in den Akten nichts, und auch der Beamte geht auf die Bemerkung nicht ein. Das ist verwunderlich, denn von einem Einsatz der Kripo am Tag des Verschwindens ist bisher nichts bekannt geworden. Dieser dürfte normalerweise nicht damit in Zusammenhang stehen, denn zu diesem Zeitpunkt wird noch niemand vermisst. Diese Angabe könnte bereits darauf hindeuten, dass E. P. den Wagen theoretisch nicht gefahren und nicht am Trail gewesen ist, vielmehr könnte er angenommen haben, am Tag des Verschwindens sei bereits ermittelt worden.

E. P. gibt außerdem noch an, dass er am Donnerstag, den 3. April, erneut in Begleitung von Kollegen mit dem gleichen Wagen auf M's Grundstück gefahren sei, da ihm noch Orchideen gefehlt hätten. Dafür gibt es zwar keinen direkten Zeugen, aber Oliva erwähnt in ihrer Aussage immerhin, dass sie den Pick-up an einem der folgenden Tage noch mal den Trail hochfahren gesehen hat. Geht man von einem Vorfall am Mirador aus, in dem das iPhone am Berg geblieben ist, ist diese Tatsache insofern bemerkenswert, dass nach unserer Berechnung der Telefondaten der 3. April der wahrscheinlichste Zeitpunkt gewesen wäre, an dem das Telefon die Bereiche ohne Signal verlassen hätte. Ab diesem Tag nämlich wird es nur noch für wenige Sekunden angestellt und hätte nur so nicht verraten können, dass es sich wieder in einem Bereich mit Signal befindet. In Sidneys vorgelegter Abrechnung ist hingegen keine zweite Fahrt zum Pianista aufgeführt, sondern an diesem Tag als Einsatzort der Sektor Palo Alto notiert.

Gesehen wird an diesem 3. April ein roter Pick-up-Truck mit getönten Scheiben noch an einem anderen bekannten Ort. In den Akten finden wir die Aussage von Miriams Nachbarin Verónica S. Sie wohnt auf der Strecke, die Kris und Lisanne zwischen Miriams Haus und Spanish by the River zurücklegen müssen. Bereits am 10. April gibt Verónica eidesstattlich zu Protokoll, dass am 3. April gegen 9 Uhr morgens ein roter Pick-up-Truck in wahnsinnigem Tempo an ihrem Grundstück vorbei in Richtung Miriams Haus gerast sei.[246] Die Situation habe sie befremdet, da niemand in der Gegend ein solches Fahrzeug besitze.

Bei einem Gespräch mit Annette bestätigt Verónica die Angaben, die uns verdächtig erscheinen, denn sie macht den Eindruck, ihre Nachbarschaft gut zu kennen. Und die ermittelte Besitzerin des Trucks wohnt im gleichen ruhigen Viertel, gerade einmal etwa 500 Meter entfernt von Verónica. Selbst wenn Fahrer E. P. sich den Truck am 3. April noch einmal von Ehepaar A. und E. ausgeliehen hätte – wovon diese und auch Sidney nichts erwähnen –, wäre sein Erscheinen in dieser Seitenstraße kaum nachvollziehbar, denn Verónica und Miriam wohnen südlich der Besitzerin des Fahrzeuges, in entgegengesetzter Richtung, die über die Hauptstraße zum

Pianista Trail führt. Einen Zusammenhang der verschiedenen Sichtungen des möglicherweise selben Pick-up-Trucks stellen die Ermittler jedenfalls nicht fest.

Die Unprofessionalität wird lediglich übertroffen davon, dass sie sich das Fahrzeug nicht einmal anschauen, obwohl es so vielen als verdächtig vorkommt. Zudem vergewissern sie sich nicht, dass bei Frau A. überhaupt ein roter Pick-up-Truck steht, der ganz offensichtlich in der Gegend unbekannt ist.

Wir können uns des Gefühls nicht erwehren, dass die gesamte Geschichte über den roten Truck, wie sie in den Polizeiakten vorgetragen wird, unstimmig ist. Dass ein ominöser Pick-up-Truck zufällig zur gleichen Zeit erstens da ausgeliehen wird, wo Kris und Lisanne zuletzt mit Sicherheit das letzte Mal gesehen worden sind, und zweitens auch noch genau an den Ort fährt, wo sie verschwunden sein sollen, ist äußerst auffällig. Zudem ist die Bemerkung aller Augenzeugen des Trucks, nach denen sie das Fahrzeug nie zuvor oder danach an den gesichteten Stellen gesehen haben wollen, höchst verdächtig. Die widersprüchlichen Aussagen derjenigen, die den Truck verliehen oder gemietet haben wollen, sprechen die gleiche Sprache: A. gehört das Auto, das sie aber selbst nicht fährt. Ihr Mann E. verleiht das Fahrzeug an Sidney, der es aber selbst nicht benutzt, sondern einem Mitarbeiter E. P. weitergibt. Dieser wiederum will mit drei weiteren Männern, die nicht befragt werden, am Trail gewesen sein, um Blumen zu sammeln, obwohl das am Pianista verboten ist und Autos dort normalerweise nicht hinfahren.

Möglich ist, dass das Fahrzeug an diesem Tag an jemand ganz anderen verliehen worden ist. Etwaige Täter, die die Mädchen mit einem roten Pick-up-Truck hätten entführen wollen, hätten gewusst, dass das Auto bei Miriam und am Trail gesehen worden wäre. Demnach hätten sie Vorkehrungen treffen und eine Geschichte konstruieren können, um dem Fahrzeug ein oder mehrere Alibis zu verschaffen. Dazu hätten allerdings mehrere Personen geschmiert werden müssen. Ob tatsächlich jemand Blumen auf dem

Pianista gesammelt hat oder jemals Mitarbeiter der Messe in dem Wagen gesessen haben, darf aufgrund der nun bekannten Umstände infrage gestellt werden. Sollte es so gewesen oder sogar des Öfteren vorgekommen sein, ist unerklärlich, dass die Zeugen weder das Fahrzeug noch die Fahrer erkennen und kennen.

Es kommt nicht selten vor, dass Straftäter Fahrzeuge mehrfach untervermieten, sodass ihre Spuren am Ende nicht mehr lückenlos aufgedeckt werden können. Auch ist es keine Seltenheit, dass ähnliche Fahrzeuge an einem Tattag an unterschiedlichen Orten auftauchen, um Verwirrung zu stiften. In diesem Kontext ist es besonders bemerkenswert, dass Aristedes M. während seiner Befragung am 16. April ausdrücklich betont, er habe keinen Toyota Hilux gesehen – ein Modell, das später A.'s Auto zugewiesen werden kann. Zudem beschreibt er einen Neuwagen und kein älteres Fahrzeug, das Oliva und Dario beobachtet haben und wie es ebenfalls dem angemeldeten Wagen von Frau A. entsprechen würde. Demnach könnte es sich bei dem gesehenen Truck am Pianista Trail auch um ein ganz anderes Fahrzeug gehandelt haben und A.'s Truck, möglicherweise mit Absicht, falsch ermittelt werden worden sein.

Vielleicht haben die Täter mit einem getarnten Fahrzeug den Bereich oben am Trail abgeschirmt und Kris und Lisanne in die Falle laufen lassen. Eine Entführung vom Pianista Trail wäre aufgrund der noch nicht einsetzenden Suche zwischen dem 1. und 3. April möglich gewesen. Auch wenn Kris und Lisanne ihren Entführern bereits am Tag ihres Verschwindens in die Fänge geraten sind. Man hätte sie noch eine Weile hinter oder vor dem Mirador verstecken können. Zum Beispiel in einer einsamen Hütte am Hang.

Die einsame Hütte, die Molkerei und der Wasserfall

M.'s Grundstück mit Hütten steht noch in einem weiteren Fall im Blickpunkt des Interesses. Lazaro, der bereits am 7. April von der Personería befragt worden ist[247], erscheint eine Woche später, am 15. April, unerwartet noch einmal freiwillig im Büro der kommunalen Staatsanwaltschaft, weil er eine wichtige Erkundigung eingeholt hat. Er erklärt in einer zweiten eidesstattlichen Versicherung[248], dass sein Nachbar Keni G. am 2. April, also einen Tag nach dem Verschwinden, zwei Mädchen auf einer Koppel am Hang vor dem Gipfel beobachtet hat. Diese seien von einem Mann mit tätowierter Schulter und Handy am Ohr verfolgt worden.

Noch am selben Tag wird der 23-jährige Lohnarbeiter Keni ins Büro der Personería bestellt und verhört.[249] Er gibt an, Lazaros Nachbar zu sein. Am 2. April habe er zwischen 18 und 18:30 Uhr auf dem Nachhauseweg über den Pianista Trail in Richtung Mirador in Begleitung seiner Mutter und seines Bruders zwei Mädchen in kurzen Hosen auf einer Anhöhe nahe der Bergkette gesehen. Sein jüngerer Bruder Rodrigo G., der die Mädchen genau wie seine Mutter Victoria T. ebenfalls an besagter Stelle beobachtet, ergänzt während seiner Befragung, dass die Koppel, auf der die Mädchen gelaufen sind, einer Señora U. gehört.[250] Er sagt zudem, dass er dort noch nie zuvor einen Menschen gesehen hat. Verwundert nimmt die Familie an, dass die Personen ihnen entgegenkommen würden, um wieder nach Boquete zu laufen, denn normalerweise sind um diese Zeit längst keine Wanderer mehr auf dem Trail unterwegs. Doch es kommt ihnen niemand entgegen und die Mädchen sind danach wie vom Erdboden verschluckt.

Die Brüder geben im Gegensatz zu Lazaro an, die Personen nicht in Begleitung gesehen zu haben.[251] Keni erklärt, dass die Unbekannten nur drei Wege genommen haben könnten. Entweder ihnen entgegen, entgegengesetzt nach oben auf den Gipfel oder östlich zum Anwesen von M. Mutter Victoria wird gar nicht mehr befragt, dafür suchen noch am selben Tag um 16:30 Uhr insgesamt neun Ermittler der Personería und der SDIJ M's Anwesen auf.[252]

Bei einem solchen Aufgebot hätte man annehmen können, die zwei Gebäude auf dem Grundstück wären gestürmt worden. Doch als die Beamten klopfen und feststellen, dass der Eigentümer nicht da ist, wird er telefonisch kontaktiert. Er erklärt, dass er ganz in der Nähe sei und sofort komme. Das entsprechende Durchsuchungsprotokoll vermerkt, dass die Ermittler daraufhin 45 Minuten warten, bis M. erscheint. Er wird nicht gefragt, wo er gewesen ist. Die Inspektion spielt sich nach dem einseitigen Protokoll so ab: »Herr M. [Name geändert] trifft ein, öffnet die beiden Häuser und wir finden kein Detail, das zur Klärung des Sachverhalts beiträgt. Es wird kein Hinweis gefunden, der auf eine Unregelmäßigkeit hinweist.«[253]

Mehr erfahren wir in den Akten nicht über die Durchsuchung des etwa 500 Quadratmeter großen Areals, das verborgen im Urwald am Berghang und nur noch einen Kilometer vom Gipfel entfernt liegt. Wozu es genau dient, können wir nicht sagen.

Über M. ist nicht viel bekannt, außer, dass er einen angesagten Nachtclub in Boquete betrieben hat. Er nutzt keine öffentlichen sozialen Netzwerke und scheint sich allgemein bedeckt zu halten. Als Annette sich vor Ort auf die Suche nach ihm macht, trifft sie zwei Verwandte. M. und P. warnen sie davor, dass M. in Drogen- und Frauengeschichten verwickelt ist. Vor dem Verschwinden von Kris und Lisanne soll er den Aussagen seiner Verwandten nach an seiner Hütte am Hang auch wilde Partys gefeiert haben, seither sei das vorbei. Unabhängig prüfen können wir die Aussagen nicht und M. auch nicht unterstellen, dass er mehr über den Fall weiß. Jedoch ist er ein potentiell wichtiger Zeuge, der den Akten nach zu urteilen, nicht zu fallrelevanten Angelegenheiten befragt worden ist. Da sich sein Anwesen genau da erstreckt, wo Kris und Lisanne zum letzten Mal lebend von Lazaro gesehen worden sind, ist das ein unerklärlicher Fehler.

Neben M.'s Wohnhaus steht auf seinem Grundstück zwischen Bäumen eine massive, aus Stein und Holz gebaute, hohe Hütte mit vollständig zugenagelten Fenstern, wie wir auf einem einzigen im Internet existierenden Foto davon erkennen. Auf diesem Bild posiert Fremdenführer Plinio, der offensichtlich befugt ist, das Gelände seines Bekannten zu betreten, direkt vor dem Eingang der Hütte.

Laut Protokoll stellen die Beamten M. überhaupt keine Fragen, zumindest keine für den Dienstgebrauch. Damit ist M. nicht nur der einzige Anwohner des Pianista Trails, sondern die einzige Person überhaupt, die im Zusammenhang mit dem Verschwinden von Kris und Lisanne keine eidesstattliche Aussage abgeben muss. Dabei hätte es dafür nach den Hinweisen auf zwei Mädchen vor seinem Grundstück und auch auf den Truck, dessen vierköpfige Besatzung ausgerechnet am 1. April Blumen auf seinem Anwesen sammelt, ausreichend Gründe gegeben. Er hätte klären können, ob und wer außer ihm Zugang zu seinem Anwesen hat oder sich verschafft haben könnte. Er wird auch nicht gefragt, wer die Personen gewesen sein könnten, die in Richtung seines Grundstückes gelaufen sind und nach denen die Ermittler offenbar auch nicht weiter fahnden. Erschwerend kommt hinzu, dass der Hinweisgeber Lazaro für 22 Stunden in Untersuchungshaft genommen wird, möglicherweise zu Einschüchterungszwecken. Davon steht zwar nichts in den Akten, doch Annette gegenüber bestätigt er die belastende Situation.

Als wäre dies immer noch nicht genug, bekommt die Polizei einen dritten Hinweis, der in Richtung M.'s Grundstück deutet. Eine anonyme Anruferin meldet sich bei der Personería und gibt an, dass sie wisse, dass die Mädchen von einem Ausländer ermordet worden seien und die Leichen in einem Feld hinter dem Bauernhof Arco Iris begraben lägen.[254] Den Akten entnehmen wir, dass Kripo und Streife am selben Tag mit 15 Mann das beschriebene Areal absuchen, das an M.'s Grundstück grenzt. Der Einsatzbericht fällt dieses Mal noch knapper aus und beschränkt sich auf vier Sätze. Man habe ein Zuckerrohrfeld auf 500 Quadratmetern inspiziert und nichts Ungewöhnliches bemerkt. Es hätten auch keine Raubvögel am Himmel gekreist.[255]

In diesem Kontext ist ebenfalls bemerkenswert, dass der Bauernhof und das Gros der Weiden auf der Boquete-Seite des Pianistas im Besitz der ehemaligen Staatspräsidentin Mireya Moscoso sind. Insgesamt gehören ihrer Firma DONAGA, S.A., welche die Molkerei Arco Iris betreibt, 159 Hektar Land auf und am Pianista. Im Zusammenhang mit dem Verschwinden um Kris und Lisanne sind diese Umstände bislang nicht öffentlich bekannt oder in Verbindung gebracht worden. Es wäre wohl auch nicht erwähnenswert, wenn die erste weibliche Amtsinhaberin des Landes nach Ende ihrer Amtszeit im Jahr 2014 nicht mit massiven Korruptionsvorwürfen zu kämpfen gehabt hätte. Insgesamt sind ihr so viele Fälle von Korruption und Vetternwirtschaft vorgeworfen worden, dass sie heute als die unbeliebteste Staatspräsidentin in der modernen Geschichte Panamas gilt.

Für internationales Aufsehen sorgt 2007 eine Aussage des ehemaligen kolumbianischen Fußballnationalspielers Freddy Rincón, der unter anderem auch für Real Madrid gekickt hat. Er bezichtigt Moscoso nach seiner Verhaftung wegen Geldwäscherei, ihn persönlich zu einer hohen Investition in eine in den Drogenhandel verstrickte panamaische Scheinfirma animiert zu haben.[256] Die Ex-Präsidentin hat die Vorwürfe als politische Kampagne ihrer Gegner zurückgewiesen. Aufgrund der vielen Skandale, die ihr aber angelastet werden, dürfte sie nach dem Verschwinden von Kris und Lisanne über die Durchsuchung ihres Grundstückes nach Leichen nicht erfreut gewesen sein. Zur Causa wird sie jedoch laut Akten weder befragt noch darüber informiert.

Bevor überhaupt jemand am Trail nach Kris und Lisanne gesucht hat, sind zwei Tage vergangen. Tod oder lebendig hätte ein

Täter beide oder eines der Mädchen im Bereich des Miradors verstecken und zu einem vorbereiteten Zeitpunkt mit einem getarnten Fahrzeug von dort fortschaffen können. Neben M.'s Anwesen existieren hier oben noch weitere Hütten, darunter die Finca T. und die Finca S. Der Akte nach zu urteilen sind in diesem Bereich keine weiteren Gebäude, die allesamt gute Verstecke in optimaler Lage zum Mirador gewesen wären, untersucht worden. Von der theoretischen Annahme ausgehend, hätte ein Täter hier eine oder zwei Leichen über längere Zeit in einer Hütte verstecken und später begraben können, während er die Handys weiter benutzt haben könnte, um es nachher so aussehen zu lassen, als hätten sich Kris und Lisanne einfach im Wald verlaufen.

Das bis hierher beschriebene Areal am oberen Pianista Trail hätte aufgrund dieser vielen Hinweise eigentlich auf den Kopf gestellt werden müssen. Da man davon nicht reden kann, stellt sich erneut die Frage, ob es wirklich ein Zufall ist, dass das SINAPROC-Team am 3. April ausgerechnet an der Kreuzung, an der es zu M. geht und nahe der am Abend des 2. April zwei Mädchen gesehen worden sein sollen, einen »Anruf von höchster Stelle« erhält, woraufhin die Männer ihre Suche sofort einstellen und umkehren.

Eine weitere Entführungsmöglichkeit, die von Beginn an in Internetforen diskutiert worden ist, bleibt theoretisch denkbar. Kurioserweise konzentrieren sich auch diese Diskussionen auf die gleichen Orte. Eine Art Mythos in verschiedenen Reiseforen ist ein geheimer Wasserfall am Pianista. Berichten zufolge haben nur wenige den Weg zu diesem versteckten Juwel gefunden, und lediglich eine Handvoll Einheimischer kennt überhaupt den Pfad dorthin. Der Cascada el Pianista wird unterschiedlich lokalisiert, und die wenigen Wanderer, die ihn erreicht haben, teilen paradiesische Aufnahmen, ohne jedoch den Zugangsweg preiszugeben oder erklären zu können.

Uns ist sein Standort bekannt, doch erwähnen wir ihn hier vor allem deswegen, weil er in etwa auf der Höhe von M's und den anderen Hütten liegt. Dass der Wasserfall existiert, können wir ebenso bestätigen wie die Tatsache, dass er äußerst schwer zu finden ist. Man erreicht ihn nach einer langen Wanderung entlang des Rio Pianista, wenn man durch das »gefährliche Dreieck« zwischen M's Hütte, der Molkerei der Ex-Präsidentin und dem Zuckerrohrfeld, in dem die Leichen gemeldet worden sind, wandert.

Im Kontext von Kris und Lisanne ist in der Presse wiederholt ihr Interesse an Wasserfällen thematisiert worden. Tatsächlich scheinen Wasserfälle eine Rolle zu spielen, obwohl der Cascada el Pianista in den Akten nicht erwähnt wird, geschweige denn, dass dort nach den beiden gesucht worden wäre. Theoretisch hätten Einheimische, die mit dem Wasserfall vertraut sind, Kris und Lisanne unter dem Vorwand, sie dorthin zu führen, in eine Falle locken können. In einem solchen Szenario wären sie möglicherweise auf der Boquete-Seite des Pianistas, nahe M.'s Grundstück oder sogar davor, vom Weg abgebracht und in östlicher Richtung geführt worden – genau dort, wo die Brüder und ihre Mutter am 2. April zwei Mädchen, möglicherweise in Begleitung eines Mannes über die Koppel verschwinden sehen haben.

In diesem und anderen denkbaren Szenarien muss eine Entführung oder ein Verbrechen nicht von vornherein geplant gewesen sein. Andere Umstände könnten Kris und Lisanne daran gehindert haben, den Weg zurückzufinden. Eine Untersuchung dieser Gegend auf mögliche Hinweise, auch im Hinblick auf die Nachtfotos, hat bisher nicht stattgefunden. Wir bezweifeln allerdings, dass eine solche heute noch in irgendeiner Form erfolgversprechend wäre. Leider lässt sich den Akten jedoch auch nicht entnehmen, dass diese Region seinerzeit in die Suche am Pianista Trail einbezogen worden ist.

Die gefährliche Suche

Sollte ein Verbrechen stattgefunden haben, bleibt weiterhin auch die Möglichkeit, dass Kris und Lisanne hinter dem Mirador auf der Nordseite des Berges überfallen worden sind und ihnen die Flucht gelungen ist. Sie hätten sich aus der Gewalt der Täter befreit, sich zurück in den Wald geflüchtet und sich nicht wieder zurückgetraut. Geht man davon aus, dass man sich auf dem Trail nicht verlaufen und auch nicht abstürzen kann, bliebe die Möglichkeit übrig, dass die Mädchen nicht zurückgewollt und sich in ein Flussbett geflüchtet hätten, um dort auf Hilfe zu warten. Das wäre dann ein Fall gewesen, wenn ihre Angst vor dem, was auf dem Trail lauert, größer gewesen wäre als die vor den Konsequenzen, die sie fernab des Trails erwarten würden. Sie könnten auf der Flucht im Besitz ihrer Handys gewesen sein oder nicht. Sie könnten von den Tätern aufgespürt worden sein oder möglicherweise in Panik einen Fehler gemacht haben, der sie anderweitig, beispielsweise durch einen Unfall, ins Unglück geführt hat.

Letztendlich kann man sogar noch die theoretische Möglichkeit in Betracht ziehen, dass Kris und Lisanne sich verlaufen oder versteckt haben und Opfer ihrer vermeintlichen Retter geworden sind. Genau das ist nicht weit entfernt von Boquete im Jahr 2017 einer deutschen Touristin passiert. Sie verirrt sich während einer Wanderung auf dem La Cascada Bermejo Trail nahe der Stadt Santa Fe in der Provinz Veraguas und wandert drei Tage durch das bergige Urwaldgebiet. Eine offizielle Suche wird gestartet, an der sich viele einheimische Führer und Freiwillige beteiligen.

Schließlich wird sie von drei Männern, die sich auf die Suche nach ihr gemacht haben, gefunden, aber nicht gerettet. Sie wird ausgeraubt, gefangen genommen und vergewaltigt, kann sich letzten Endes aber befreien und dabei einen der Täter mit einer zerbrochenen Flasche schwer verletzen. Die Frau flüchtet sich an den Fluss Mulabá, wo sie schließlich von SINAPROC-Einheiten gefunden wird und Anzeige erstattet. Die Täter werden gefasst und zu langjährigen Haftstrafen verurteilt.[257]

An der Suche nach Kris und Lisanne beteiligen sich zahlreiche inoffizielle Helfer, von denen die meisten sicherlich gute Absichten hegen. Es besteht jedoch die Möglichkeit, dass unter ihnen auch Personen mit schlechten Absichten sind. Die privaten Suchteams operieren größtenteils eigenständig in dem Gebiet, in dem Kris und Lisanne verschwunden sind, wobei sie tiefer in den Wald vordringen und die etablierten Wanderwege verlassen – ein Vorgehen, das sich von dem der offiziellen Sucheinheiten unterscheidet.

Betrachtet man die Organisation der Suche genauer, offenbaren sich zahlreiche Versäumnisse. Gemäß den Akten wird der Pianista Trail bis zum 7. April lediglich dreimal von offiziellen SINAPROC-Einheiten durchsucht. Nach der abgebrochenen Tour mit Feliciano am 3. April geht am kommenden Tag eine Gruppe von Beamten der Zivilschutzbehörde unter Führung von Verísimo F. den offiziellen Trail bis zum Mirador ab und kehrt wieder um. Am 5. April läuft ein Suchteam etwa eine halbe Stunde über den Gipfel hinaus, bevor es zurückkehrt. Die Männer dürften also ein Stück vor dem Punkt des letzten bekannten Tagfotos der Mädchen am Quebrada 1 angekommen sein. Die der Fallakte beigelegten SINAPROC-Unterlagen führen keine Vermerke auf, dass der Pianista Trail in der ersten Aprilwoche hinter dem Quebrada 1 weiter abgesucht worden ist.

Diesen Eindruck vermittelt auch eine Karte, die am 12. April während einer SINAPROC-Pressekonferenz abfotografiert wird und auf der der Pfad hinter dem Mirador nicht abgedeckt zu sein scheint.[258] Die rot eingezeichneten Suchrouten entsprechen den offiziellen Wanderwegen rund um Boquete. Irritierend wirken zwei rote Linien, die quer über den Mirador verlaufen. Hier existieren keine Wege und das Terrain ist nicht begehbar. Die Markierungen führen allerdings dazu, dass bei vielen interessierten Internetnutzern der falsche Eindruck entsteht, SINAPROC habe querfeldein gesucht. Tatsächlich symbolisieren diese Linien lediglich das Suchgebiet aus der Luft.

Bis zum Juni 2014 finden sich in den Akten keine Belege dafür, dass SINAPROC den Pianista Trail jenseits des Miradors durchsucht hat. Fest steht allerdings, dass freiwillige Suchtrupps, deren Einsätze nicht in den offiziellen Protokollen festgehalten sind, dieses Gebiet erkundet haben. Der Guide Plinio gehört zu diesen freiwilligen Helfern. Er hat wiederholt den Weg hinter dem Mirador sowohl tagsüber als auch nachts über die sogenannten Monkey Bridges hinaus bis mindestens zur Finca Laureano durchkämmt und zudem Soldaten der SENAFRONT durch die Wälder von Bocas del Toro geführt. Da diese Teams ihre Suchaktivitäten nicht dokumentiert haben, bleibt ungewiss, was sie möglicherweise entdeckt oder übersehen haben könnten.

Das Zeiträtsel in neuer Betrachtung

Die Hypothese, dass Kris und Lisanne möglicherweise entführt worden und schon in Begleitung der späteren Täter am Pianista Trail angekommen sind, könnte plausibel sein – insbesondere wenn sie auf einem alternativen Weg abseits der bewohnten Häuser, etwa über den Feldweg, der bis zur Molkerei Arco Iris führt, bis zur Brücke über den Rio Pianista gebracht worden wären. Diese Route hätte es ermöglicht, dass sie von den Anwohnern nicht bemerkt worden wären. Auf der Brücke ist das erste Foto von Kris entstanden. Wir glauben jedoch, dass die beiden Mädchen am Eingang des Trails bereits Fotos aufgenommen hätten, wenn sie dort ihre Wanderung begonnen hätten, denn die Motive laden dazu förmlich ein. Es spricht auch einiges dafür, dass die Mädchen schon von der Schule oder von Miriams Haus mit einem Fahrzeug abgeholt und bis zum Trail oder sogar diesen ein Stück weit hinauf gebracht worden sind. So würde sich erklären, warum sie niemand zur richtigen Zeit in der richtigen Kleidung gesehen hat. Wir halten es dagegen für unmöglich, dass am gleichen Tag zwei identisch aussehende Mädchen in anderer Kleidung den Trail gelaufen sind. Ein solches Doppelgängerpärchen ist nie gefunden worden.

Eine Anweisung des Reisebüros über das vorgesehene Outfit für Kris' und Lisannes Arbeit in der Kita lässt uns aufhorchen. Demnach hätten sie keine Shirts tragen und die Knie bedecken sollen.[259] Die hellen und dunklen Blusen und ganz besonders die so deutlich hervorgehobene Dreiviertelhose derjenigen Mädchen, die von den Zeugen gesehen worden sind, lässt eine weitere, wenngleich unwahrscheinliche Theorie zu: Kris und Lisanne könnten an dem Tag, an dem sie von der Kita eine Absage erhalten haben, bereits zum Pianista Trail gefahren sein. An diesem Tag gibt es ein Zeitfenster zwischen 13 und 16:45 Uhr, von dem wir nicht wissen, was sie gemacht haben.

Taxifahrer Humberto, der seinen Wagen wenige Meter von der Kita Aura entfernt geparkt hat, gibt an, Kris und Lisanne am 31. März zum Pianista Trail gefahren zu haben. Er könnte die beiden versehentlich am Eingang des Piedra de Lino Trails abgesetzt haben, wo sie auf Pedro gestoßen sind. Im Anschluss könnten sie zu Fuß zum Pianista Trail gegangen sein, wo sie sich eine Weile aufgehalten und dann den Heimweg angetreten haben. Da sie an diesem Tag ihren Eltern Wichtigeres zu erzählen hatten, nämlich ihren verpatzten Einstieg an der Kita, könnten sie diesen kleinen Ausflug unerwähnt gelassen haben. Ihre gebuchte Massage bei Sigrid hätte Sinn ergeben, wenn wir den Zeugenaussagen Glauben schenken, nach denen die Mädchen müde und erschöpft ausgesehen haben. Wir haben schon angemerkt, dass wir denken, dass Kris ihrem Freund Stephan nicht am 1. April eine WhatsApp-Nachricht geschickt hat, nach der die Mädchen »jetzt« wandern gehen wollten, sondern am 31. März, wo Kris nachweislich WhatsApp benutzt hat. Auch das passt in den ermittelten Zeitrahmen. Die Theorie hinkt allerdings, da es unwahrscheinlich ist, dass sie niemandem von der Wanderung erzählt hätten.

Die Frage, warum alle Zeugen die Mädchen am 1. April gesehen haben wollen, bliebe damit ebenfalls offen. Eine plausible Erklärung dafür könnte höchstens sein, dass dieses Datum nicht von den Zeugen selbst genannt worden ist, sondern lediglich in den Polizeiprotokollen so festgehalten oder nachträglich angepasst worden ist. Es gibt einen alten Grundsatz, der besagt, dass das, was nicht passt, passend gemacht wird. Wenn der Polizei bekannt gewesen ist, dass Kris und Lisanne am 1. April auf dem Pianista Trail verschwunden sind, die Zeugen jedoch den 31. März als Datum angegeben haben, könnte es passiert sein, dass ein Beamter versucht hat, die Aussagen zu harmonisieren – und das, ohne dass die Befragten davon Kenntnis erlangt haben. Es ist erwähnenswert, dass Eileen bei ihrer Befragung nur nach der Uhrzeit, nicht aber nach dem genauen Datum gefragt worden ist.[260]

Sollten Kris und Lisanne am 1. April dann wie behauptet mit dem zweiten Taxifahrer Mastinu zum Trail gefahren sein, würde sich erklären, warum sie ihn laut seinen Angaben explizit fragen, ob er am richtigen Eingang halte. Sie hätten nicht wieder an einem anderen abgesetzt werden wollen.[261] Die unbekannten Männer, die mit im Taxi gesessen haben, oder der Mann, der vor dem Pianista-Eingang gewartet hat, könnten die Mädchen an den Anwohnerhäusern vorbei bis zur Brücke geführt haben, von wo aus sie dann Richtung Mirador gelaufen sind. Es ist möglich, dass diese drei Männer an einem Verbrechen an Kris und Lisanne beteiligt gewesen sind, was es noch unverständlicher macht, dass nicht nach ihnen gefahndet worden ist. Die Frage bleibt: Wer ist der 60-jährige Ausländer mit medizinischer Brille, der vor dem Eingang des Pianista Trails gewartet hat, als der Taxifahrer Mastinu die Mädchen dort abgesetzt hat? Und könnte dieser Mann, der von Mastinu gesehen worden ist, ein Interesse daran gehabt haben, dass der Taxifahrer stirbt?

Für einen möglichen Entführer wäre es vorteilhaft, wenn es so aussähe, als seien Kris und Lisanne den Trail zu einem späteren Zeitpunkt gewandert, selbst wenn dies nicht seiner Planung entsprochen hätte. Denkbar ist auch, dass er selbst manipulativ eingegriffen hätte, indem er die Zeugen dazu veranlasst hätte, eine falsche Zeit – und eventuell auch andere Kleidung – zu nennen. Dies könnte eine komplexere, aber theoretisch mögliche Erklärung für das Zeiträtsel sein.

Da die Zeugen verschiedenen Personen dieselben Informationen gegeben haben, dürfte es wahrscheinlich nicht ausgereicht haben, die Polizisten zu bestechen, damit sie falsche Informationen aufzeichnen. Die Zeugen hätten dazu selbst manipuliert werden müssen. Die Tatsache, dass gleich mehrere Personen gleichzeitig mit oder sogar vor der Polizei Zeugen am Trail befragt haben, lässt Raum für Spekulationen, dass möglicherweise eine falsche Spur gelegt worden sein könnte. Bei der großen Anzahl von Zeugen und den unterschiedlichen Befragungen ist die Manipulation der Aussagen äußerst unwahrscheinlich. Sie ist aber immer noch wahrscheinlicher, als dass am Tag von Kris' und Lisannes Verschwinden ein unbekanntes Doppelgängerpaar denselben Trail zwei Stunden später in anderen Kleidungsstücken begeht und nie gefunden wird, während gleichzeitig niemand Kris und Lisanne in ihrer Kleidung und zur rekonstruierten Kamerazeit gesehen hat.

Falls keine Manipulation der Aussagen stattgefunden hat, bleibt nur noch die Manipulation von Kamerazeiten und Fotos übrig. Es wäre dann zuletzt denkbar, dass die Tagfotos von Kris und Lisanne an einem anderen Tag aufgenommen worden sind. Juans Vermutung, dass sie aus anderen Bildern herausgeschnitten und in die Szenerie des Pianista Trails eingefügt worden sind, könnte zumindest theoretisch vorstellbar sein. Wir sehen zwar deutliche Anzeichen für Manipulationen der Telefondaten, aber nur schwache Indizien für Bildmanipulationen, ohne aber dass wir solche ausschließen können.

Allerdings hätten unseres Erachtens alle Machenschaften und Maßnahmen, die mit dem Vertuschen eines Verbrechens einhergegangen wären, nur mithilfe eines kriminellen Masterminds realisiert werden können, der neben der Entführung der Mädchen auch mit der Vertuschung betraut gewesen wäre.

Wie man es hier dreht und wendet, das Zeit- und Kleidungsparadoxon bleibt weiterhin eines der Kernrätsel des Falles, da die entscheidenden Informationen fehlen. Wenn man dieses aufklären kann, käme man der Lösung dessen, was insgesamt geschehen ist, mit Sicherheit sehr nahe.

Die Masterminds of Crime and Justice

Es ist klar: Wären Kris und Lisanne entführt worden, hätte der Täter die Geschichte des Verlaufens hinter dem Mirador inszenieren müssen, um einen Mord zu verbergen. Dies hätte neben viel krimineller Energie zusätzlich umfangreiche Planung, Organisation und Cleverness verlangt, die eine einzelne Person allein nicht hätte aufbringen können. Dahinter hätte ein krimineller Mastermind gestanden.

Zusätzlich zu einigen Helfern in den Bereichen Logistik und Organisation der Verstecke, die nicht in den Gesamtplan eingeweiht gewesen wären, hätte ein solches Unterfangen mindestens zwei spezialisierte Personen benötigt. Zum einen wäre ein Profi beteiligt gewesen, der mit Mobilfunk, Handys und Kameras so vertraut ist, dass er in der Lage gewesen wäre, entsprechende Daten zu manipulieren. Ein weiterer Täter hätte sich im Gelände hinter dem Mirador und im Wald von Bocas del Toro perfekt ausgekannt, um Rucksack und Knochen dort zu platzieren. Man kann aber annehmen, dass die wahren Täter darauf spekuliert haben, dass es für die Staatsanwaltschaft vorteilhaft sein würde, wenn man ihnen genügend Anhaltspunkte oder Beweise für einen Unfall liefern würde. Auch vor diesen Hintergründen halten wir es für ausgeschlossen, dass Mitglieder der Pandilla dies alles geplant und technisch umgesetzt haben könnten, wie es in den meisten Theorien behauptet wird.

Wie bei nahezu allen Verbrechen möchten Täter grundsätzlich nicht geschnappt werden und versuchen daher häufig, die Ermittler auf eine falsche Spur zu führen, indem sie ihr Verbrechen anderen in die Schuhe schieben. Als Sündenböcke halten dann besonders oft solche Kreise her, die ohnehin schon entweder strafrechtlich in Erscheinung getreten oder mit Vorurteilen überladen sind. Doch auch abseits der Täterschaft gibt es vor Ort Kreise, die von einem Delikt vonseiten bestimmter Gruppen profitiert hätten, vielleicht weil sie sich selbst der örtlichen Polizei überlegen fühlen. Um diese Verbindung zu unterstreichen, werfen wir noch einmal einen Blick zurück auf eine spannende Episode aus dem FOK-Forum.

Bis heute ist nicht klar, woher Juan das Schwimmfoto hat, mit dem er Abertausende täuschen konnte. Kurz nach dessen Veröffentlichung Ende 2019 im FOK-Forum weist er darauf hin, dass es in Boquete ein Leck gebe, das über eine Menge sensiblen Materials verfüge. Über dieses sei er in den Besitz eines Dateiordners gelangt, der unter anderem das Schwimmfoto enthalten habe. Diese Information erregt die Aufmerksamkeit der Autoren West und Snoeren, die zu dieser Zeit an ihrem Buch arbeiten. Sie wollen unbedingt herausfinden, ob ihnen etwas entgangen ist und wie viel Juan tatsächlich weiß. Deshalb beschließen sie, ihm eine Falle zu stellen. Sie kreieren das fiktive Facebook-Profil Cas.R. und behaupten, im Besitz des verschollenen Fotos 509 zu sein. Offenbar in der Hoffnung, das Bild im Austausch zu erhalten, sendet Juan dem Fake-Account unvermittelt den Scan einer Seite aus Lisannes bis dahin unbekanntem Tagebuch. Als keine Reaktion des Fake-Accounts erfolgt, veröffentlicht Juan die vollständigen Tagebücher von Kris und Lisanne in seinem Online-Archiv.

Für West und Snoeren bestätigt sich damit zumindest, dass der bekannte Youtuber mit Vorliebe für Verschwörungstheorien tatsächlich Informationen von einer authentischen, geheimen Quelle erhält. Sie enthüllen in ihrem Werk, dass sie aus den EXIF-Daten der Tagebuch-Scans entnommen haben, dass das Bild am 8. April 2014 von einem Mark H. aufgenommen worden ist. Dies ist ein cleverer und wichtiger Schritt zur Aufklärung gewesen. Auf Facebook aufgespürt, konfrontieren sie ihn mit dem Urheberrecht. Der aus Kalifornien eingewanderte Mark H. gibt zu, das Foto für Archivierungszwecke im Auftrag einer direkt involvierten Person erstellt zu haben, streitet jedoch jegliche Kenntnis von kanadischen Internetdetektiven ab.

Als jedoch die Nicknamen im Forum durchsickern, treten die Autoren per E-Mail mit den Kanadiern in Verbindung. Diese räumen ein, die Dateien im Herbst von der Ehefrau von Mark H. erhalten zu haben und auch in Verbindung mit dem Privatdetektiv Martin F. gestanden zu haben. Wegen des niederländischen Textes des Tagebuchs hätten sie Juan um Übersetzung gebeten. Ohne Rücksprache und ihr Wissen habe dieser jedoch die Inhalte veröffentlicht, worüber sie sehr wütend gewesen seien.

Mark H. zählt 2014 ebenso wie Lee Zeltzer und Erik Westra zu den Gründungsmitgliedern von Alto al Crimen. Bereits am 3. April beauftragt der Leiter Caesar S. den Privatdetektiv Martin F. – laut Zeltzer ebenfalls Teil der Organisation –, ein mögliches Verbrechen an Kris und Lisanne aufzuklären.

Diese voreilige Fixierung auf eine Straftat wirft Fragen auf. Zu diesem frühen Zeitpunkt haben die Behörden noch keine Ermittlungen aufgenommen. Die Suchaktion durch SINAPROC steht noch aus. Man geht allgemein davon aus, die vermissten Touristinnen hätten sich lediglich verirrt und würden bald wiederauftauchen. Warum also der übereilte Vorstoß einer Interessengemeinschaft, ein Verbrechen aufzudecken? Welches Interesse könnte dahinterstehen?

Alto al Crimen wird 2010 nach belizischem Vorbild von Auswanderern für Auswanderer gegründet, um ihnen im Krisenfall beizustehen. Die Organisation zählt im April 2014 insgesamt 546 Mitglieder, bezeichnet sich selbst als »privater Notrufdienst« und finanziert sich aus Spendengeldern, um die sie aktiv wirbt. Bleiben entsprechende Notfälle aus, sinkt in der Bevölkerung die Angst davor und damit die Bereitschaft, eine solche Vereinigung finanziell zu unterstützen. Es liegt nahe, dass Alto al Crimen Ereignisse wie das Verschwinden der beiden Niederländerinnen auch nutzt, um die eigene Existenz zu legitimieren. Lee Zeltzer ist seinerzeit von einem Verbrechen überzeugt, weist in seinem Blog darauf hin, dass der örtlichen Polizei nicht zu trauen sei, und bittet öffentlich um

Spenden, damit Alto al Crimen weiter ermitteln kann. Auch Caesar S. lässt sich im Gespräch mit Annette über die panamaische Polizei aus, die so schlecht sei, dass Alto al Crimen die Suche nach den Mädchen selbst in die Hand hätte nehmen müssen.

Auf der anderen Seite ist Alto al Crimen eine Organisation, die sich von idealen Werten leiten lässt. Im Sinne der Community der Ausgewanderten und derjenigen, die noch kommen wollen, ist man bemüht, nach außen das ruhige und saubere Image Boquetes aufrechtzuerhalten. Dies verbindet die Organisation mit der panamaischen Tourismusbehörde und der Politik im Allgemeinen. Die Experten von Alto al Crimen wären somit auch perfekte Partner, um Verbrechen, die der Tourismusindustrie schaden könnten, unter der Hand aufzuklären oder möglicherweise auch im Auftrag zu vertuschen. Es ist jedenfalls offensichtlich, dass eigentlich Unbefugte versucht haben, die Ermittlungen zu beeinflussen, und dass Alto al Crimen in irgendeiner Form involviert gewesen ist, möglicherweise behördlich beauftragt worden ist.

Im Oktober 2014 erwähnt die Kripo in ihrem uns vorliegenden Bericht nicht, wer der Hinweisgeber ist, der sie darauf aufmerksam gemacht hat, dass Murdog die Mörder der beiden jungen Frauen gekannt hat. Als die Staatsanwaltschaft daraufhin Einsicht in die Akten erhält, bittet sie die Polizisten, die im Falle Murdog ermittelt haben, selbst zum Verhör. Unvermittelt stellen sie ihnen die Frage, ob Martin F. ihnen die Informationen gegeben hat. Beide verneinen, wollen aber die Identität ihres Informanten nicht preisgeben.

Eine noch drängendere Frage ist, warum Mark H. am 8. April 2014 das Zimmer von Kris und Lisanne betreten hat. Da sein Name in den Akten nicht auftaucht, hat er sich entweder widerrechtlich dort aufgehalten oder sein kooperatives Mitwirken ist bewusst verheimlicht worden. Es hätte geklärt werden müssen, wer ihm Zugang gewährt hat und wann er das erste Mal im Zimmer gewesen ist. Denn Personen, die nicht zum Ermittlerteam gehören, könnten

Beweismittel verändert oder entfernt haben, selbstständig oder im Auftrag.

Die Rolle des IT-Spezialisten Mark H. hätte dringend beleuchtet werden müssen. Trifft es zu, dass sich das Schwimmfoto zusammen mit den Tagebuchscans in dem Ordner befunden hat, den die Kanadier aus seinem Haus erhalten haben, muss Mark H. auch derjenige sein, der an das Schwimmfoto aus Xinias Tablet gekommen ist. Schließlich hat er ganz offensichtlich gute Beziehungen zur panamaischen Polizei. Es ist mit einer bestimmten Absicht an die Internetdetektive geschickt worden. Dabei hat dem Absender klar sein müssen, dass die Kanadier das Foto veröffentlichen würden. Es erscheint höchst unwahrscheinlich, dass Mark H. in den Besitz des Beweisstücks gelangt ist, ohne sich bewusst zu sein, dass die Personen auf dem Foto nicht Kris und Lisanne sind. Das Bild suggeriert dies jedoch und soll das aller Wahrscheinlichkeit nach auch bezwecken. Möglicherweise ist es gezielt bearbeitet worden, um die Identität der Abgebildeten zu verschleiern und so ein bestimmtes Narrativ zu bedienen.

Eine andere Möglichkeit besteht darin, dass die Polizisten die Fotos aus ermittlungstaktischen Gründen bearbeitet haben, um durch Vergrößerungen, Aufhellung und Kontrastierungen Gesichter erkennen zu können. Wie schon bei der SD-Karte von Lisannes Kamera besteht die Möglichkeit, dass die manipulierten Bilder zurück auf das Endgerät gespielt und dadurch die Originalaufnahmen überschrieben worden sind. In diesem Fall hätten die Ermittler unbewusst eine Vorlage erzeugt, mit der andere Personen bewusst Verwirrung gestiftet haben, und zusätzlich die Pandilla erschreckt. So könnten sich letztendlich auch all die für paranormal gehaltenen Phänomene aufklären, die Xinia und ihre Freunde auf den Fotos erkannt haben wollen.

Für den professionellen Fotografen Mark H. wäre eine derartige Manipulation ein Leichtes gewesen. Immerhin hat er sich 2015 als »Sicherheitsexperte von Boquete« einen Namen gemacht, der nach eigenem Bekunden in den letzten Jahren jedes Verbrechen gegen Auswanderer vor Ort untersucht hat. Sind er und seine Organisation Alto al Crimen heimlich in die Ermittlungen eingebunden gewesen? Weshalb ist Mark H. 2014 aus besagter Organisation ausgetreten? Seine Einschätzung als ortsansässiger Technikexperte wäre für uns aufschlussreich gewesen. Immerhin bloggt er über Themen wie Bildbearbeitung durch KI, Mobilfunkgeschichte und Telekommunikationsinfrastruktur der Provinz, für die er sogar ein eigenes Notrufsystem entwickelt hat. Doch Annettes Gesprächsangebot lehnt er ab.

Ein Fall mit Klärungsbedarf

Zu Beginn unserer Recherchen sind wir neutral an den Fall herangegangen, haben aber zunächst einen Unfall als Ursache der Tragödie für wahrscheinlicher gehalten. Je tiefer wir in das Rätsel eingetaucht sind, desto mehr Zweifel sind uns gekommen. Unsere nun festgehaltene Analyse der Umstände rund um das mysteriöse Verschwinden von Kris Kremers und Lisanne Froon hat eine Reihe von Indizien und Argumenten zutage gefördert, die die Möglichkeit eines Verbrechens als Ursache ihres Schicksals stark in Betracht ziehen. Zu diesem Schluss kommen auch iPhone-Experte Francisco Antelo Conde und IT-Experte Jan B. allein durch die Auswertung des mit einem Unfallgeschehen oder einem Verlaufen unvereinbaren Telefonverhaltens. Die Fülle an Widersprüchlichkeiten, die Abwesenheit schlüssiger Beweise und die zahlreichen ungeklärten Fragen insgesamt widersetzen sich unserer Überzeugung nach der einfachen Erklärung eines reinen Unfalls oder Selbstverschuldens. Einzelne Ungereimtheiten ließen sich vielleicht noch als Zufall abtun. Doch in ihrer Gesamtheit untergraben sie die Glaubwürdigkeit der offiziellen Unfalltheorie.

Anhand unserer gewonnenen Indizien haben wir bestimmte Theorien aufgegriffen, durchgespielt und angeregt, möchten uns aber nicht auf ein Szenario festlegen. Uns erscheint statt einer komplexen, eigenen Theorie eine in den Anhang gestellte Liste mit den drängendsten Fragen, die im Zusammenhang mit einer möglichen Beteiligung Dritter am Verschwinden von Kris und Lisanne gestellt werden müssen, angebrachter. Und sei es, um diejenigen Antworten zu finden, die ein Verbrechen ausschließen.

So viel möchten wir allerdings abschließend festhalten, dass auf dem Pianista Trail von Boquete bis zur Küste von Bocas del Toro weit mehr passiert als Kühemelken, Pflanzensammeln und Touristenführen. Wir halten es nach unseren Recherchen für nicht unwahrscheinlich, dass Kris und Lisanne auf ihrem Weg mit Personen in Berührung gekommen sind, die sich illegalen Aktivitäten widmen – sei es zufällig oder von dritter Seite geplant. Diese Begegnung hätte letztlich ihr Schicksal besiegelt. Boquete mag zwar als friedliches Paradies erscheinen, birgt jedoch auch Schattenseiten, die von offizieller Seite weder öffentlich gemacht werden noch gemacht werden sollen. Organisierte Kriminalität und Banden, die den Drogenhandel und die Prostitution kontrollieren, existieren auch hier. Über diese Aspekte haben wir viel erfahren, doch sie gehören zu anderen Geschichten, die anderswo erzählt werden sollten.

Dass sich ein Verbrechen, wie möglicherweise an Kris und Lisanne begangen, am traumhaften Pianista Trail wiederholt, erscheint unwahrscheinlich, denn es ist fraglich, ob ein Täter ein solches Risiko eingehen würde. Trotzdem empfiehlt es sich nach wie vor nicht, den Trail alleine zu gehen, schon gar nicht über den Mirador hinaus. Und auch wenn man sich hier wahrscheinlich nicht unauffindbar verlaufen kann, so sei in jedem Fall ein Führer empfohlen. Eine Empfehlung für Feliciano sprechen wir gerne aus.

Vielleicht ist es nur ein winziges, bisher übersehenes Detail, das eine ersehnte Antwort im Cold Case Kris und Lisanne herbeiführen kann – ein Puzzleteil, das, einmal entdeckt, das gesamte Bild komplettiert und die Wahrheit endlich enthüllt. Wir wünschen uns auch deshalb eine große Leserschaft, weil wir glauben, dass bereits mehrere Menschen da draußen passende Teile in den Händen halten. Das gilt nicht nur für mögliche Täter und Verantwortliche, sondern auch für eine Reihe von Menschen, die sich aus welchen Gründen auch immer dazu entschlossen haben, nicht alles, was sie wissen, preiszugeben.

Während sich ein Verbrechen an Kris und Lisanne nicht beweisen lässt, existiert eine Vielzahl von Gerüchten. Wie in unserem Kapitel »Verbrechenstheorien« ausgeführt, gehört die Mehrzahl davon in den Bereich der Fantasie. Einige Spekulationen jedoch deuten in eine Richtung, die sich mit den Erkenntnissen, die wir aus unseren Nachforschungen gewonnen haben, erschreckend decken und einem Gefühl entsprechen, das viele Menschen aus Boquete, die mit Kris und Lisanne zu tun gehabt haben, teilen.

Aber auch wenn ein Unglück zum Tod der Frauen geführt haben sollte, ist die restlose Aufklärung darüber für alle Beteiligten genauso wünschenswert. Auch in diesem Falle wären die Ermittlungsfehler die wahre Tragödie vom Pianista Trail. Und genau deshalb ist das Geschehene mehr als ein einfacher Unfall oder ein Verlaufen gewesen. So lange die vielen Widersprüche nicht geklärt sind, ist es wichtig, Fragen zu stellen. Für uns wäre es darüber hinaus wünschenswert, wenn nicht Lost-Theoretiker und Foul-Play-Supporter, gerade auch weil eine Kombination aus beidem denkbar bleibt, in den verschiedenen Foren gegeneinander arbeiten würden. Letztendlich muss man in alle Richtungen analysieren, um der Wahrheit auf die Spur zu kommen.

Unser Anspruch ist nie gewesen, den Fall selbst zu lösen, denn dies ist ohne die Mitwirkung und Unterstützung der Strafverfolgungsbehörden unerreichbar. Wir hoffen vielmehr, dass den Instanzen in Panama bewusst wird, dass die Klärung der Tragödie, die sich nach dem 1. April 2014 auf dem Pianista Trail nahe Boquete ereignet hat, kein alleiniges nationales Anliegen sein darf. Den Anspruch auf Wahrheit und den Wunsch nach Gerechtigkeit teilen inzwischen Millionen Menschen auf der ganzen Welt, die über unzählige Medienformate regelmäßig an Kris Kremers und Lisanne Froon erinnert werden. Wir sind überzeugt davon, dass es dafür nötig gewesen ist, einerseits die kursierenden Falschinformationen darzulegen, Fakten von Fiktionen zu trennen, und andererseits die Lücken und Versäumnisse zu dokumentieren, an denen sich die weitere Ergründung der Wahrheit orientieren kann.

Unseren Lesern wird nicht entgangen sein, dass wir als Journalisten enttäuscht sind von den Arbeiten unserer Vorgänger West/Snoeren und Kryt/Atencio. Unsere Enttäuschung ist natürlich nicht persönlicher oder abspenstiger Natur. Da ihre Publikationen aber eine äußerst hohe Reichweite haben, ist uns nichts anderes übrig geblieben, als die daraus abgeleiteten Versäumnisse und Falschinformationen darzulegen. Während Kryt und Atencio ihre journalistischen Maßstäbe zugunsten einer reißerischen Story abgelegt haben, hätten West und Snoeren von vornherein wissen müssen, dass sie nicht neutral arbeiten können, wenn eine in der Kritik stehende verantwortliche Hauptprotagonistin des Falles als Co-Autorin fungiert. Wir glauben, dass sie sich dies selbst anders gewünscht hätten. Auch wenn wir schonungslos kritisiert haben, heißen wir in keinem Falle für gut, wenn es dadurch zu persönlichen Anfeindungen gegenüber anderen Autoren kommen sollte. Das gilt auch für die Involvierung sämtlicher anderer beteiligter Personen in diesem Fall. Schuld muss bewiesen werden.

Ein besonderes Anliegen ist uns der Wunsch gewesen, Feliciano und seine Familie zu entlasten. Ihr Leben ist durch ungeprüfte Verdächtigungen und unbegründete Anschuldigungen im Strudel der Online-Gerüchte stark beeinträchtigt worden.
Obwohl wir uns an Fakten und an alle Standards von zulässiger Verdachtsberichterstattung gehalten haben, sind auch wir nicht immun gegen Fehlinterpretationen. Deshalb möchten wir Personen, die sich falsch dargestellt fühlen oder die sich entschieden haben, nicht mit uns zu sprechen, ermutigen, sich jederzeit an uns zu wenden, um etwaige Missverständnisse klären zu können.

Unser Dank gilt all jenen, die uns unterstützt haben – es sind viele gewesen, und einige haben sich besonders hervorgetan. Wir sind euch zutiefst dankbar!

In ehrfürchtigem Gedenken an Kris Kremers und Lisanne Froon.

Christian Hardinghaus und Annette Nenner im März 2024.

Anmerkungen zur vorliegenden zweiten Auflage

Neun Monate nach Erscheinen unseres Buches haben wir das Manuskript zum ersten Mal überarbeitet. Abgesehen von einigen wenigen Fehlern und kleinen Ergänzungen haben wir inhaltlich nichts Wesentliches geändert. Mit Ausnahme einiger Anmerkungen des Netzwerkexperten Jan B., der sich erst nach der Veröffentlichung mit dem Fall befasst hat. Einige Sachverhalte, die besonderes Interesse hervorgerufen haben, wie etwa das Fehlen des Autopsieberichtes und der Untersuchung von Lisannes Haut, haben wir vertieft.

Verschollen in Panama und die englische Ausgabe *Still Lost in Panama* haben in den vergangenen Monaten für viel Aufsehen gesorgt, Medien, Blogger und Podcasts haben das Buch aufgegriffen. Unsere neuen Erkenntnisse werden täglich in den entsprechenden Foren auf Reddit und Allmystery diskutiert. Wir Autoren beteiligen uns daran und versuchen auf alle Leserfragen einzugehen. Darüber hinaus haben wir eine wahre Flut von Leserzuschriften aus der ganzen Welt erhalten, in denen uns Theorien und Gedanken zum Fall mitgeteilt worden sind. Darunter befinden sich einige vielversprechende Hinweise, denen wir nachgehen. Deren Erörterung erfordert ein neues Format, sodass wir sie nicht in dieses Buch aufgenommen haben. Mit der vorliegenden, leicht überarbeiteten Ausgabe sind unsere Leser weiterhin auf dem neuesten Stand.

Kontaktieren Sie uns weiterhin gerne unter *www.still-lost-in-panama.com*.

Christian Hardinghaus und Annette Nenner im Februar 2025.

Anhang

50 Fragen

Die folgenden Fragen sind nur die Auswahl einer Vielzahl weiterer, die man zum Fall Kris Kremers und Lisanne Froon stellen muss. Herausgelassen haben wir bereits die viel diskutierten, die sich aus dem widersprüchlichen Telefonverhalten und den Fotos ergeben.

Vor dem Verschwinden

1. Warum kam die vereinbarte Praktikumsstelle in der Guardería Aura am 31. März 2014 nicht zustande?

2. Warum kannte Kita-Leiterin Maria G. ihrer eigenen Aussage nach weder Spanish by the River noch Ingrid L.?

3. Warum wurde die unerfahrene Praktikantin Eileen mit dem Management der Schule alleingelassen?

4. Warum haben Kris und Lisanne niemandem von ihrem Plan erzählt, den Pianista Trail zu wandern?

5. Warum behauptet Ingrid L., dass Kris und Lisanne am 1. April um 13 Uhr noch an der Schule gewesen sind?

Zeugen

6. Warum haben 14 Zeugen Kris und Lisanne zu einem späteren Zeitpunkt am Pianista Trail gesehen, als es die rekonstruierten Zeiten der Kamera zulassen?

7. Warum hat kein Zeuge Kris und Lisanne zu den rekonstruierten Zeiten der Kamera gesehen?

8. Warum haben alle Zeugen Kris und Lisanne am Pianista Trail in anderer Kleidung beobachtet, als sie auf den Fotos festgehalten ist?

9. Warum hat kein Zeuge Kris und Lisanne in der Kleidung gesehen, die sie auf den Kamerafotos tragen?

10. Gab es ein Doppelgängerpärchen? Warum konnte es nicht gefunden werden?

11. Warum wurde nicht nach mindestens elf Zeugen gefahndet, die Kris und Lisanne gesehen haben müssten oder könnten, weil sie zur gleichen Zeit am gleichen Ort gewesen sind? Darunter:

- vierköpfige Wandergruppe von Plinio M.
- zwei Kris und Lisanne ähnlich sehende europäische Frauen, denen Plinio begegnet sein will
- ein Pärchen am Eingang des Trails, das Plinio beobachtet haben will
- ein Mann mit medizinischer Sonnenbrille am Eingang des Trails
- zwei Männer, die mit Kris und Lisanne im Taxi zum Trail gesessen haben sollen

12. Warum wurde Lazaro verhaftet?

13. Warum wurde M. nicht verhört?

14. Wer waren die Mädchen und ggf. der tätowierte Mann, die am

2. April von drei Zeugen auf der Weide neben M.'s Grundstück gesehen worden sind? Und warum wurde nicht nach ihnen gefahndet?

Überreste

15. Warum waren Kris' Knochen gebleicht und wie ist das geschehen?

16. Warum weisen weder Kleidung noch Knochen Spuren von Abrieb durch den Fluss auf?

17. Warum weisen die Knochen keine Spuren von Tierfraß auf?

18. Wo ist der Autopsiebericht zu Lisannes Ober- und Unterschenkel?

19. Warum stellt das IMELCF keinen Bruch an Lisannes Fuß fest, das NFI aber schon?

20. War die gefundene Haut bei Lisannes Überresten menschlichen oder tierischen Ursprungs?

21. Warum wurden so wenige Überreste von Kris und Lisanne gefunden?

22. Befanden sich die gefundenen Überreste der Mädchen in unterschiedlichen Verwesungszuständen?

Rucksack/Kleidung

23. Warum befand sich der Rucksack in einem so guten Zustand?

24. Was hat den Schnitt im Rucksack verursacht?

25. Woher stammt das Polyester-Urethan am Rucksack?

26. Stammen die gefundenen Pflanzenreste und Bodensegmente aus dem Fluss?

27. Warum wurden keine DNA-Profile von den Findern des Rucksackes erstellt, um sie mit den im NFI analysierten abzugleichen?

28. Warum wurden keine DNA-Proben von den gefundenen Schuhen entnommen?

29. Warum haben die Mädchen ihre BHs und Kris ihre Jeans ausgezogen?

30. Warum finden sich keine Spuren von Körperflüssigkeiten auf der gefundenen Kleidung?

Beweismittel

31. Warum wurden Plastiktüte und rote Sohle, die Carlos V. gefunden hat, nicht analysiert, sondern vernichtet?

32. Wo ist das blonde Haar abgeblieben?

33. Warum wurden die aufgefundenen Matratzen nicht forensisch untersucht?

34. Wo sind die Ergebnisse zur forensischen Untersuchung der Plastik-Wasserflasche?

35. Wo sind die Ergebnisse der forensischen Untersuchung zur Verfärbung von Kris' Schuh?

36. Welche Voruntersuchungen haben panamaische Behörden vor Ablieferung der Beweismittel an das NFI durchgeführt? Insbesondere an Kamera und Fotos.

37. Warum gibt es keine Kameraaufzeichnungen der Mädchen in Boquete?

38. Warum hat die Polizei den roten Pick-up-Truck nicht inspiziert?

39. Fuhren am 1. April mehrere rote Pick-up-Trucks am Trail?

40. Warum fuhr ein roter Pick-up-Truck am 3. April zu Miriams Haus?

41. Warum kannten die Anwohner des Pianistas weder Truck noch Besatzung?

42. Wurde Lisannes Reisepass je gefunden?

Personelle Fragen

43. Welche Rolle spielte Alto al Crimen in den Ermittlungen?

44. Wie ist Mark H. an das Foto von Xinias Tablet gekommen?

45. Warum war Mark H. im Zimmer von Kris und Lisanne und hat Beweismittel an kanadische Internetdetektive verschickt?

46. Warum durften die niederländischen Hunde nicht hinter dem Mirador suchen?

47. Warum war der NFI-Bericht sechs Wochen auf unerklärliche

Weise verschwunden?

48. Warum wurde das Suchteam, das Feliciano am 3. April über den Pianista Trail geführt hat, nach wenigen Stunden von der Suche abgezogen?

49. Wurde Ex-Staatspräsidentin Mireya Moscoso über die Ermittlungen auf ihrem Grund informiert?

50. Warum wurde Betzaida Pittí abgesetzt?

Bonuskapitel: In Luis' Hütte

Logbuch Annette. Letzter Eintrag. (8°52'51.7"N 82°24'28.9"W)
Ich sitze auf einer kleinen Holzbank in einer kleinen Holzhütte, draußen dämmert es und der Regen tropft von den Bäumen. Einen Meter vor mir steht Feliciano an einem Feuer, das auf einer Art Tisch offen vor sich hin brennt. Er hat ein leichtes Lächeln im Gesicht, seit wir in dieser Hütte sind. Feliciano ist zwar ein freundlicher, immer gut gelaunter Mensch, aber solch ein Lächeln habe ich trotzdem noch nie an ihm gesehen. Es will gar nicht mehr verschwinden, sondern scheint es sich in seinen Gesichtszügen bequem gemacht zu haben. Kurz schaut er zu mir und das Lächeln verstärkt sich. »Casi listo«, sagt er, fast fertig, und meint die Kartoffeln und den Reis, die in dem Topf auf dem Feuer vor sich hinköcheln.

Zwei kleine Kinder sind mit uns hier in dieser Küche, Jorge und Manuel, und ich habe die Vermutung, dass sie das Lächeln in Felicianos Gesicht gezaubert haben. Jedenfalls ist es da, seit wir nach etwa fünf Stunden Wanderung angekommen sind und sie ihn als ihren *tío* Chani erkannt haben. Aufgeregt hüpfen sie um ihn herum, beide in kurzen Hosen und barfuß, zupfen an seinen Ärmeln und überhäufen ihn mit Fragen und Geschichten. Sie haben ihrem Onkel so viel zu erzählen, und er hört jedem aufmerksam und lächelnd zu und es macht gar keinen Unterschied, dass er überhaupt nicht ihr leiblicher Onkel ist.

Die beiden Jungen schnappen sich schon mal einen Teller und reichen mir und Luis ebenfalls einen. Luis ist ihr Großvater, auch er sitzt mit uns in der Hütte. Der 75-Jährige mit den immer noch schwarzen Haaren ist meistens still, nur manchmal überkommt ihn ein Redeschwall. Dann erzählt er wie aus dem Nichts von früher, von seinem Glauben, vom Wald um ihn herum, und ich wünschte, er würde immer weitererzählen. Doch es ist, als hätte er immer nur eine bestimmte Anzahl an Wörtern parat, und wenn sie aufgebraucht sind, muss er erst neue sammeln. Dann toben die Jungs um ihn herum, hüpfen auf seinen Schoß oder balancieren auf wackligen Leitern – Luis bleibt still, sein Blick geht oft ins Leere, als wäre er irgendwo weit weg in sich drin.

Das helle Viereck in einer der vier Wände der Hütte leuchtet immer heller, hier drinnen wird es von Minute zu Minute dunkler. Das Feuer ist nun nur noch ein schwach glimmender roter Haufen. Der Teller auf meinem Schoß ist heiß und fast unsichtbar, und obwohl Feliciano keinerlei Gewürze benutzt hat, schmeckt es unglaublich gut. Nach der härtesten Wanderung meines Lebens habe ich Hunger wie selten zuvor. Die Jungs sind schon fertig und werfen jeweils eine Banane in die Glut, als Nachtisch. Als es draußen knackt, stürzen wir drei zum Viereck in der Wand, das Fenster ohne Scheibe. Luis hat erzählt, dass etwa einmal im Monat ein Jaguar vorbeikommt. Seitdem bete ich zum Universum oder zum Gott des Waldes oder zu wem auch immer, dass es heute so weit sein möge. Doch ich bin wohl schon mit genügend Abenteuern beschenkt, jedenfalls taucht kein Raubtier auf. Dafür krabbelt irgendwas über meine nackten Füße und ich bin froh, dass ich es nicht sehe.

Irgendwann fällt irgendjemandem ein, dass irgendwo eine Taschenlampe herumliegen müsste. Ich wundere mich darüber, wie anstandslos die Dunkelheit hier hingenommen wird. Während bei uns jeder schon in der frühesten Dämmerung Licht einschaltet, scheint die Taschenlampe hier ein absolut nebensächlicher Gegenstand zu sein. Als sie endlich gefunden ist, spielen die Kinder ein wenig damit herum, schenken ihr aber schon bald keine Aufmerksamkeit mehr. Ich mag unser Refugium in der Dunkelheit ebenso wie zuvor im Hellen. Bei unserer Ankunft gegen 14 Uhr strahlt die Sonne vom Himmel. Nach dem großen Hallo der Kinder und dem kleinen von Luis packen wir kurz unsere mitgebrachten Sachen aus – Reis, Kartoffeln, Tomaten, Kaffee, alles sowohl für uns selbst als auch noch als Vorrat für Luis. Dann stiefeln wir auch schon weiter, und zwar querfeldein Richtung Fluss. Erst nach etwa 20 Minuten tut sich ein Pfad auf. Luis' Haus liegt versteckt im Nirgendwo, kein Weg führt hin oder davon weg. Wer nicht weiß, wo es steht, findet es nicht.

Die tobenden Kinder kommen mit, springen mehr, als dass sie wandern, und manches Mal bleibt mir fast das Herz stehen vor Schreck, wenn sie die steilen Abhänge hinunterspringen wie andere Kinder in ein Bällebad, und sich dann über mein langsames Tempo beschweren. Unten am Fluss zeigen sie dann jedoch ebenfalls ein ganzes Stück Respekt vor der Monkey Bridge, über die wir laufen (die zweite auf dem Weg nach Alto Romero) oder besser gesagt vor den gewaltigen Wassermassen unter der Brücke. Auf der anderen Seite springen wir von Felsen zu Felsen, trinken aus den hohlen Händen das kristallklare Wasser und lassen einen kleinen Krebs über unsere Arme krabbeln.

»Wo seid ihr lieber, zu Hause oder hier bei eurem Großvater?«, will ich von den kleinen Jungen wissen, als sie mir erzählen, dass sie jede Schulferien bei ihrem *abuelo* Luis verbringen. »*Aquí*«, hier, schreien sie aus vollem Hals und hüpfen dabei einmal in die Luft. »Hier jagt uns keiner von der Straße, wenn wir spielen.« Klar, denke ich, es gibt ja auch gar keine Straße, noch nicht einmal Fahrzeuge.

Zurück an Luis' Hütte holen die Jungen ihre beiden Lassos raus und werden nicht müde, mir zu zeigen, wie zielsicher sie werfen. In viel zu großen Gummistiefeln stehen sie im Matsch und lassen das Seil kreisen. Ich feuere sie an und will wissen, ob sie manchmal die Kühe per Lasso einfangen, die neugierig von der anderen Seite über den Zaun zu uns herüberlinsen. »Die sind ja zahm«, sagt der Jüngere und demonstriert mir sofort, wie lieb die Tiere sind. Geübt schlüpft er durch eine Lücke im Zaun und umarmt ein hellbraunes Kalb, das sofort entrüstet losmuht. Manuel lacht, lässt aber von ihm ab und fängt nun an, mir jedes Tier mit Namen vorzustellen. Die sanften

Gesichter blicken uns unbeteiligt an, während die Schwänze am anderen Ende der nassen Körper umso aufgebrachter die Fliegen wegpeitschen.

Alles ist hier nass, feucht oder zumindest klamm. Für einen Regenwald gehört sich das so. Immer wieder fallen riesige Tropfen auf uns nieder, sammeln sich in kleinen Rinnsalen und werden zu Pfützen rings um das Haus. Wir hängen unsere durchgeschwitzten Socken über eine Holzlatte, am nächsten Tag sind sie kaum merklich getrocknet. Es macht mir nichts aus. Die Feuchtigkeit ist unumgänglich, man muss sie an diesem Ort akzeptieren wie das Grün auf den Bergen ringsherum.

Kurz darauf zeigen mir Jorge und Manuel die Schlafplätze. Etwa einen Meter neben der kleinen hölzernen Küchenhütte steht ein weiteres Häuschen, ebenfalls nur aus groben Holzbrettern zusammengenagelt. Es steht auf Stelzen und ist durch ein Dach mit der Küche verbunden, sodass man dazwischen nicht nass wird. Eine ebenfalls selbst gebaute Leiter lehnt am Boden der Hütte, sieben dicke Holzlatten führen nach oben. Vor Luis' Raum auf der linken Seite gibt es sogar eine winzige Terrasse mit einer Hängematte. Daneben befindet sich die Kammer der Jungs, die sie heute Nacht mit Feliciano und mir teilen. Ich schlafe lieber alleine als bequem, weshalb ich mir die schmale Holzpritsche aussuche und den drei anderen die große Matratze überlasse. Kurzerhand legt Feliciano einen dicken Stoff aus, vielleicht ein ehemaliger Teppich, damit ich nicht auf dem blanken Holz liegen muss.

Nach dem Essen fragt mich Luis: »*Quieres bañarte?*« Willst du dich waschen? Ich schüttle kurz den Kopf, da ich kein kostbares Wasser verbrauchen will. Schon kurz nach unserer Ankunft ist er eine halbe Stunde weg gewesen, um Wasser aus dem nächstgelegenen Bach zu holen. Ich möchte nicht, dass er wegen mir einmal mehr gehen muss oder es morgen nicht zum Kaffeekochen reicht. Zähneputzen muss für heute genügen.

Die Abwesenheit von Wasser ist hier genauso selbstverständlich wie die von Licht nach 18:30 Uhr und von jeglicher Möglichkeit, mit der Außenwelt zu kommunizieren – für mich alles Anlass zum Staunen. Während Luis auf Wassertour ist, sind seine zwei Enkel allein in der Hütte, die abgeschieden auf einer kleinen Wiese verborgen unter ein paar Bäumen mitten im Urwald steht, 20 Kilometer entfernt von Boquete. Was, wenn er stolpert und sich das Bein bricht? Luis hat kein Handy, die Kinder auch nicht, und selbst wenn sie eins hätten – es gibt keinen Empfang. Wenn jetzt der Jaguar käme und böse Absichten hätte, könnten wir niemanden anrufen.

Seltsamerweise denke ich ohne Sorge darüber nach. Draußen quaken die Frösche ein dumpfes Lied, hier drin knacken die letzten Reste der Glut. Felicianos Lächeln lässt kein Unheil zu, die Energie an diesem Ort ist positiv und die Kinder sorgen mit ihrem Gequietsche sowieso für gelöste Stimmung. Luis strahlt eine derartige Ruhe und Wärme aus, dass sich der Jaguar wohl einfach zu uns fünf dazusetzen und eine gegrillte Banane essen würde.

Ich bin es gewohnt, die Fremde zu sein. Ich sehe mit meinen blonden Haaren in den meisten Ländern, die ich bereise, fremd aus, spreche in fremdem Akzent. Reisen geht mit unübertrefflicher Freiheit einher und ist genau deshalb so entbehrlich. Wie tröstend, denke ich, weit weg in der Ferne einen Abend wie diesen zu verbringen, als Teil einer Familie. Eingequetscht auf einem winzigen Holzschemel zwischen Feliciano und zwei Kindern mit bananenverklebten Händen überkommt mich ein Gefühl von Dankbarkeit. Auch dem Urwald gegenüber, er ist mir immer wohlgesonnen gewesen.

Gegen 20 Uhr spülen die Kinder ihre Teller ab und klettern die Leiter hoch. Das Bett ruft. Ich schließe mich an, kann mich ohnehin kaum noch gerade auf dem harten Holz halten. Der Weg hierher ist beschwerlich, heiß, aufregend, abenteuerlich, lehrreich gewesen.

Feliciano hat mich durch einen nicht enden wollenden Wald geführt, durch einen Bienenschwarm, durch kühle Nebelschwaden und sengende Hitze. Kaum hat mein Kopf meinen zusammengerollten Pulli, besser gesagt mein Kopfkissen, berührt, bin ich auch schon eingeschlafen.

Am nächsten Morgen wache ich von leisem Gekicher auf, draußen fängt es gerade an zu dämmern. Die Jungs setzen die Katze des Hauses neben mir ab, versuchen sie zu überreden, in meinen Schlafsack zu schlüpfen. Ich stelle mich schlafend, will ihnen den Spaß nicht nehmen, mich zu erschrecken. Und dann erschrecke ich mich tatsächlich, weil draußen von jetzt auf gleich ohrenbetäubendes Gebrüll ertönt. Alarmiert setze ich mich auf und blicke in die amüsierten Gesichter meiner zwei Zimmergenossen. Es dauert einen Moment, bis ich verstehe: Ein paar Meter neben unserer Hütte begrüßt eine Gruppe Brüllaffen den Tag.

»Willst du den Sonnenaufgang sehen?«, fragen sie mich dann. Na klar will ich. Es ist kühl, ich schlüpfe in meine Jacke und raus aus dem Schlafsack. Von dem kleinen Absatz vor der Tür des Stelzenhauses aus sehe ich mir den ersten hellen Schimmer des Tages an. Hola, flötet es dann. Von rechts unten winkt Feliciano aus dem Küchenfenster zu mir nach oben, einen Becher Kaffee in der Hand. Schnell bin ich unten, hinein in irgendein Paar Gummistiefel, hinein in die Kochhütte, die ausgeleuchtet wird von Felicianos Lächeln, das immer noch da ist.

Alles steht schon bereit, Kaffee, Reis, Kartoffeln, sogar Bohnen. Ich habe morgens keinen Appetit, aber werde zum Essen überredet, denn heute müssen wir jeden Meter bergauf zurückgehen, den wir gestern bergab gewandert sind. Luis erscheint in der Türöffnung. Er hat neue Wörter angesammelt und übergibt sie nun an mich, ich nehme sie gerne entgegen. Sie erzählen von seinen Vorfahren, vom Regenwald und davon, dass man mit seinem einzigen Leben doch bitte das Bestmögliche anstellen soll. »Du hast nur das eine, also pass auf dich auf«, sagt er mit eindringlichem Blick. »Aber pass nicht zu viel auf, denn eins ist schließlich nicht gerade viel.«

Tränen sammeln sich in meinen Augen, so sehr berühren diese Worte mein Herz, fassen sie doch treffend zusammen, wie ich versuche, eine Brücke zu schlagen zwischen den Gefahren und der Schönheit des Waldes und der Welt generell. Die Vorsicht vor allem Fremden muss auf Reisen ein ständiger Begleiter sein. Doch sie darf nicht der Herrscher über jeden Schritt werden.

Um kurz vor acht schnüren wir unsere Stiefel, klopfen die getrocknete Erde von den Hosen und schultern die Rucksäcke. Es fällt mir nicht leicht, meinen drei neuen Freunden Adiós zu sagen, aber bald wird die Hitze aus jedem Blatt und jedem Stein kriechen und den Heimweg zur Tortur machen. Feliciano dicht auf den Fersen, balanciere ich über die zerpflügte Weide, vorbei an den dampfenden Kühen. Adiós, schreit es von hinten, immer wieder Adiós, aus vollem Hals und mit rudernden Ärmchen. Ein ums andere Mal bleiben wir stehen und winken mit den Wanderstöcken zurück. Adiós, schreien auch wir, bis nur noch ein Krächzen zu hören ist, dann haben wir es über den Hügel geschafft. Luis' Hütte ist nun nicht mehr zu sehen, noch nicht einmal zu erahnen. Ich drehe mich um, der Wind weht mir das Abenteuer um die Ohren. Das hier ist meine letzte Wanderung auf dieser Reise. Adiós, geliebter Regenwald. Adiós, geliebtes Panama.

Logbuch Ende

Telefonprotokoll

	00:00	01:00	02:00	03:00	04:00	05:00	06:00	07:00	08:00	09:00	10:00	11:00	12:00	13:00	14:00	15:00	16:00	17:00	18:00	19:00	20:00	21:00	22:00	23:00

Di.1.4. — 11:18; 13:00 / 14:00 Mirador Quebrada; 112 (16:39) 17:52

Mi.2.4. — 221 AccuWeather; 06:58 112; 08:12 3G 112; 10:52 112 / 911; 13:50; 16:19; 112 (16:51) 17:52

Do.3.4. — 07:36; 09:32 2x 911; 11:47; 15:59 (Myriam) 16:03

Fr.4.4. — 04:50; 05:00; 10:16; 13:42

Sa.5.4. — 10:51; 14:35 NO PIN

So.6.4. — 10:26 NO PIN (Un-App); 13:37 NO PIN

284

Tabelle Credit Pia Weißenfeld

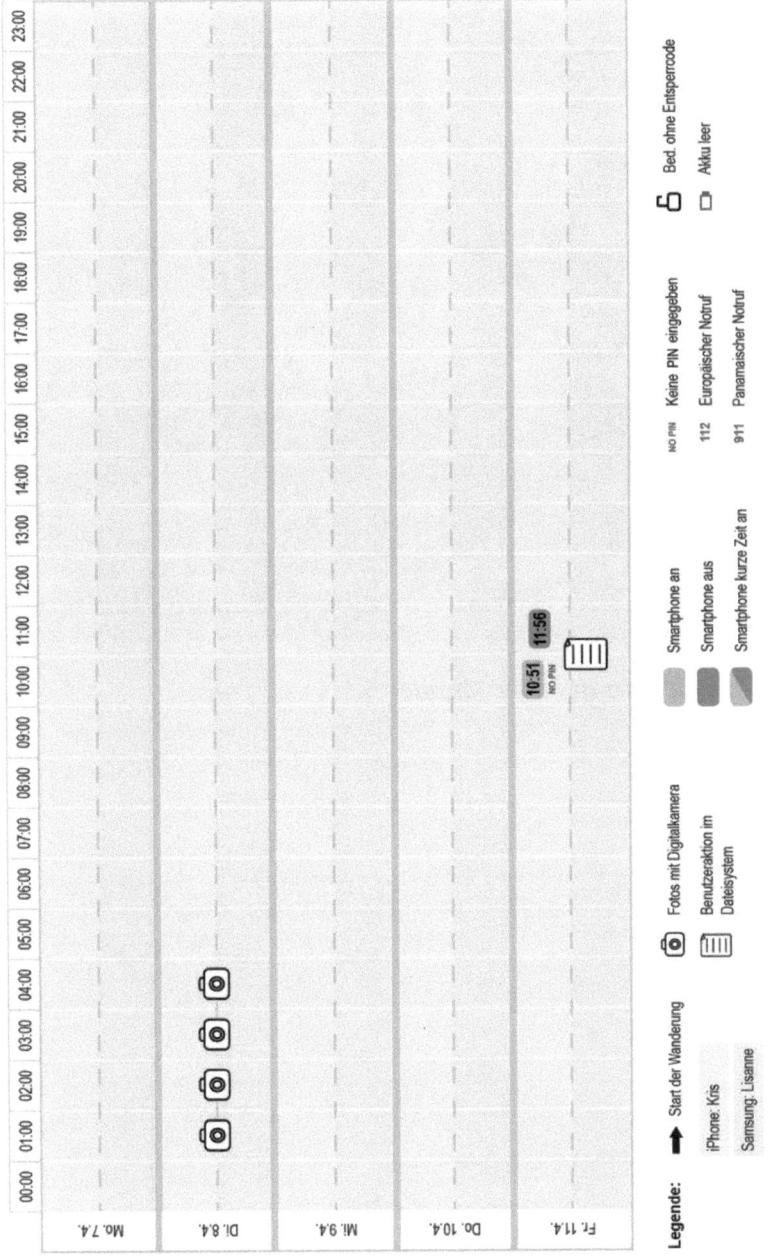

Fotos

Gedenkkreuz auf dem Mirador

Annette auf der Nordseite des Pianista

Annette und Feliciano

Feliciano nachdenklich am Quebrada 1

Erste Monkey Bridge

Annette unter der zweiten Monkey Bridge

Annette im Gespräch mit Sandra über die Pandilla

Henry mit Hündin Raya

Interview mit Luis und Irma

Das ehemalige Bistro Boquete

Feria de las Flores y del Café

Spanish by the River

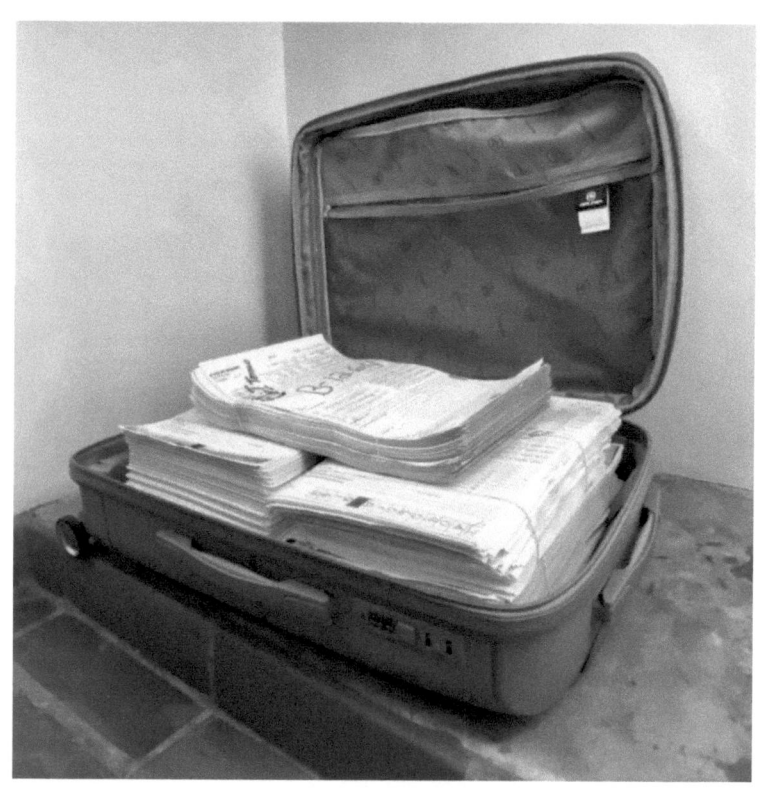

Kopien der Akte auf dem Weg nach Deutschland

[1] Der Bericht des Nederlands Forensisch Instituut (NFI) vom 5. September 2014 liegt der Gerichtsakte auf den Seiten 1561-1717 bei. Im Kapitel über diesen weisen wir aufgrund besserer Lesbarkeit einzelne Seiten nicht als Zitation aus. Entsprechende Stellen können Aktenkundige aufgrund der einfachen Ordnung des Berichtes leicht auffinden.

[2] Ausnahmen: Sofern wir im Zusammenhang auf ein Presseerzeugnis verweisen, in dem der vollständige Name genannt wird, bei verstorbenen Personen.

[3] Tagebucheintrag Lisanne Froon, 13.-17. März 2014.

[4] Ebd., 29. März 2014.

[5] Ebd.

[6] Vgl. Personería Municipal: Aussage Feliciano vom 24. Juni 2014, S. 1005-1022.

[7] Vgl. ebd. Aussage Feliciano vom 7. April 2014, S. 24-26.

[8] Vgl. Feliciano, 24. Juni 2014.

[9] Vgl. West, Marja/Snoeren, Jürgen/Pittí Cerrud, Betzaida: Lost in the Jungle. The mysterious disappearence of two Dutch girls in the Panamanian jungle, Amsterdam 2001, S. 314.

[10] Spanisch: Klavierspieler. Es gibt keine einheitliche Deutung zur Namensgebung. Andere behaupten, der Trail habe seinen Namen durch den melodischen, einem Klavier ähnlichen Gesang der dort beheimateten Vögel erhalten.

[11] Vgl. Untersuchungsbericht Martin F. vom 11. April 2014, S. 293-318.

[12] Vgl. West/Snoeren, S. 28.

[13]   Vgl. SINAPROC: Suchprotokoll # 2., S. 137-139.

[14]   Servicio Nacional Aeronaval.

[15]   Vgl. HLN (Hrsg.): Haren gevonden in jungle bij zoeken naar Kris en Lisanne (12.4.14), URL: https://www.hln.be/buitenland/haren-gevonden-in-jungle-bij-zoeken-naar-kris-en-lisanne~a1b07a03/.

[16]   Vgl. Rodríguez, Daniel S.: Encuentran osamenta en área de Culubre, Bocas del Toro, in: La Estrella Panama (16.5.2014), URL: tps://www.laestrella.com.pa/nacional/140516/area-bocas-culubre-osamenta-encuentran.

[17]   Zit. n. ebd.

[18]   Im Folgenden auch einfach Personería.

[19]   Ministerio Público.

[20]   Subdirección de Investigación Judicial.

[21]   Instituto de Medicina Legal y Ciencias Forenses.

[22]   Vgl. Personería Municipal: Aussage Miriam G. vom 4. April 2014, S. 12-14.

[23]   Zit. n. La Prensa (Hrsg.): Sinaproc se extralimitó en investigación de holandesas. (30.5.2014). Online nicht mehr abrufbar.

[24]   Vgl. AD (Hrsg.): Lisanne en Kris kochten 'erg veel' anti-muskietenspul (11.4.14), URL: https://www.ad.nl/buitenland/lisanne-en-kris-kochten-erg-veel-anti-muskietenspul~a3cfa63f/.

[25]   Vgl. Ermittlungsbericht SDIJ vom 11. April 2014, S. 262-264.

[26]   Ebd.

[27]   Vgl. Personería Municipal: Aussage Eileen W. vom 7. April 2014, S. 32-34.

[28]   Vgl. Facebook-Profil Ingrid L., Beiträge 5. April ff.

[29]   Vgl. Personería Municipal: Aussage Leonardo Mastinu vom 11. April 2014, S. 265-267.

30   Vgl. SDIJ: Ermittlungsbericht vom 24. April 2014, S. 489 f.

31   Vgl. Quintero Cedeño, Elmer: Lo hallan flotando en el río, in: El Siglo (3.3.2015), URL: https://elsiglo.com.pa/cronica-roja/hallan-flotando/23847889.

32   Vgl. Personería Municipal: Aussage Peter C. vom 7. April 2014. S. 74-76.

33   Vgl. ebd.: Aussage Giovanni S. vom 11. April 2014, S. 238-240.

34   Vgl. SDIJ: Ermittlungsbericht vom 6. April 2014, S. 55-57.

35   Vgl. Bericht Martin F.

36   Zit. n. AD (Hrsg.): Man raadde 'vermoeide' Kris en Lisanne aan taxi te nehmen (9.9.14), URL: https://www.ad.nl/buitenland/man-raadde-ver-moeide-kris-en-lisanne-aan-taxi-te-ne-men~ad4c1e42/.

37   Vgl. Personería Municipal: Aussage Dario K. vom 16. April 2014, S. 345-349.

38   Vgl. AD (Hrsg.): Onbekende rode auto ge-spot op looproute Kris en Lisanne (12.4.14), URL: https://www.ad.nl/buitenland/onbekende-rode-auto-gespot-op-looproute-kris-en-lisanne~ac880693/.

39   Vgl: Scarlet R.: A plastic bag and a shoe sole are found - Kris and Lisanne disappearance in Panama, in: Youtube, URL: https://www.youtube.com/watch?v=mMN0UGiecvI&ab_channel=ScarletR.

40   Vgl. AD (Hrsg.): Politie Panama zoekt nog paar uur naar Lisanne en Kris (13.4.14), URL: https://www.ad.nl/binnenland/politie-panama-zoekt-nog-paar-uur-naar-lisanne-en-kris~aa2e7b46/.

41   Vgl. HLN, 12.4.2014.

[42]   Vgl. ebd.

[43]   Vgl. Ingrid L. Facebook.

[44]   Vgl. Garcia, Albin: Familia de las holandesas desconfía de Procuraduría (16.5.2014), in El
Siglo, URL: http://elsiglo.com.pa/cronica-roja/fa-
milia-holandesas-desconfia-procuradu-
ria/23771963.

[45]   Vgl. Personería Municipal: Aussage Carlos
V. vom 12. April 2014, S.272-274. Vgl. auch Ermittlungsbericht SDIJ vom 11. April 2014, S. 277-
285.

[46]   Ebd.

[47]   Vgl. West/Snoeren, S. 220 ff.

[48]   Vgl. Personería Municipal: Aussage Francisco S. vom 12. April 2014, S. 284 f.

[49]   Vgl. IMELCF: Laborbericht vom 19. Januar
2015, S. 2223-2239.

[50]   Personería Municipal: »Aufzeichnung für
das Verwerfen von Akten« vom 24. April 2014., S.
468-472.

[51]   Vgl. IMELCF: Laborbericht vom 9.1.2015.
Vgl. auch Unidad de Reveledo Lofoscopio en
Veraguas: Laborbericht vom 4. Juni 2014, S. 438-
459.

[52]   Heute Betzaida Pittí Cerrud.

[53]   Vgl. SDIJ: Ermittlungsbericht vom 6. April
2014, S. 79-81.

[54]   Servicio Nacional de Fronteras.

[55] Vgl. Polizei Eenheid Midden-Nederland:
Proces-verbaal bevindingen n.a.v. Rechtshulpver-
zoek vanuit Republiek Panama vom 3. Juni 2014,
S. 1115.

[56]   Vgl. Erste Oberstaatsanwaltschaft Dritter
Gerichtsbezirk Ministerio Público (im folgenden Ministerio Público): Inspektionsbericht vom 28. Mai

2014, S. 638-640.

[57]   Unidad de Fuerzas Especiales Contraterrorismo.

[58]   Unidad Táctica de Operaciones Antidroga.

[59]   Vgl. West/Snoeren, S. 186.

[60]   Vgl. Personería Municipal: Aussage Mayor Luis M. vom 30. Juli 2014, S. 1073-1080.

[61]   Ein »agente special« ist ein von der Regierung berufener Strafverfolgungsbeamter mit Befugnis für strafrechtliche Ermittlungen und Verhaftungen.

[62]   Vgl. SDIJ: Ermittlungsbericht vom 12. Juni 2014, S. 730 f. Vgl. auch Ministerio Público: Inspektionsbericht vom 13. Juni 2014, S. 748-751. Vgl. auch Ministerio Público: Aussage Irma M. und Luis A vom 14. Juni 2014, S. 750-753. Anm.: Im Protokoll wurden versehentlich 5x 25 Cent Münzen aufgelistet. Dies hat zur Folge, dass in einigen Berichten der Gesamtbetrag mit 88,30 USD angegeben wird. Da jedoch in anderen Teilen der Akte immer von 87,55 USD die Rede ist, gehen wir davon aus, dass dieser Betrag korrekt ist.

[63]   Vgl. TVN (Hrsg.): Divulgan fotos de holandesas con ticos (17.6.2014), URL: https://www.tvn-2.com/nacionales/divulgan-fotos-holandesas-ticos-video_1_1875149.html.

[64]   Vgl. Kryt, Jeremy: The Lost Girls of Panama: The Full Story, in: The Daily Beast (21.8.2016), URL: www.thedailybeast.com/the-lost-girls-of-panama-the-full-story.

[65]   Vgl. Ministerio Público: Brief Pittí an I-MELCF vom 9. Juli 2014, S. 1188.

[66]   Zit. n. Panamá América/Youtube: Exfiscal del caso de las holandesas comparte su investigación en el libro Perdidas en la Selva, URL:

https://www.youtube.com/watch?app=desk-top&v=WVT5uxHn8AA&ab_channel=Pa-nam%C3%A1Am%C3%A9rica. Im gleichen Interview betont die Staatsanwältin auch, dass es in Boquete keine Serienmörder gebe.

[67] Vgl. Ministerio Público: Inspektion von Beweismitteln vom 17. Juni 2014, S.760 f.

[68] Vorausgesetzt, die von Pittí angegebene Zeit stimmt. Vgl. West/Snoeren, S. 192 ff.

[69] Vgl. SDIJ, 12. Juni 2014.

[70] Vgl. ebd./Mayor Luis G: Ermittlungsbericht vom 24. Juni 2014. S. 1023-1048.

[71] Ebd.

[72] Vgl. ebd.

[73] Vgl. IMELCF: Autopsiebericht vom 19. Juni 2014, S. 912-924.

[74] Vgl. ebd.: Allgemeiner Bericht über die Sachverständigengutachten zur

Identifizierung von Lisanne Froon und Kris Kremers vom 19. September 2014, S. 1763-1765.

[75] Vgl. ebd.: Laborbericht vom 19. Januar 2015, S. 2223 f.

[76] Ministerio Público: Brief Pittí an Silvia B. vom 29. August 2014, S. 1517.

[77] Coriat, Adelita: Surgen serias dudas sobre evidencias de la Fiscalía, in: La Estrella Panama (21.10.2014), URL: https://www.laestrella.com.pa/nacional/141021/dudas-surgen-serias-fiscalia-evidencias.

[78] IMELCF 19.6.2014.

[79] Vgl. ebd.

[80] Anzumerken ist hier, dass Gonzalez ein weit verbreiteter Nachname in Panama ist und es sich hier nicht um einen Blutsverwandten von Feliciano handelt.

[81] Vgl. Kryt, The Full Story 2016.

[82]   Vgl. Ministerio Público: Aussage Luis A. vom 2. August 2014, S. 1408 f.

[83]   Vgl. ebd.: Aussage Ernesto Q. vom 19. August 2014, S. 1492-1494.

[84]   IMELCF: Autopsiebericht vom 11. August 2014, S.1434-1445.

[85]   Laut Bericht stammt der Schädel vermutlich von einer weiblichen Indigena und das Wadenbein von einem indigenen Kleinkind. Nicht ganz klar ist der Zustand der anderen menschlichen Knochen. Während B. auch hier eine weißliche Farbe feststellt, behauptet ein an der Autopsie beteiligter Wissenschaftler des IMELCF, dass dies nicht der Fall gewesen sei. Vgl. Kryt, Jeremy: The Lost Girls, The Bones and the Man in the Panama Morgue (16.5.2017), in: The Daily Beast, URL: https://www.thedailybeast.com/the-lost-girls-the-bones-and-the-man-in-the-panama-morgue-1.

[86]   Ministerio Público: Inspektionsbericht vom 29. August 2014, S. 1530.

[87]   Vgl. Ergänzung zur Eidesstattlichen Aussagen von Luis A. vom 29. August 2014, S. 1524.

[88] Vgl. Instituto de Medicina Legal y Ciencias Forenses. Subdireccion de Criminalistica. Unidad de Analisis Biomolecular Seccion de Genetica Forense: Registro UAB-DESC-0091-14 vom 5. September 2014, S. 1557 f.

[89]   Vgl. Transkription der Untersuchung von Knochenfunden vom 18. September 2014, S. 1748.

[90] Vgl. IMELCF: Allgemeiner Bericht über die Gutachten. Identifizierung von Lisanne Froon und Kris Kremers. Rechtsmedizinische und forensisch-anthropologische Untersuchungen vom 19. September 2014, S. 1763 f.

[91]   Der gleiche Pathologe tritt 2019 anonym auch in der Doku *Lost in The Wild: Deadly Hike*

auf und legt dar, dass er an einen Mord glaube, den auch die Journalisten Kinga Philipps und J. J. Kelly nach ihren Recherchen als die wahrscheinlichste Todesursache betrachten.

[92]   Vgl. Coriat, Adelita: Medical examiner studies a piece of skin from missing Dutch girl (20.10.2014), in: La Estrella Panama, URL: https://www.laestrella.com.pa/nacional/141020/of-piece-medical-studies-examiner.

[93]   Vgl. West/Snoeren, S. 266.

[94]   Vgl. Chacón /José Alberto: Medicina legal solicita al Ministerio Público ser incluido en nueva pesquisa (9.11.2014), in: Panamá América, URL: https://www.panamaamerica.com.pa/nacion/medicina-legal-solicita-al-ministerio-publico-ser-incluido-en-nueva-pesquisa.

[95]   Coriat, Adelita: Forense analiza restos óseos y piel (20.10.2014), URL: https://www.laestrella.com.pa/panama/nacional/220429-piel-trozo-chicas-forense-analiza-NDLE282294.

[96]   Im Bericht versehentlich als SD-Karte verzeichnet.

[97]   Wahrscheinlich handelt es sich um das Modell Burton Day Hiker 20 L.

[98]   Wir können uns gut vorstellen, dass der Sand ebenso wie die nicht weiter untersuchten und auch nicht ans NFI gelieferte Muschel und das Schneckengehäuse vom Strand in Bocas stammen.

[99]   Eine Probe war kontaminiert und ein NFI-Mitarbeiter als Spender dafür analysiert.

[100]   Auch nach der Zeitumstellung in der Nacht vom 29. auf den 30. März 2014, von niederländischer Winterzeit (MEZ / UTC+1) auf niederländi-

sche Sommerzeit (MESZ / UTC+2), woraus geschlussfolgert wird, dass die Kamerazeit sich nicht automatisch umgestellt hat.

[101] Vgl. Personería Municipal: Aussage von Amilcar G. vom 23. April 2014, S. 455-457.

[102] NFI-Bericht: Kamera-Analyse, niederländisches Originalzitat von S. 1703 f. durch die Autoren übersetzt.

[103] Ebd.

[104] Vgl. Imperfect Plan: Missing Photo #509 – Field Testing The Canon Powershot SX270 HS (6.4.221), URL: https://imperfectplan.com/2021/04/06/kris-kremers-lisanne-froon-missing-photo-509-testing-canon-powershot-sx270-hs/.

[105] Vgl. Lost in The Wild: Deadly Hike, USA 2019.

[106] Vgl. Fok!: Het raadsel van Panama, verdwijningen en aparte zaken #11 (29.8.2021), URL: https://forum.fok.nl/topic/2583541/12/25.

[107] Vgl. ebd.

[108] Imperfect Plan kommt in einem Test auch zu dieser Möglichkeit. Vgl. Imperfect Plan, Missing Photo.

[109] Vgl. ebd., A Deep Analysis of The Night Photos, https://imperfectplan.com/2020/11/04/kris-kremers-lisanne-froon-deep-analysis-night-photos/.

[110] Vgl. Empresa de Transmission Electrica, S. A.: Gutachten über Hydrometeorologie vom 4. September 2014, S. 1779-1810.

[111] Vgl. Imperfect Plan, A Deep Analysis of The Night Photos.

[112] Vgl. NOS Nieuws (Hrsg.): Zoektocht nu ook met speurhonden (9.4.2014), URL:

https://nos.nl/artikel/633736-zoektocht-nu-ook-met-speurhonden.

[113]   Vgl. Facebook-Profil Plinio M., Eintrag vom 15. April 2014.

[114]   Inklusive Akku Samsung und Klebebänder.

[115]   Vgl. Jan B. alias Outback: Forensische Investigation iPhone, in: Allmystery, URL: https://www.allmystery.de/themen/uc171767. Jan B. hat seine "Forensische Analyse des iPhones" erst nach Veröffentlichung unseres Buches durchgeführt und ist diesbezüglich mit uns in Kontakt getreten. Er möchte anonym bleiben.

[116]   Vgl. Kapitel Unfalltheorien.

[117]   In Internetforen hat sich irrtümlicherweise die Information verbreitet, dass der Kontakt über WhatsApp aufgerufen wird.

[118]   Vgl. Brief von Marjolein an Ingrid vom Mai 2014, S. 179-181.

[119] NFI-Bericht: Untersuchung iPhone, niederländisches Originalzitat von S. 1653 f. durch die Autoren übersetzt.

[120]   Es sei noch einmal betont, dass die hier diskutierte Theorie des Ein- und Ausschaltens zur Signalverschleierung eine in die Diskussion eingebrachte Theorie der Autoren und kein Beweis ist. Ob die Theorie Bestand hätte, muss, falls technisch überhaupt möglich, wissenschaftlich verifiziert werden.

[121]   Vgl. Spezialagent Cristhien E.: Inspektionsbericht vom 19. Juni 2014, S. 857 f.

[122]   Vgl. Scarlet R.: Answers for Kris - Parents of Kris Kremers walk the same Pianista trail in search for answers, in Youtube: URL: https://www.youtube.com/watch?v=cF_9AfrK-WKg&t=1098s.

[123]   Vgl. Anwers for Kris (2015), URL:

https://web.ar-
chive.org/web/20170305124948/http://www.ans-
wersforkris.com/.

[124] Vgl. Ministerio Publico: Sekretärsbericht vom 2.
September 2014, S. 1539

[125] Vgl. ebd., S. 1546.

[126]   Vgl. Coriat, 20.10.2014.

[127] Vgl. NOS Nieuws (5. April 2016): 'Reddingsteam
was dicht bij vermiste Kris en Lisanne in Panama,
URL: https://nos.nl/artikel/2097323-reddingsteam-
was-dicht-bij-vermiste-kris-en-lisanne-in-panama.

[128]   IMELCF: Autopsiebericht, 19.6.2014.

[129]   Zit. n. Kryt, Jeremy: Death on the Serpent
River: How the Lost Girls of Panama Disappeared,
in: The Daily Beast (24.7.2016), URL:
https://www.thedailybeast.com/death-on-the-ser-
pent-river-how-the-lost-girls-of-panama-disap-
peared.

[130]   Zit. n. AD (Hrsg.): 'Reddingsteam kwam
dichtbij vermiste Kris en Lisanne' (5.4.2016), URL:
https://www.ad.nl/home/reddingsteam-kwam-dicht-
bij-vermiste-kris-en-lisanne~a74ab67b/.

[131]   Lisanne, Tagebuchentrag, 30. März 2014.

[132]   Zit. n. Coriat, 20.10.2014.

[133]   Zit. n. dies.: Refutan hipótesis de la fiscalía
sobre muerte de holandesas (25.9.2014), In: La
Estrealla Panama, URL:
https://www.laestrella.com.pa/nacio-
nal/140925/muerte-refutan-fiscalia-hipotesis-holan-
desas.

[134]   Zit. n. Chacón, 9.11.2014.

[135]   Vgl. Coriat, Adelita: Fiscal no se atreve a
decir que fue homicidio (26.12.2014), in: La Estrella Panama, URL:
https://www.laestrella.com.pa/nacional/141226/de-
cir-fiscal-atreve-homicidio.

[136]   Vgl. Panamá América/Youtube.

[137]   Vgl. ebd.

[138]   Vgl. IMELCF: Forschungsbericht. Vgl. auch Ministerio Público zur Eröffnung des Schnellverfahrens vom 13. Oktober 2014, S. 1814-1819.

[139]   Zit. n. Kryt, 16.5.2017.

[140]   Zit. n. ebd.

[141] Vgl. República de Panamá. Órgano Judicial (18.12.2014): INCIDENTE DE CONTROVERSIA. PRESENTADO POR EL LICDO. ENRIQUE ARROCHA RUBIO EN REPRESENTACIÓN DE JOHAN HENDRIK KREMERS Y ROELFJE GRIT, S. 2032 ff.

[142]   Vgl. Coriat, Adelita: Los huesos presentan rastros de fósforo (24.9.2014), in: La Estrella Panama, URL: https://www.laestrella.com.pa/nacional/140924/huesos-rastros-fosforo-presentan.

[143]   Vgl. ebd.

[144]   Ebd.

[145]   Ebd.

[146]   Vgl. Personería Municipal: Aussage Maria Q. vom 10. April 2014, S. 193-197. Vgl. auch ebd.: Ergänzung Aussage Maria Q. vom 11. April 2014, S. 260 f.

[147] Vgl. E-Mail-Reisebescheid Het Andere Reizen vom 13. Februar 2014, S. 1164.

[148]   Vgl. Brief von Marjolein.

[149]   Vgl. Aussage Moises C. vom 8. April 2014, S. 91-94.

[150]   Vgl. ebd., S. 275.

[151]   Diese Fotos sind nie öffentlich bekannt geworden und auch nicht Teil der Gerichtsakte. Es erscheint auch möglich, dass sie nicht wiederhergestellt werden konnten.

152   Vgl. Scarlet R.: Earliest interview with parents of Kris Kremers, after the news of their disappearance broke, in: Youtube, Url: https://www.youtube.com/watch?v=yTF2rp8FMjY&ab_channel=ScarletR.

153   Vgl. Kapitel Caldera Hotsprings. Ein Youtuber geht baden.

154   Vgl. Personería Municipal: Aussage Humberto G. vom 8. April 2014, S. 8 f.

155   Vgl. Ermittlungsbericht Martin F.

156   Vgl. Polizei Zentralniederlande: Digitale Untersuchung, S. 1124.

157   Vgl. NexTV, zit. n. Scarlet R.: Part 1 – Panamese news program with witness interviews - Kris and Lisanne disappearance in Panama, in: Youtube, URL: https://www.youtube.com/watch?v=QGGD2QFt-WNQ&t=125s&ab_channel=ScarletR.

158   Vgl. ebd.: Collection of witnesses and testimonies in the disappearance case of Kris and Lisanne, URL: https://www.youtube.com/watch?v=libGa8plt_4&t=510s&ab_channel=ScarletR.

159   Lisanne, Tagebucheintrag vom 31. März 2014. Anm.: Offenbar hat Lisanne noch über eine alternative Information verfügt. Sie deutet in ihrem Tagebuch an, Maria Q. habe ihr in Aussicht geteilt, in der nächsten Woche zu beginnen. Dies lässt sich nicht anhand der Aussagen der Kita-Leiterin oder den Schuloffiziellen bestätigen.

160   Vgl. Digitaluntersuchung.

161   Vgl. West/Snoeren, S. 277.

162   Vgl. ebd. f.

163   Vgl. Personería Municipal: Übersetzung Email Froons, April 2014, S. 44.

164   Vgl. West/Snoeren, S. 277.

[165]   Vgl. Personería Municipal: Aussage Edwin S. vom 7. April 2014, S. 66 f.

[166]   Vgl. NOS Nieuws (Hrsg.): Zaak Panama: Jongens gezocht (9.4.2014), URL: https://nos-nl.translate.goog/artikel/633931-zaak-panama-jongens-ge-zocht?_x_tr_sl=nl&_x_tr_tl=en&_x_tr_hl=en&_x_tr_pto=sc&_x_tr_hist=true.

[167] In Interneterzählungen hat sich Blue, die englische Übersetzung für Azul etabliert.

[168]   Vgl. Brief von Marjolein.

[169]   Zit. n. Effting, Maut/Stoffelen, Anneke: Hat Lonely Planet Lisanne und Kris in die Irre geführt? Tour viel extremer als angegeben (28.6.2014), in: de Volkskrant, URL: https://www.volkskrant.nl/nieuws-achtergrond/bracht-lonely-planet-lisanne-en-kris-op-dwaalspoor-tocht-veel-extre-mer-dan-vermeld~b4e79e36/.

[170]   Vgl. West/Snoeren, S. 329.

[171]   Vgl. Ministerio Público: Aussage von Augusto R. vom 30. Juni 2014, S. 1067-1071.

[172]   Vgl. ebd.: Anweisung an den Chef der Polizei der Provinz Chiriqui vom 26. Juli 2023, S. 1037.

[173]   Vgl. ebd. S. 199.

[174]   Vgl. Ministerio Público: Anordnung Pittí vom 12. Januar 2015, S.2080.

[175]   Zit. n. NOS News: Hopelijk draagt conclusie bij aan verwerking (4.3.2015), URL: https://nos.nl/artikel/2022721-hopelijk-draagt-con-clusie-bij-aan-verwerking.

[176]   Zit. n. ebd.

[177]   Zit. n. ebd.

[178]   Answers for Kris.

[179]   Vgl. Kryt, The Full Story.

[180]   Zit. n. ebd.

[181]   Ebd.

[182]   Vgl. ders.: Did a Serial Killer Stalk the Lost Girls of Panama? (13.5.2017), in: The Daily Beast, URL: https://www.thedailybeast.com/did-a-serial-killer-stalk-the-lost-girls-of-panama.

[183]   Ebd.

[184]   Ders./Visser, Nadette de: The Last Man to See the Lost Girls of Panama Alive (30.7.2016), in: The Daily Beast, URL: https://www.thedailybeast.com/the-last-man-to-see-the-lost-girls-of-panama-alive.

[185]   Zit. n. ebd.

[186]   Rönne, Nina von: Ne t'en fais pas, nous sommes amis...": Sur les traces d'un tueur en série: enquête sur la disparition non élucidée de jeunes femmes au Panama, Paris 2021.

[187] Vgl. West/Snoeren, ebook, Position 2400.

[188]   Vgl. Midiario (Hrsg.): Adolescentes vinculados a pandillas quedan en libertad (1.10.2016), URL: https://www.midiario.com/uhora/policiales/adolescentes-vinculados-pandillas-quedan-en-libertad/.

[189]   Vgl. Quintero Cedeño, Elmer: Menor baleó a hombre en Bugaba y no le hacen nada (4.6.2016), in El Siglo, URL: http://el-siglo.com.pa/cronica-roja/menor-baleo-hombre-bugaba-hacen-nada/23943922.

[190]   Vgl. Fok!: Kris Kremers en Lisanne Froon #106 – nee, wij gaan door (25.9.2014), URL: https://forum.fok.nl/topic/2153119/13/25.

[191]   Vgl. ebd. Het raadsel van Panama (25.6.2019), URL: https://forum.fok.nl/topic/2503882/2/25.

[192]   Vgl. Telemetro, zit. n. Scarlet R.: Telemetro's Reportaje de las holandesas translated in English - Kris and Lisanne disappearance,

in: Youtube, URL:
https://www.youtube.com/watch?v=EAqixLD90ao&
t=207s&ab_channel=ScarletR.

[193]   Vgl. Foto-Archiv Juan, URL: https://pho-
tos.google.com/share/AF1QipOaDcK-
zyudR_UXP4xNvvSpKhbEUNHFkl1cvaGa-
ZrvkiKqkgSL0BK5mjUL2SGcDjw/photo/AF1QipN-
GasKob-96WKGF84Dq4ZNI8GJ1x2wQHKJcGjf-
?key=UjkzUHpsRmtLNUc2RlphdjVTWHR-
ZSVEySjNYS0NR.

[194]   Vgl. SDIJ: Ermittlungsbericht vom 22. Oktober 2014, S. 1844-1845.

[195]   Vgl. Ministerio Público: Aussage José Manuel Murgas vom 24. Oktober 2014, S. S. 1857-
1863.

[196]   Vgl. SINAPROC: Suchprotokoll # 2.

[197]   Vgl. Perea y Monsuwé, Juan: Brekend
Nieuws in de zaak van Kris Kremers en Lisanne
Froon (28.11.2019), in: LinkedIn, URL:
https://www.linkedin.com/pulse/brekend-nieuws-
de-zaak-van-kris-kremers-en-lisanne-perea-y-
monsuw%25C3%25A9/?trackingId=tBeWyLAwT-
MagzhNg2Vp%2Biw%3D%3D.

[198]   Dateiname von Online-Mannenmagazin:
FOTO-SABROSON.jpg?resize=768%2C576.

[199]   Vgl. Foto-Archiv Juan, URL: https://pho-
tos.google.com/share/AF1QipOaDcK-
zyudR_UXP4xNvvSpKhbEUNHFkl1cvaGa-
ZrvkiKqkgSL0BK5mjUL2SGcDjw/photo/AF1QipO6
J_M5dp0FnSaV8Dz3lfA-
YEvD6JQAYD4wFCo39?key=UjkzUHpsRmtL-
NUc2RlphdjVTWHRZSVEySjNYS0NR.

[200]   Vgl. ebd. https://pho-
tos.google.com/share/AF1QipOaDcK-
zyudR_UXP4xNvvSpKhbEUNHFkl1cvaGa-

ZrvkiKqkgSL0BK5mjUL2SGcDjw/photo/AF1Qi-pOcL5UCpwnxIURkkFN9i0TcvIbJQWRA-OgMDs7jr?key=UjkzUHpsRmtL-NUc2RlphdjVTWHRZSVEySjNYS0NR.

201   Vgl. z.B. Fok!: Het raadsel van Panama #4 (12.12.2019), URL: https://forum.fok.nl/to-pic/2529069/6/25.

202   Ebd., URL: https://forum.fok.nl/to-pic/2529069/8/25.

203   Ebd.

204   Vgl. Podcast Lost in Panama (2022), Folge 6.

205   Vgl. Scarlet R.: Betzaida Pittí tells about wit-ness in Costa Rica, in Youtube: URL: https://www.youtube.com/watch?v=ap8zUb-GQSgw&t=21s&ab_channel=ScarletR.

206   Zit. n. Lost in Panama (2022), Folge 5, Mi-nute 22:20.

207   Vgl. Kast Media, LLC (2024), URL: https://kastmedia.com/. Online nicht mehr abruf-bar.

208   Ebd.

209   Vgl. GlobeNewswire: PodcastOne (PODC) Acquires Exclusive Rights to Lost in Panama Pod-cast Including IP for TV/ Film (15.11.2023, URL: https://www.globenewswire.com/news-re-lease/2023/11/15/2781185/0/en/PodcastOne-PODC-Acquires-Exclusive-Rights-to-Lost-In-Pan-ama-Podcast-Including-IP-for-TV-Film.html.

210   "Even after investigating all these theories of what may have occurred, we really don't know what actually happened to Kris and Lisanne. So that's where we are." Zit. n. Lost in Panama (2022), Folge 7, Minute 49:21.

211   Vgl. ebd., Folge 6, Minute 43:17.

212   "We owe it to the victims and the families to

be sure we get this right." Zit. n. ebd., Folge 1, Min. 5:11.

[213] »Why would he want anyone to keep quiet about this? And why is Martina so scared of him? This is infuriating.« Zit. n. ebd., Folge 1, Minute 17:28. Diese offen gelassenen Fragen drängen einen Unschuldigen direkt deutlich in die Position des Schuldigen, obwohl sie ansonsten keinerlei belastende Infos über ihn haben.

[214] "I'm a proud Latina and I love our culture but that doesn't change the fact that women are treated like property." Zit. n. ebd., Folge 1, Min. 27:10.

[215] Vgl. ebd., Folge 5, Min. 11:34.

[216] "The same vanishing guide who I've been chasing around Boquete all this time in the rain.«. Zit. n. Kryt, The Last Man to See the Lost Girls of Panama Alive.

[217] Vgl. Lost in Panama, Folge 6.

[218] Martin F. und Jeremy arbeiten seit 2018 zusammen.

[219] Vgl. Gerichtsakte Osman Valenzuela, Eidesstattliche Versicherung Margarita V. vom 26. April 2014, S. 72-79. Vgl. ebd. Ergänzung zur Eidesstattliche Versicherung Margarita V. vom 8. Mai 2014, S. 101-106. Vgl. ebd. Eidesstattliche Versicherung Y. V. vom 27. August 2015., S. 1226-1232.

[220] Vgl. ebd., Eidesstattliche Versicherung, Edwin A. vom 22. April 2014, S. 64 - 70.

[221] Plinio teilt im April 2014 Fotos von sich und Freunden, die an der Finca Laureano die Besatzung eines SENAFRONT-Hubschraubers empfangen. Vgl. Facebook-Profil Plinio M., Beitrag vom 15. April 2014.

[222] Zit. n. Kryt Full Story 2016.

[223] Zit. n. ebd.

[224] Vgl. Scarlet R. in Koude Kaas, URL: https://koudekaas.blogspot.com/2021/03/feeling-that-comes-over-you-when-you.html.

[225] Vgl. Foto-Archiv Juan, URL: https://photos.google.com/share/AF1QipOaDcK-zyudR_UXP4xNvvSpKhbEUNHFkl1cvaGa-ZrvkiKqkgSL0BK5mjUL2SGcDjw/photo/AF1QipND0QWPWgZcBI52rb-MoNzKO8-DPVKs-VWLci25C?key=UjkzUHpsRmtL-NUc2RlphdjVTWHRZSVEySjNYS0NR.

[226] Vgl. ebd., URL: https://photos.google.com/share/AF1QipOaDcK-zyudR_UXP4xNvvSpKhbEUNHFkl1cvaGa-ZrvkiKqkgSL0BK5mjUL2SGcDjw/photo/AF1QipNzEauflAwuNR5WKYaxou4Wc-UJfGL5hFJ1-Cdl?key=UjkzUHpsRmtLNUc2RlphdjVTWHR-ZSVEySjNYS0NR.

[227] Vgl. Scarlet R. in: Koude Kaas, URL: https://koudekaas.blogspot.com/2021/03/feeling-that-comes-over-you-when-you.html

[228] Vgl. ebd.

[229] Vgl. Facebook-Profil Plinio M., Beitrag vom 5. April 2014.

[230] Vgl. Subreddit r/KremersFroon, User gijoe50000: Theory: Walked downstream with a local and ran away scared, URL: https://www.reddit.com/r/KremersFroon/comments/qglne5/theory_walked_downstream_with_a_local_and_ran/.

[231] Vgl. Personería Municipal: Aussage Elmer M. vom 9. April 2014, S. 155-158.

[232] Vgl. SINAPROC: Suchprotokoll #2.

[233] Vgl. Personería Municipal: Aussage von Plinio M. vom 10. April, S. 197 f.

[234] Casalta, Romain in: CamilleG: Blonde Enquêtrice: Le projet el Pianista: Sur les traces

des disparues du Panama #1(5.11.2019), URL: https://camilleg.fr/le-projet-el-pianista-sur-les-traces-des-disparues-du-panama-1/.

[235] Vgl. Naber, Caspar: Onbekende rode Auto gespot op Looproute Kris en Lisanne (12.4.2014), in AD: URL: https://www.ad.nl/buiten-land/onbekende-rode-auto-gespot-op-looproute-kris-en-lisanne~ac880693/.

[236] Vgl. Personería Municipal: Aussage Oliva K. vom 16. April 2014, S.342-344. Vgl. auch Aussage Dario K.

[237] Vgl. Bericht Martin F.

[238] Vgl. ebd.

[239] Vgl. Personería Municipal: Aussage A. A. vom 20. April 2014, S. 399 f.

[240] Vgl. ebd.: Aussage E. P. vom 20. April 2014, S. 401 f.

[241] Vgl. Personería Municipal: Aussage Sidney Jiminez Taylor vom 20. April 2014., S. 404-406.

[242] Ebd.

[243] Vgl. Feria de Los Flores: Belege. S. 407-411.

[244] Vgl. Personería Municipal: Aussage E. P. vom 22. April 2014, S. 420-422.

[245] Wörtlich: *Carro criminalistica.*

[246] Vgl. Personería Municipal: Aussage Verónica S. vom 9. April 2014, S. 151-154.

[247] Vgl. ebd.: Aussage Lazaro R. vom 7. April 2014., S. 61-63.

[248] Vgl. ebd.: Ergänzung Aussage ders. vom 15. April 2014, S. 328 f.

[249] Vgl. ebd.: Aussage Keni G. vom 15. April 2014, S. 330-332.

[250] Vgl. ebd.: Aussage Rodrigo G. vom 15. April 2014, S. 372-374.

[251] Lazaro hat sich offenbar an die Ermittler gewandt, weil er geschlussfolgert hat, die Brüder hätten Kris und Lisanne gesehen. Bei ihren Verhören sind sich beide nicht sicher, ob es die Vermissten gewesen sind. An einer Stelle spricht Keni von den Frauen als „Latinas". Ob die Brüder zuvor Lazaro etwas anderes erzählt haben, etwa, ob eine männliche Begleitung dabei gewesen ist, haben Ermittler nicht aufgeklärt. Auch ob Lazaros anschließende Verhaftung dabei eine Rolle gespielt hat, bleibt unklar.

[252] Vgl. ebd.: Inspektionsbericht vom 15. April 2014, S. 340-341.

[253] Ebd.

[254] Vgl. ebd.: Anonyme Anruferin vom 21. April 2014, S. 375.

[255] Vgl. SDIJ: Inspektionsbericht vom 21. April 2014, S. 376.

[256] Vgl.EL TIEMPO (Hrsg.): La Presidenta y el astro (12.9 2007), URL: https://www.eltiempo.com/archivo/documento/CMS-3719837.

[257] Vgl. Vásquez, Melquiades/Adames, José Manuel: Condenan a 12 y 15 años de cárcel a los violadores de una turista alemana (14.12.2017), in: Panamá América, URL: https://www.panamaamerica.com.pa/provincias/condenan-12-y-15-anos-de-carcel-los-violadores-de-una-turista-alemana-1091356.

[258] Fotografiert am 12. April von Sylvia Buchholz. Vgl. Foto-Archiv Juan, URL: https://photos.google.com/share/AF1QipOaDcK-zyudR_UXP4xNvvSpKhbEUNHFkl1cvaGa-ZrvkiKqkgSL0BK5mjUL2SGcDjw/photo/AF1QipNA_kLcM1oxZ2uZ7ozo7HQmopPA8Axhhd_ES7Sx?key=UjkzUHpsRmtLNUc2RlphdjVTWHR-ZSVEySjNYS0NR.

[259] Vgl. Mailverkehr zwischen Kris und Lisanne und Het Andere Reizen, hier Mail vom 13. Februar 2014, S.1141-1170.

[260] Vgl. SINAPROC: Vorläufiger Bericht vom 3. April 2014, S.137-139.

[261] Vgl. Aussage Mastinu, 11. April 2014.